KB022166

부동산
경매공매
상식
사전

부동산 경매공매 상식사전
Common Sense Dictionary of Real Estate Auctions & Public Sales

초판   **1쇄 발행**   2023년 5월 10일

지은이 백영록
발행인 이종원
발행처 (주)도서출판 길벗
출판사 등록일 1990년 12월 24일
주소 서울시 마포구 월드컵로 10길 56(서교동)
대표전화 02)332-0931 | **팩스** 02)322-0586
홈페이지 www.gilbut.co.kr | **이메일** gilbut@gilbut.co.kr

기획 및 책임편집 박윤경(yoon@gilbut.co.kr) | **마케팅** 정경원, 김진영, 최명주, 김도현, 이승기
제작 이준호, 손일순, 이진혁, 김우식 | **영업관리** 김명자, 심선숙, 정경화 | **독자지원** 윤정아, 최희창

교정교열 최원정 | **디자인 및 전산편집** 신세진 | **CTP 출력 및 인쇄** 예림인쇄 | **제본** 예림바인딩

▶ 잘못 만든 책은 구입한 서점에서 바꿔드립니다.
▶ 이 책은 저작권법에 따라 보호받는 저작물이므로 무단전재와 무단복제를 금합니다.
  이 책의 전부 또는 일부를 이용하려면 반드시 사전에 저작권자와 출판사 이름의 서면 동의를 받아야 합니다.

ISBN 979-11-407-0449-1 13320
(길벗도서번호 070505)

정가 21,000원

독자의 1초를 아껴주는 길벗출판사

(주)도서출판 길벗 IT교육서, IT단행본, 경제경영서, 어학&실용서, 인문교양서, 자녀교육서 www.gilbut.co.kr
길벗스쿨 국어학습, 수학학습, 어린이교양, 주니어 어학학습, 학습단행본 www.gilbutschool.co.kr

부동산
경매공매
상식
사전

백영록 지음

길벗

경매와 공매, 함께 해야 하는 이유

여유로운 삶을 향한 안정적인 투자, 부동산

이제 노동만으로는 안정된 삶을 누리기 어렵습니다. 여유로운 삶을 위해서는 또 다른 수입이 필요합니다. 그래서 많은 사람들이 부동산, 주식, 채권, 미술품, 가상자산, NFT 등 다양한 대상에 투자를 합니다. 그중에서도 부동산은 다른 투자 대상과 차별화된 필수적 가치를 지니고 있습니다. 주식, 채권, 미술품, 가상자산, NFT는 사람들이 살아가는 데 반드시 있어야 하는 대상은 아닙니다. 하지만 부동산은 사람들이 살아가는 데 반드시 있어야 하는 대상입니다. 토지가 있어야 농사를 짓고, 건물도 지을 수 있습니다. 그리고 건물이 있어야 그 안에서 먹고 자고 쉴 수 있습니다. 물론 부동산도 국내외 경제 흐름, 공급과 수요, 재해 등에 따라 가격 변동이 있긴 하지만, 인간에게 없어서는 안 될 필수재로서 안정적인 투자 가치를 지닙니다.

실속 있는 부동산 투자를 원한다면

부동산에 투자하는 방법은 크게 간접 투자방식과 직접 투자방식으로 나누어 볼 수 있는데요. 간접 투자방식의 대표적인 예는 리츠(Real Estate

Investment Trust)로, 투자회사가 다수의 소액 투자자로부터 모은 자금으로 부동산에 투자하고, 그 수익을 다수의 소액 투자자에게 배당하는 방식입니다.

대표적인 직접 투자방식으로는 매매와 경매, 그리고 공매가 있습니다. 매매는 매도자가 요구하는 가격대로 매수자가 부동산을 구매하는 방식이라면 경매와 공매는 매수자들이 경쟁하여 시세보다 저렴한 가격에 부동산을 획득할 수 있는 효율적인 방법입니다.

투자금액이 적어 소액투자만 가능하다면 수익이 적은 리츠를 선택할 수밖에 없지만, 그렇지 않다면 실속 있게 부동산을 매수할 수 있는 경매나 공매를 선택하는 게 낫지 않을까요?

시간과 노력이 경매와 공매의 성공을 좌우한다!

부동산 경매와 공매는 일반 매매에 비해 상대적으로 많은 시간과 노력을 필요로 합니다. 여기서 말하는 노력이란, 이론 공부만을 의미하는 게 아닙니다. 경매나 공매의 기본 이론을 익혔다면, 실전경험이 많은 선배와 다양한 경험을 쌓고, 그 과정에서 돈 되는 부동산을 고르는 방법과 인도 방법, 그리고 부족한 이론을 보완해 나가야 합니다.

경매와 공매 성공의 비결은 '얼마나 진실성을 가지고 꾸준하게 시간과 노력을 투자했는가!'입니다. 이것이 바로 탁월하고 안정적인 투자를 만들어 내는 핵심이죠. 진실성과 꾸준함이 없으면 언젠가 실패하기 마련입니다. 겉에서 보기에 화려한 경매 성공 사례들의 뒤에는 진실성을 가지고 시간과 노력을 들이며 흘린 땀이 있다는 것을 잊지 말아야 합니다.

왜, 경매와 공매를 함께 해야 할까?

경매는 해본 적 없는 사람은 있어도 모르는 사람은 없을 정도로 사람들에게 널리 알려져 있습니다. 그런데 공매는 경매에 비해 아직 많이 알려지지 않았는데요. 부동산 투자 시 경매와 공매를 함께 고려하면 다양한 이점을 누릴 수 있습니다.

친숙하지는 않지만 공매의 특성을 이해하면 꽤 많은 장점을 발견할 수 있는데요. 공매에서는 경매에서 찾을 수 없는 다양한 부동산을 발견할 기회가 있습니다. 또한 공매에서는 잔금을 할부로 낼 수 있고, 잔금 납부 전에 점유 및 사용이 가능하며, 소유권 이전이 잔금 납부 전에 가능한 경우도 있습니다. 더불어, 공매에서는 권리분석, 임차인분석, 배당분석이 모두 완료된 안전한 부동산이 등장하기도 합니다. 이러한 부동산은 전문 지식이 없어도 입찰에 참여할 수 있어, 투자자에게는 매력적인 기회가 됩니다. 이처럼 공매를 함께 활용하면 투자자에게 더 많은 기회와 이익이 발생할 것입니다.

부동산 경매와 공매, 이 책 한 권으로 기본 이론부터 실전까지 OK!

이 책은 왕초보도 경매나 공매를 쉽게 이해할 수 있도록 기초부터 차근차근 설명합니다.

준비마당에서는 경매와 공매에 대한 기본 개념을 설명하며, 참여 전 반드시 확인해야 할 부동산 서류와 그것들을 살펴보는 방법에 대해서도 자세히 설명합니다.

첫째마당에서는 초보자들이 반드시 알아야 할 경매와 공매 관련 용어, 권리, 등기 등 다양한 기초 상식을 하나하나 설명합니다.

둘째마당에서는 경매와 공매의 차이점을 한눈에 파악할 수 있도록 돈 되는 경매물건과 공매물건을 찾는 방법을 비교 설명하며, 다양한 사례를 들어 권리분석 방법, 임차인분석 방법, 배당분석 방법 등에 대해 이해하기 쉽게 설명합니다.

셋째마당에서는 경매와 공매의 차이점을 한눈에 파악할 수 있도록 입찰에서 낙찰까지의 과정을 비교하여 설명하고, 부동산 인도와 관리비 정산 등 낙찰 후에 여러 가지 요령에 관해 설명합니다.

마지막으로 넷째마당에서는 실전에서 바로 써먹을 수 있는 다양한 부동산의 종류와 특징, 공략법을 설명하고 체크리스트를 제공합니다.

마지막으로 전작 《부동산 경매 상식사전》에 이어 이 책이 나오기까지 많이 수고해 주신 박윤경 팀장님과 경제경영팀원분들께 깊은 감사의 말씀을 드립니다.

저자 백영록

준비마당

0 경매·공매, 부동산 서류부터 시작!

첫째마당

1 꼭 알아두어야 할 경매·공매 기초상식

둘째마당

2 돈 되는 물건 찾고 분석하는 방법

: 셋째마당 :

3 입찰, 낙찰, 소유권이전등기, 그리고 명도

Common Sense Dictionary of
Real Estate Auctions & Public Sales

0

준비
마당

경매·공매,
부동산
서류부터 시작!

001

경매란? 공매란?

입찰자들이 서로 경쟁하면서 제시한 희망 가격 중 최고가를 제시한 입찰자에게 상품을 판매하는 방식을 경매라고 하는데요. 대한민국에서 부동산에 대한 경매방식으로는 '법원경매'와 '공매'가 있습니다. 그중 법원경매는 줄여서 주로 경매라 합니다. 그럼 경매(법원경매)와 공매가 무엇인지 이들의 특징을 비교해 보면서 자세히 알아보도록 하겠습니다.

- **근거 법령**: 경매는 「민사집행법」을 근거로 사적인 채무관계를 해결하고자 한다면, 공매는 주로 「국세징수법」을 근거로 공적인 채무관계를 해결하거나 비업무용재산 등을 처분하고자 합니다.

- **거래 물건**: 경매든 공매든 매매 물건을 거래하는데요. 공매는 경매와 다르게 임대(대부) 물건도 거래합니다.

- **물건검색 사이트**: 경매 대상 물건은 대한민국법원 법원경매정보 사이트에서 검색할 수 있고, 공매 물건은 대부분 온라인 입찰 거래 시스템인 온비드 사이트에서 검색할 수 있습니다.

- **입찰 장소**: 경매는 법원에서 입찰하고 공매는 온비드나 공공기관에서 입찰합니다.

- **입찰 방법**: 경매는 지정된 날(매각기일)에 입찰하는 기일입찰이고, 공매는 일정한 기간 안에 입찰하는 기간입찰입니다.

- **매각대금(매매대금)을 미납한 낙찰자의 매수자 자격 제한**: 경매에서 매각대금을 미납한 낙찰자는 해당 물건의 재경매에 참여할 수 없지만, 공매에서는 매매대금(매수대금)을 미납한 낙찰자라도 해당 물건의 재경매에 참여하여 낙찰(매수)받을 수 있습니다.

- **최저매각가격 차감 정도**: 물건이 낙찰되지 못하고 유찰되면 경매는 최저매각가격이 20%(통상) 또는 30%씩 차감되는데, 공매는 최저매각가격이 10%씩 차감(1차 공매예정가격의 50%가 될 때까지)됩니다.

- **낙찰 후 매각결정 확정까지 걸리는 시간**: 경매는 낙찰 후 7일 이내에 매각허가결정이나 매각불허가결정이 나고 매각허가결정이 나면 그날부터 7일 이내에 매각허가결정이 확정되는데, 공매(압류재산)는 낙찰일로부터 3일 후 매각허가결정이나 매각불허가결정이 나고 매각허가결정 즉시 매각결정이 확정됩니다. 경매가 낙찰 후 매각결정이 확정될 때까지 14일이 걸린다면 공매(압류재산)는 3일이면 확정됩니다.

- **매각대금(매매대금) 납부 방법**: 경매는 매각대금 전부를 한꺼번에 지정된 기간까지 납부해야 하지만 공매는 매매대금(매수대금)을 1개월에서 최장 5년 기간 내로 나누어 납부할 수 있습니다(단, 할부 시 이자 납부).

- **매각대금(매매대금) 미납 시 입찰보증금 처리 방법**: 매각대금(매매대금)을 기한 안에 납부하지 못하면 입찰자는 입찰 시 낸 입찰보증금을 돌려받지 못하는데요. 경매는 입찰보증금을 배당할 금액에 포함하고, 공매는 국고나 지방자치단체 금고에 귀속시킵니다.

- **소유권이전 방법**: 경매는 매각대금 전액을 납부해야 소유권이전이 가능하지만, 공매는 매매대금(매수대금)의 1/2 이상을 납부하고 근저당권을 설정하거나 매매대금(매수대금)에 상응하는 은행지급보증서, 국공채 등을 제출하여도 소유권이전이 가능합니다.

- **소유권이전등기 촉탁**: 경매는 집행법원이 매수인의 소유권이전등기를 등기관에 촉탁

하는데, 공매는 압류재산만 한국자산관리공사가 매수인의 소유권이전등기를 등기관에 촉탁하고 국유재산이나 수탁재산은 매수인이 직접 위임기관을 방문하여 소유권이전등기를 신청해야 합니다.

- **명도받는 방법**: 낙찰자(매수인)는 부동산의 점유자에게서 낙찰받은 부동산을 명도받아야 하는데요. 경매에서는 인도명령과 명도소송 2가지를 활용할 수 있지만, 공매에서는 명도소송만 활용할 수 있습니다. 물론, 점유이전금지가처분신청은 경매든 공매든 모두 할 수 있습니다.

- **점유 사용**: 경매는 매각대금을 전액 납부해야 낙찰받은 부동산을 점유하여 사용할 수 있지만, 공매는 매매대금(매수대금)의 1/3 이상을 선납하면 소유권이전 전이라도 점유하여 사용할 수 있습니다.

- **매수인 명의변경**: 공매는 할부 매수인이 자금 사정이 어려워져 매매대금(매수대금)을 계속 납부할 수 없는 경우에는 제3자가 계약을 이어받아 매매대금(매수대금)을 납부할 수 있도록 매수인의 명의를 변경할 수도 있습니다.

- **농지취득자격증명 제출**: 농지를 취득하면 농지취득자격증명을 제출해야 하는데요. 경매는 농지취득자격증명이 매각허가를 결정하는 조건이므로 매각허가결정 전(낙찰 후 7일 이내)까지 이를 집행법원에 제출해야 하지만 공매는 농지취득자격증명이 매각허가를 결정하는 조건이 아니므로 소유권이전등기신청 시에 이를 한국자산관리공사(압류재산) 또는 등기소(국유재산, 수탁재산, 유입자산 등)에 제출하면 됩니다.

▼ 경매와 공매의 차이점

구분	경매	공매
근거 법령	민사집행법	국세징수법
거래 물건	매매 물건	매매 물건 + 임대(대부) 물건
물건검색 사이트	대한민국법원 법원경매정보 (www.courtauction.go.kr)	온비드(www.onbod.co.kr)
입찰 장소	법원	온비드(온라인)나 공공기관
입찰 방법	지정된 날(매각기일)에 입찰하는 기일입찰	일정한 기간 안에 입찰하는 기간입찰
매각대금(잔대금)을 미납한 낙찰자의 매수자 자격 제한	해당 물건의 재경매 참여 불가능	해당 물건의 재경매 참여 가능
최저매각가격 차감 정도	유찰 시 최저매각가격이 20%(통상) 또는 30%씩 차감	유찰 시 최저매각가격이 10%씩 차감 (1차 공매예정가격의 50% 한도)
낙찰 후 매각결정 확정까지 걸리는 시간	14일	3일(압류재산)
매각대금(매매대금) 납부 방법	한꺼번에 납부	1개월에서 최장 5년 기간 내로 분할 납부(단, 할부 시 이자 납부)
매각대금(잔대금) 미납 시 입찰보증금 처리 방법	입찰보증금을 배당할 금액에 포함	국고, 지방자치단체, 공공기관 금고, 매도자 등에 귀속
소유권이전 방법	매각대금 전액을 납부해야 함	매매대금의 1/2 이상을 납부하고 근저당권을 설정하거나 매매대금에 상응하는 은행지급보증서, 국공채 등을 제출해도 가능
소유권이전등기 촉탁	집행법원이 매수인의 소유권이전등기를 등기관에 촉탁	압류재산만 한국자산관리공사가 매수인의 소유권이전등기를 등기관에 촉탁하고 국유재산이나 수탁재산은 매수인이 직접 위임기관을 방문해 소유권이전등기를 신청해야 함
명도받는 방법	기본적으로 점유이전금지가처분 신청이 가능하며 인도명령과 명도소송 활용 가능	기본적으로 점유이전금지가처분신청이 가능하며 명도소송만 활용할 수 있음

점유 사용	매각대금 전액 납부	매매대금의 1/3 이상을 선납하면 소유권 이전 전이라도 점유하여 사용 가능
매수인 명의변경	할 수 없음	제3자가 계약을 이어받아 잔대금을 납부할 수 있도록 매수인의 명의변경 가능
농지취득자격증명 제출	매각허가결정 전(낙찰 후 7일 이내)까지 집행법원에 제출해야 함	소유권이전등기신청 시에 한국자산관리공사(압류재산) 또는 등기소(국유재산, 수탁재산, 유입자산 등)에 제출

지금까지 경매와 공매의 차이점들에 대해서 살펴보았는데요. 이젠 경매가 무엇인지, 공매가 무엇인지 알겠나요? 만약에 이해가 잘 안된다 하더라도 기죽을 필요는 없습니다. 이제부터 가랑비에 옷이 젖듯 조금씩 알아가면 되니까요.

토막상식

✎ 소유권보존등기란?

건축물을 새로 건축하여 등기사항전부증명서를 만들 때 가장 먼저 하는 등기로 해당 건축물의 출생신고라 할 수 있습니다. 만약에 소유권보존등기가 되지 않은 건축물을 거래하고자 한다면 소유권보존등기를 한 후에만 거래할 수 있습니다.

002

경매와 공매를
모두 알아야 하는 이유

경매와 공매를 모두 알면 재테크에 매우 유리한데요. 왜 그런지 그 이유를 하나씩 살펴보겠습니다.

경매와 공매는 비슷하다

경매와 공매의 절차에 대해서는 셋째마당에서 자세하게 알아보겠지만, 경매나 공매 모두 큰 그림에서 보면 '매각신청(매각의뢰) → 매각공고(입찰공고) → 입찰 → 낙찰자 결정 → 매각대금(잔대금) 납부 → 소유권이전(점유 사용) → 배당' 순서대로 진행됩니다. 그러므로 단계별 세부 절차가 조금 다르긴 하지만 경매와 공매에 동시에 참여하는 데는 큰 어려움이 없습니다. 큰 틀만 생각하세요.

물건과 투자 금액의 스펙트럼을 넓힐 수 있다

경매는 사적인 채무관계를, 공매는 공적인 채무관계를 해결하는 행위입니다. 이렇게 각자의 매각신청(매각의뢰) 사연이 다르다 보니 경매로 나오지 않은 물건이 공매로 나올 수 있고 반대로 공매로 나오지 않은 물건이 경매로 나올 수 있습니다. 또한, 공매에서는 매매물건뿐만 아니라 임대물건도 취급하지요. 그러므로 경매와 공매에 동시에 참여하면 다양한 물건을 접할 수 있습니다.

경매와 공매에서 접하는 물건이 다양하다 보니 물건의 가격 차이도 천차만별이라 적은 금액으로도 참여할 수 물건들이 적지 않은데요. 특히 공매는 매매대금을 최대 5년까지 나누어 낼 수 있으므로 소액투자도 충분히 가능합니다.

높은 경쟁률을 피할 수 있다

입찰자 대비 물건이 많으면 경쟁률은 떨어집니다. 특히 공매 중에서도 '신탁공매'[1]처럼 잘 알려지지 않는 공매방식으로 나온 물건은 경쟁률이 낮은데요. 경쟁률이 낮다는 건 낙찰받을 확률이 높다는 걸 의미합니다.

전문지식이 필요 없을 수도 있다

경매는 일반 사람에게 널리 알려진 거래 방식인데요. 막상 실제로 물건

---

[1] **신탁공매** 위탁자가 신탁회사에 신탁한 부동산을 근거로 은행에서 대출받았으나 대출금을 제때 은행에 상환하지 못한 경우, 신탁회사가 위탁자의 채무를 은행에 변제하기 위해 위탁자의 부동산을 공개적으로 매각하는 행위를 신탁공매라고 합니다.

을 분석하는 것은 매우 복잡하고 어렵습니다. 그래서 경매를 통해 좋은 물건을 매수하려면 반드시 전문지식이 필요합니다.

공매는 경매에 비해 일반 사람에게 널리 알려지지는 않은 거래 방식입니다. 그렇지만 공매재산 중에는 굳이 분석하지 않아도 안전하게 매수할 수 있는 물건도 있습니다. 그러므로 공매를 통해 좋은 물건을 매수하려고 한다고 해서 반드시 선문시식이 필요한 건 아닙니다. 이제부터는 경매와 공매 모두에 참여해 여러 난이도를 경험해 보는 건 어떨까요?

003

등기사항전부증명서로 보는
부동산의 과거와 현재

권리관계 파악을 위한 공부[1], 등기사항전부증명서

경매로 나온 물건에는 여러 가지 권리들이 서로 복잡하게 얽혀 있는데요. 이러한 사실을 파악할 수 있는 공부 서류가 바로 '등기사항전부증명서'입니다.

단독주택, 다가구주택, 상가주택 등 「건축법」상 단독주택에 속한다면 '건물 등기사항전부증명서'와 '토지 등기사항전부증명서' 2가지 모두를 열람하거나 발급받아야 하지만, 아파트, 연립주택, 다세대주택 등 「건축법」상 공동주택에 속하는 것들은 '집합건물 등기사항전부증명서' 하나만 열람하거나 발급받으면 됩니다. 시간이나 비용 면에서 단독주택보다 좀 더 낫다고 볼 수 있겠네요.

등기사항전부증명서는 대한민국법원 인터넷등기소(www.iros.go.kr)에서 열람하거나 발급받을 수 있는데요. 일부 유료 경매 사이트에서는 무료입니다.

여기에서는 건물과 토지 내용을 한꺼번에 볼 수 있는 '집합건물 등기사

---

1 공부 법령의 규정에 따라 관공서에서 작성·비치하는 장부를 공부라고 합니다.

항전부증명서'를 통해 등기사항전부증명서의 구체적인 내용을 살펴보겠습니다. 등기사항전부증명서는 크게 표제부, 갑구, 을구로 나누어 볼 수 있습니다.

✎ 권리분석을 위해 열람해야 할 공부

다음과 같은 공부는 권리분석 시 무조건 모두 발급받아 해당 내용을 확인해야 합니다.

종류	확인할 내용	발급처
토지이용계획확인원	용도지역, 용도지구, 용도구역, 토지이용에 관한 제한사항 등	정부24, 시·군·구청
등기사항전부증명서	소유자, 소유권, 소유권 이외의 권리 등	대법원 인터넷등기소
토지대장(임야대장)	지번, 지목, 면적, 합병, 분할 등	정부24, 시·군·구청
건축물관리대장	지번, 구조, 용도, 용도변경 내역, 면적, 층수, 사용승인일 등	정부24, 시·군·구청
지적도	토지의 형상, 경계, 위치 등	정부24, 시·군·구청
전입세대 열람내역서	세대주 성명, 주소, 전입일	동주민센터
환지예정지(확정)증명 (환지의 경우)	환지예정지 지정 또는 환지 확정 후 변경된 지번, 지목, 면적 등	시·군·구청

표제부

표제부는 해당 부동산의 주소, 구조, 층수, 호수, 면적 등을 알려줍니다. 집합건물은 표제부가 '1동의 건물의 표시' 표제부와 '전유부분의 건물의 표

①【 표 ② 부 】③(1동의 건물의 표시)			④	⑤
표시번호	접　수	소재지번, 건물명칭 및 번호	건 물 내 역	등기원인 및 기타사항
1	2017년3월23일	서울특별시 광진구 중곡동 ▨▨, ▨▨ ▨▨ [도로명주소] 서울특별시 광진구 용마산로▨▨ ▨-▨	철근콘크리트구조 평지붕 6층 다세대주택(12세대) 및 근린생활시설 1층 21.7㎡ 2층 135.71㎡ 3층 113.48㎡ 4층 109.76㎡ 5층 92.98㎡ 6층 92.98㎡ 옥탑1층 18.44㎡(연면적 제외)	

(대지권의 목적인 토⑦의 표시)				
표시번호	소 재 지 번　⑥	지 목	면 적	등기원인 및 기타사항
1	1. 서울특별시 광진구 중곡동 ▨▨▨	대	154.4㎡	2017년3월23일 등기
	2. 서울특별시 광진구 중곡동 ▨▨-▨	대	131.2㎡	

【 표 제 부 】 (전유부분의 건물의 표시)				
표시번호	접　수	건 물 번 호	건 물 내 역	등기원인 및 기타사항
1	2017년3월23일	제5층 제501호	철근콘크리트구조 14.62㎡	

(대지권의 표시)			
표시번호	⑧ 대지권종류	⑨ 대지권비율	등기원인 및 기타사항
1	1, 2 소유권대지권	285.6분의 18.52	2017년3월22일 대지권 2017년3월23일 등기
~~2~~			~~별도등기 있음~~ ~~1토지(을구 4번, 5번 근저당권 설정 등기),~~ ~~2토지(을구 5번, 6번, 7번 근저당권 설정 등기)~~ ~~2017년3월23일 등기~~
3			2번 별도등기 말소 2017년3월31일 등기

같은 값이면 대지권의 면적이 큰 것을 고르자!

재개발이나 재건축의 경우, 대지권의 면적이 클수록 가치를 높게 인정받아 평가금액을 많이 받을 수 있습니다. 같은 값이면 대지권의 면적이 큰 것을 고르세요!

시' 표제부 2가지로 되어 있습니다.

❶ **표시번호**: 등기사항전부증명서에 등기한 순서를 표시한 것입니다.

❷ **접수**: 등기신청을 접수한 날입니다.

❸ **소재지번, 건물명칭 및 번호**: 해당 부동산의 주소입니다. 대한민국법원 법원경매정보 사이트에서 제공하는 주소와 일치하는지 확인하세요.

❹ **건물내역**: 경매로 나온 건물의 건축구조, 총 세대수, 총 층수, 각 층의 면적을 확인할 수 있습니다.

❺ **등기원인 및 기타사항**: 어떤 이유로 등기가 이루어졌는지 확인할 수 있습니다.

❻ **지목**: 건물이 지어진 토지의 쓰임새를 확인할 수 있습니다. 여기에서는 지목이 주택이나 상가를 지을 수 있는 '대'입니다. 해당 건물은 두 필지¹의 토지 위에 지어졌네요.

❼ **면적**: 경매로 나온 물건의 토지 면적을 확인할 수 있습니다. 대한민국법원 법원경매정보 사이트에서 제공하는 면적과 일치하는지 확인하세요.

❽ **대지권 종류**: 집합건물의 세대별 구분소유자가 자신의 전유부분을 소유하기 위해 해당 건물의 대지에 가진 권리를 대지권이라 하는데요. 대지권의 종류로는 대지를 소유할 수 있는 소유권 이외에 타인의 토지를 사용할 수 있는 지상권, 전세권, 임차권 등도 있습니다.

❾ **대지권 비율**: 집합건물의 세대별 구분소유자가 해당 건물의 대지에 가진 권리가 얼마만큼인가를 비율로 나타낸 것입니다. 해당 세대의 구분소유자는 총 285.6㎡ 면적 중에서 18.52㎡만큼의 권리를 가지고 있네요.

---

1 필지 지적공부에 등록된 한 덩어리의 토지를 말하는 것으로, 1개의 필지에는 1개의 지번과 지목이 부여됩니다. 1개의 필지라도 덩어리의 크기에 따라 각 필지의 면적은 다를 수 있습니다.

갑구

갑구에서는 해당 부동산을 낙찰받아 소유하는 데 부담되거나 방해되는 권리가 있는가를 확인할 수 있습니다.

❶ 【 갑 **❷** 구 】 (소**❸**권에 관한 사**❹**)				**❺**
순위번호	등 기 목 적	접 수	등 기 원 인	권리자 및 기타사항
1	소유권보존	2017년3월23일 제24652호		소유자 김██ 62██-******* 서울특별시 광진구 용마산로 ██ ██(중곡동)
Ⅱ	소유권이전	2017년10월01일 제30290호	2017년10월01일 신탁	██시 ██주식회사 ██████신탁 110111-████ 서울특별시 서초구 강남대로 ██(서초동)
	신탁			신탁원부 제2017-3455호
3	소유권이전	2017년10월30일 제183960호	2017년10월27일 신탁재산의귀속	소유자 김██ 62██-******* 서울특별시 광진구 용마산로 ██ (중곡동)
	2번 신탁등기말소		신탁재산의귀속	
4	압류	2018년5월15일 제80041호	2018년5월14일 압류(개인납세2 과-티34012)	권리자 국 처분청 성동세무서
4-1	공매공고	2020년9월18일 제162894호	2020년9월16일 공매공고(한국	

❶ 순위번호: 등기사항전부증명서에 등기한 권리의 순서를 나타낸 것입니다.

❷ 등기목적: 등기된 권리가 어떤 것인지 확인할 수 있습니다.

❸ 접수: 등기신청을 한 날과 접수번호입니다. 등기사항전부증명서 갑구와 을구에 있는 권리의 순위는 접수번호에 의해 결정됩니다. 예를 들어 갑구의 '압류' 접수번호가 80041호이고, 을구의 '근저당설정' 접수번호가 45691호라면 을구의 근저당설정 접수번호가 더 빠르므로 근저당권의 순위가 압류의 순위보다 앞섭니다.

❹ 등기원인: 어떠한 이유로 등기했는지를 확인할 수 있습니다.

❺ 관리자 및 기타사항: 소유자가 누구인지와 소유자의 주민등록번호, 주소 등을 확인할 수 있습니다. 해당 부동산은 세금을 체납하여 성동세무서에 의해서 공매로 넘어간

것을 알 수 있습니다.

을구

을구에서는 소유권과는 무관한 권리들을 확인할 수 있는데요. 을구에서 가장 눈여겨봐야 할 권리는 근저당권입니다. 해당 부동산의 소유지기 부동산을 담보로 얼마나 많은 빚을 겼는지를 알 수 있거든요. 해당 부동산의 소유자는 2002년 5월 3일 서울은행에서 1억 320만 원을 빌렸으나 2006년 7월 21일에 모두 갚았네요.

【 을 구 】		(소유권 이외의 권리에 관한 사항)		
순위번호	등 기 목 적	접 수	등 기 원 인	권리자 및 기타사항
1	근저당권설정	2002년5월8일 제45691호	2002년5월3일 설정계약	채권최고액 금103,200,000원 채무자 권██ 서울 광진구 중곡동 ████████████ 근저당권자 주식회사서울은행 110111-0015671 서울 중구 남대문로2가 10-1 (용마지점)
2	1번근저당권설정등 기말소	2006년7월21일 제54768호	2006년7월21일 해지	

등기사항전부증명서 이해하기

1. 왜 입찰할 때 다시 확인해야 할까?

낙찰자가 떠안아야 할 권리가 없는지 확인하는 것을 권리분석이라고 하는데요. 등기사항전부 증명서는 권리분석을 하는 데 매우 중요한 공부 서류입니다. 그러므로 경매 당일에도 열람하여 그동안 변한 내용은 없는지, 법원에서 조사한 내용과 다른 것은 없는지 반드시 확인해야 합니다. 법원이 등기사항전부증명서의 내용을 잘못 공고하여 낙찰자가 손해를 봤다면 이를 이유로 '낙찰허가결정'에 대해 항고를 한 뒤 낙찰을 취소할 수 있습니다.

2. 건물과 토지의 내용은 항상 같을까?

건물이 있는 토지의 경우 보통 건물 등기사항전부증명서와 토지 등기사항전부증명서의 내용이 일치합니다. 예를 들어 은행에서 돈을 빌려줄 때는 나중에 법정지상권 문제가 발생할 수 있어 서 대출 시 건물 등기사항전부증명서와 토지 등기사항전부증명서 모두에 근저당권을 설정합니 다. 그러나 전세권설정등기나 임차권설정등기처럼 건물 등기사항전부증명서에만 설정하는 권 리도 있는데요. 이럴 때는 건물 등기사항전부증명서와 토지 등기사항전부증명서의 내용이 일 치하지 않습니다.

004

건물의 모든 정보를 담은 건축물대장

건축물의 정보통, 건축물대장

경매로 나온 건축물의 명칭, 층수, 구조, 용도, 면적 그리고 위반건축물 여부 등을 정확하게 확인하고 싶다면 건축물대장을 살펴봐야 합니다. 건축물대장은 건물의 정보통으로, 건물 등기사항전부증명서의 건축물에 관한 정보는 건축물대장에서 그대로 옮겨온 것입니다. 단, 건축물대장의 건축물의 소유권에 관한 정보는 등기사항전부증명서에서 옮겨온 것입니다.

건축물대장은 구청이나 군청에서 직접 발급받거나 정부24(www.gov.kr)에서 발급받을 수 있습니다.

건축물대장에는 일반(단독주택) 건축물대장, 집합(아파트, 연립주택 등) 건축물대장이 있는데요. 단독주택의 건축물대장을 신청할 경우 '대장 구분'은 '일반', '대장 종류'도 '일반'을 선택하면 되고, 집합건물의 건축물대장을 신청할 경우 '대장 구분'은 '집합', '대장 종류'는 '전유부'를 선택하면 됩니다.

여기에서는 집합 건축물대장의 전유부를 살펴보도록 할게요.

신청내용 ^

*표시는 필수 입력사항입니다.

건축물소재지 *	[ ] 검색
	지상▼ 본번 [ ] 부번 [ ]
	※ 본번, 부번: 건물번호입력 건물번호란?
대장구분 *	○ 일반(단독주택) ● 집합(아파트,연립주택 등)
대장종류 *	○ 총괄 ○ 표제부 ● 전유부 대장구분/종류 안내
건물(동)명칭	[ ] 검색
호명칭	[ ]

문서확인번호 1670-1379-4079-8431

집합건축물대장(전유부, 갑) ※ 위반건축물

(2쪽 중 제1쪽)

■ 건축물대장의 기재 및 관리 등에 관한 규칙 [별지 제4호서식] <개정 2021. 7. 12.>

❶ 고유번호	1121510100-3-01540070	정부24접수번호	20221202-06456236 ❶ 명칭		호명칭 501
❷ 대지위치	서울특별시 광진구 중곡동	지번	186-91 외 1필지 도로명주소	서울특별시 광진구 용마산로31길 12-3 (중곡동)	

❸ 전유부분　　　　　　　　　　　　❹ 소유자현황

구분	층별	※ 구조	용도	면적(㎡)	성명(명칭) 주민(법인)등록번호 (부동산등기용등록번호)	주소	소유권 지분	변동일자 변동원인
주	5층	철근콘크리트구조	다세대주택	14.62	김태형	서울특별시 광진구 용마산로2길 40 (중곡동)	1/1	2017.10.30.
		- 이하여백 -			620602-1******			소유권이전

❺ 공용부분

구분	층별	구조	용도	면적(㎡)	
주	각층	철근콘크리트구조	계단실	4.44	※ 이 건축물대장은 현소유자만 표시한 것입니다.
		- 이하여백 -			- 이하여백 -

이 등(초)본은 건축물대장의 원본내용과 틀림없음을 증명합니다.

발급일: 2022년 12월 04일

담당자: 부동산정보과
전 화: 02 - 450 - 7747

광진구청장

※ 경계벽이 없는 구분점포의 경우에는 전유부분 구조란에 경계벽이 없음을 기재합니다.
◆ 본 증명서는 인터넷으로 발급되었으며, 정부24(gov.kr)의 인터넷발급문서진위확인 메뉴를 통해 위·변조 여부를 확인할 수 있습니다.(발급일로부터 90일까지) 또한 문서 하단의 바코드로도
◆진위확인(정부24 앱 또는 스캐너용 문서확인 프로그램)을 하실 수 있습니다.

297㎜×210㎜[백상지(80g/㎡)]

변동사항					
변동일	※ 변동내용 및 원인	변동일	변동내용 및 원인		그 밖의 기재사항
2017.3.22	신규작성(신축) (건축과-8296, 2017.3.22.) 허가번호(2016-건축과-신축허가-273)				
2020.8.24	위반건축물(주택과-29750, 2020.8.24.) 18㎡ 패널조(주거) 위반				
	- 이하여백 -				

❶ **명칭**: 건축물 한 동의 이름과 해당 전유부분의 호수를 확인할 수 있습니다.

❷ **대지위치, 지번, 도로명주소**: 해당 건축물의 주소를 확인할 수 있습니다.

❸ **전유부분**: 해당 전유부분의 해당 층, 구조, 용도, 면적 등을 확인할 수 있습니다. 해당 전유부분은 5층에 있고 구조는 철근콘크리트이며 용도는 다세대주택이고 면적은 14.62㎡네요.

❹ **소유자 현황**: 구분소유자의 이름과 주민등록번호, 주소, 소유권 지분, 소유권이전 일자 등을 확인할 수 있습니다.

❺ **공용부분**: 해당 건축물의 구분소유자들이 함께 사용하는 공간의 구조와 용도, 면적 등을 확인할 수 있습니다.

※ 해당 건축물 옥상에는 건축허가를 받지 않은 18㎡의 창고가 있는데요. 이것이 2020년 8월 24일 구청 주택과에 단속되어 해당 건축물은 위반건축물로 지정되었습니다. 위반건축물로 지정되면 시정할 때까지 1년에 2회 이내에서 반복하여 이행강제금이 부과될 수 있습니다.

**토막
상식**

 건축물대장과 건물 등기사항전부증명서의 내용이 다르면? 건축물대장이 우선!

입찰하기 전에 건물 등기사항전부증명서의 내용과 건축물대장의 내용, 대한민국법원 법원경매정보 사이트에서 제공하는 내용이 일치하는지 꼭 확인하세요. 소유권을 제외한 건축물에 관한 내용은 건축물대장의 내용을 우선으로 하기 때문입니다.

005 토지의 모든 정보를 담은 토지대장

토지의 정보통, 토지대장

경매로 나온 토지의 위치, 지목, 면적, 개별공시지가 등을 정확하게 확인하고 싶다면 토지대장을 살펴봐야 합니다. 토지대장은 토지의 정보통으로, 토지 등기사항전부증명서의 토지에 관한 정보는 토지대장에서 그대로 옮겨온 것입니다. 단, 토지대장의 토지의 소유권에 관한 정보는 등기사항전부증명서에서 옮겨온 것입니다.

토지대장은 구청이나 군청에서 직접 발급받거나 정부24 사이트에서 발급받을 수 있습니다. 그럼, 토지대장에 대해서 살펴볼까요?

❶ **토지소재, 지번**: 토지의 정확한 위치를 확인할 수 있습니다.

❷ **지목**: 토지의 쓰임새를 확인할 수 있습니다. 해당 토지의 지목은 주택이나 사무실을 건축할 수 있는 '대'이네요.

❸ **면적**: 토지의 면적을 확인할 수 있습니다.

❹ **사유**: 토지의 위치, 지목, 면적 등이 변동되었을 때 변동된 날과 그 원인을 확인할 수 있습니다.

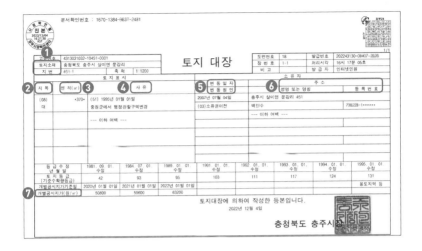

❺ **변동일자, 변동원인**: 토지 소유자가 변동되었을 때 변동된 날과 그 원인을 확인할 수 있습니다.

❻ **주소, 성명 또는 명칭, 등록번호**: 토지 소유자의 주소, 이름, 주민등록번호 등을 확인할 수 있습니다.

❼ **개별공시지가**: 토지의 연도별 개별공시지가를 확인할 수 있습니다.

토막 상식

 임야는 토지대장에 등록된 '토임'이 좋다!

임야는 지번 앞에 '산' 자를 붙여(예: 산-56) 임야대장과 임야도에 등록하는데요. 가끔 지번 앞의 '산' 자를 떼고 토지대장과 지적도에 등록하기도 합니다. 이러한 임야를 토지대장상의 임야라는 뜻으로 흔히 '토임'이라고 말하는데요. 같은 임야라면 토지대장에 등록된 토임이 차후에 개발이 수월해 그 가치가 높습니다.

그렇다면 원하기만 하면 모든 임야를 임야대장에서 토지대장으로 옮길 수 있는 것일까요? 경사도가 25도 이상인 임야나 보존 가치가 높은 나무가 있는 임야는 임야대장에서 토지대장으로 옮기기 어렵습니다.

토지의 모양과 경계는 지적도(임야도)로 확인

지적도로 토지의 생김새와 경계 등을 확인하자!

현장답사를 가기 전에 반드시 살펴봐야 할 부동산 공부 중 하나가 바로 지적도인데요. 지적도를 통해 토지의 모양이나 경계, 위치 그리고 맹지 여부를 확인해 봐야 합니다. 토지가격이 아무리 저렴하다고 해도 토지의 모양이 부정형이거나 위치가 너무 외지고 도로에 접하고 있지 않다면 현장답사 가는 것을 고민해 봐야 합니다. 참고로 임야의 모양이나 경계, 위치 그리고 맹지 여부는 임야도로 확인하세요.

지적도나 임야도는 구청이나 군청에서 직접 발급받거나 정부24 사이트에서 발급받을 수 있습니다.

그럼, 지적도에 대해서 살펴보도록 하죠.

❶ **토지소재**: 토지가 자리 잡은 동네를 확인할 수 있습니다.

❷ **지번**: 토지의 정확한 주소를 확인할 수 있습니다.

❸ **축척**: 지적도상에 나타낸 토지의 실제 크기를 확인할 수 있습니다. 축척은 1/500, 1/600, 1/1,000, 1/1,200, 1/2,400, 1/3,000, 1/6,000 등 다양한데요. 분모 값이 적을

수록 토지를 크게 볼 수 있습니다.

❹ **도면**: 토지의 위치, 주소, 지목, 모양, 경계, 맹지 여부를 도면으로 확인할 수 있습니다. 해당 토지는 지목이나 모양은 괜찮으나 도로와 접하고 있지 않은 맹지입니다. 해당 토지를 낙찰받아 건축물을 건축하려면 길을 내야 하는데, 그러려면 위쪽이나 아래쪽의 토지 일부를 매수하거나, 위쪽이나 아래쪽의 토지에 '지역권'을 설정하거나, 위쪽이나 아래쪽의 토지 소유자에게서 '토지사용승락서'를 받아야 합니다. 이렇게 하는 게 불가능한 일은 아니지만 쉬운 일도 아닙니다. 참고로 '토지사용승락서'의 경우 이를 써 준 토지 소유자가 바뀌면 새로운 소유자에게 다시금 '토지사용승락서'를 받아야 합니다.

007

토지이용계획확인서로 땅의 제한사항 확인

내 땅에 걸려 있는 제한사항은 무엇일까?

경매로 토지를 낙찰받으려 할 때는 반드시 토지이용계획확인서를 발급받아 그것에 기재된 내용을 확인해야 합니다. 대한민국은 개인 소유의 토지라 할지라도 공익 차원에서 토지를 이용하는 데 많은 제한을 하는데요. 이러한 제한을 미리 확인하지 않고 토지를 낙찰받았다가는 자신이 원하는 목적대로 이용하지 못해 큰 낭패를 볼 수 있습니다.

토지이용계획확인서는 구청이나 군청에서 직접 발급받거나 정부24 사이트에서 발급받을 수 있습니다. 또한, 토지이음(www.eum.go.kr)에서도 제한 내용을 확인할 수 있습니다.

그럼, 토지이용계획확인서에 대해서 살펴보죠.

❶ **신청인**: 토지이용계획확인서 발급을 신청한 사람의 이름과 주소, 전화번호를 확인할 수 있습니다.

❷ **신청토지**: 토지의 주소, 지목, 면적을 확인할 수 있습니다.

❸ **「국토의 계획 및 이용에 관한 법률」에 따른 지역·지구 등**: 「국토의 계획 및 이용에

진본
2022/12/04
16:27:42
KST
충주시청민원실

발급번호 : 20224313000████   발행매수 : 1/2   발급일 : 2022/ 12/ 04

토지이용계획확인서

					처리기간
					1 일

| ❶ 신청인 | 성명 | 백██ | 주소 | 인천광역시 서구 청라에메랄드로 ██ (연희동) ██ | |
| | | | 전화번호 | 010-████-████ | |

❷ 신청토지	소재지			지번	지목	면적(㎡)
	충청북도 충주시 살미면 문강리			██	전	1,927.0

❸❹❺ 지역·지구등 지정여부	❸ 「국토의 계획 및 이용에 관한 법률」에 따른 지역·지구등	보전관리지역 [이하공란]
	❹ 다른 법령 등에 따른 지역·지구등	가축사육제한구역(소·말·양·염소·사슴·젖소·메추리)<가축분뇨의 관리 및 이용에 관한 법률>,접도구역<도로법>, 공장설립승인지역(수도법시행령 제14조의3 1호)<수도법> [이하공란]
	❺ 「토지이용규제 기본법 시행령」 제9조제4항 각 호에 해당되는 사항	영농여건불리농지 [이하공란]

❻ 확인도면

범례
■ 계획관리지역
□ 보전관리지역
■ 농림지역
□ 도로구역
□ 접도구역
□ 온천지구
□ 가축사육제한구역
□ 법정동

보전관리지역
316-9 과

농림지역 소·말·양·염소·사슴·젖소·메추리
보전관리지역

축척 1/1900

「토지이용규제 기본법」 제10조제1항에 따라 귀하의 신청토지에 대한 현재의 토지이용계획을 위와 같이 확인합니다.

2022/ 12/ 04

충 청 북 도 충 주 시 장

수입증지 붙이는곳	수 수 료	전자결제	민 원

◆본 증명서는 인터넷으로 발급되었으며, 정부24(gov.kr)의 인터넷발급문서진위확인 메뉴를 통해 위·변조 여부를 확인할 수 있습니다.(발급일로부터 90일까지) 또한 문서하단의 바코드로도 진위확인(정부24 앱 또는 스캐너용 문서확인프로그램)을 하실 수 있습니다.

⑦ 유의사항	1. 토지이용계획확인서는 「토지이용규제 기본법」 제5조 각 호에 따른 지역·지구등의 지정 내용과 그 지역·지구등에서의 행위제한 내용, 그리고 같은 법 시행령 제9조제4항에서 정하는 사항을 확인해 드리는 것으로서 지역·지구·구역 등의 명칭을 쓰는 것을 확인해 드리는 것은 아닙니다. 2. 「토지이용규제 기본법」 제8조제2항 단서에 따라 지형도면을 작성·고시하지 않는 경우로서 「철도안전법」 제45조에 따른 철도보호지구, 「학교보건법」 제5조에 따른 학교환경위생 정화구역 등과 같이 별도의 지정 절차 없이 법령 또는 자치법규에 따라 지역·지구등의 범위가 직접 지정되는 경우에는 그 지역·지구등의 지정 여부를 확인해 드리지 못할 수 있습니다. 3. 「토지이용규제 기본법」 제8조제3항 단서에 따라 지역·지구등의 지정 시 지형도면등의 고시가 곤란한 경우로서 「토지이용규제 기본법 시행령」 제7조제4항 각 호에 해당되는 경우에는 그 지형도면등의 고시 전에 해당 지역·지구등의 지정 여부를 확인해 드리지 못합니다. 4. "확인도면" 은 해당 필지에 지정된 지역·지구등의 지정 여부를 확인하기 위한 참고 도면으로서 법적 효력이 없고, 측량이나 그 밖의 목적으로 사용할 수 없습니다. 5. 지역·지구등에서의 행위제한 내용은 신청인의 편의를 도모하기 위하여 관계 법령 및 자치법규에 규정된 내용을 그대로 제공해 드리는 것으로서 신청인이 신청한 경우에만 제공되며, 신청 토지에 대하여 제공된 행위제한 내용 외의 모든 개발행위가 법적으로 보장되는 것은 아닙니다.
⑧ 지역· 지구등에 서의 행위제한 내용	※ 지역·지구등에서 행위제한 내용은 신청인이 확인을 신청한 경우에만 기재되며, 「국토의 계획 및 이용에 관한 법률」에 따른 지구단위계획구역에 해당하는 경우에는 담당 과를 방문하여 토지이용과 관련한 계획을 별도로 확인하셔야 합니다.

관한 법률」에서 규정하고 있는 용도지역, 용도지구, 용도구역에 관한 내용을 확인할 수 있습니다. 참고로 충주시 도시계획조례에 의하면 해당 토지는 건폐율은 20%, 용적률은 110%를 적용받는데요. 주택은 건축할 수 없고 공인중개사사무소, 미용실, 세탁소, 의원 등을 건축할 수 있습니다.

❹ **다른 법령 등에 따른 지역·지구 등**: 「국토의 계획 및 이용에 관한 법률」이 아닌 다른 법령에서 규정하고 있는 용도지역, 용도지구, 용도구역에 관한 내용을 확인할 수 있습니다. 참고로 해당 토지는 「가축분뇨의 관리 및 이용에 관한 법률」, 「도로법」, 「수도법」에 따라 '가축사육제한구역', '접도구역', '공장설립승인지역'으로 정해졌습니다.

❺ 「토지이용규제 기본법 시행령」제9조 제4항 각호에 해당하는 사항: 토지거래허가구역, 건축허가 또는 신고 시에 특별시장·광역시장·특별자치시장·도지사·특별자치도지사·시장·군수·구청장이 위치를 지정하여 공고한 도로, 도시·군관리계획 입안사항, 영농여건불리농지, 매립목적 변경 제한, 용도변경 승인 기간, 중점경관관리구역과 도시·군계획조례로 정하는 토지이용 관련 정보 등을 확인할 수 있습니다. 해당 토지는 농사를 짓기에는 여건이 좋지 않은 '영농여건불리농지'입니다.

❻ 확인도면: 토지의 대략적인 모양과 위치 및 경계 등을 알 수 있습니다.

❼ 유의사항: 현재 발급해 주는 토지이용계획확인서에서는 모든 제한사항을 확인할 수 없으므로 반드시 해당 토지가 있는 시·군·구청 담당 공무원에게 그 밖의 제한사항이 없는지를 확인해 보라는 내용입니다.

❽ 지역·지구 등에서의 행위제한 내용: 토지이용을 구체적으로 어떻게 제한하는지 그 내용을 확인할 수 있는 곳으로, 신청인의 신청이 있어야만 구체적인 내용을 알 수 있습니다.

암호문 같은 토지이용계획확인서를 쉽게 이해하려면?

토지이용계획확인서를 확인하라고 해서 일단 보긴 했는데 도무지 무슨 내용인지 잘 모르겠다고요? 토지이용의 제한사항은 어차피 해당 시·군·구청의 담당 공무원을 만나야 정확히 알 수 있으므로 잘 이해되지 않는다면 담당 공무원에게 그 토지를 어떻게 이용하고 싶은지 자세히 설명한 뒤 원하는 대로 이용할 수 있는지 물어보세요. 그렇게 하는 것이 가장 정확하고 빠른 방법입니다.

Common Sense Dictionary of
Real Estate Auctions & Public Sales

1

첫째
마당

꼭 알아두어야 할
경매·공매 기초상식

008

경매할 때 뒤통수 맞는 세대합가, 임차권 양도, 대위변제

입찰 시에는 매수인이 보증금을 책임져야 할 임차인이 없었는데 낙찰받고 나니 그러한 임차인이 있다면 엄청 당황스러울 겁니다. 이런 어처구니없는 일은 어떤 경우에 발생할까요? 한번 알아보도록 하겠습니다.

뿔뿔이 흩어진 가족이 모두 모였어요! — 세대합가

세대합가란 자녀가 세대주인 주택에 부모가 이사하여 부모 중 한 명이 세대주로 변경되거나, 혼인으로 인해 아내(남편)가 세대주인 주택에 배우자가 이사하여 세대주가 변경되는 경우, 또는 세대주였던 자가 직장문제 등으로 세대원 중 한 사람을 세대주로 변경하고 자신은 일시적으로 전출하였다가 일정 기간 경과 후 재전입하면서 자신을 세대주로 변경하는 경우 등을 말합니다(주민등록법 제11조). 세대가 합쳐졌다는 뜻입니다.

그렇다면 경매에서 세대합가가 중요한 이유는 무엇일까요? 경매가 시작되면 법원 소속의 집행관은 임차인의 현황을 조사하여 '임대차 현황조사서'를 작성합니다. 이때 임차인의 주민등록등본에 적힌 전입일을 기록하는데, 세대합가가 이 전입일과 관련된 문제를 야기할 수 있습니다.

예를 들어 아들이 세대주로 전입신고를 한 후 아버지가 다시금 세대주로 전입신고를 한 사이에 근저당권이 설정되었다면 경매 참여자들은 근저당권 설정일보다 아버지의 전입신고일이 늦으므로 대항력이 없어 걱정하지 않아도 된다고 생각할 수 있습니다. 그러나 실제로는 아들의 전입신고일이 근저당권 설정일보다 빠르므로 낙찰자(매수인)가 임차인의 보증금을 부담해야 할 수도 있습니다. 세대주뿐만 아니라 세대원의 전입신고(주민등록) 역시 제3자에 대한 대항력을 가지기 때문입니다(대법원 1989년 1월 17일 선고, 88다카 143 판결).

따라서 이러한 실수를 피하려면 임차인의 주민등록 전입세대열람 내역을 확인할 때 세대주뿐만 아니라 동거인의 성명과 전입신고일도 함께 신청하여 최초 전입신고자가 누구이고 신고일이 언제인지를 확인해야 합니다(주민등록법 제29조의 2).

임차인이 다른 임차인에게 모든 권리를 넘기는 임차권 양도

임대인의 동의 아래 기존 임차인이 새로운 임차인에게 모든 권리를 넘기는 것을 '임차권 양도'라고 합니다. 그렇다면 어떤 경우에 임차권 양도를 할까요?

기존 임차인이 이사 온 후 해당 건물에 근저당권 등 제한물권이 설정되면 선뜻 해당 건물에 세를 얻으려는 사람이 없을 수 있는데요. 이렇게 되면 기존 임차인은 자신의 보증금을 돌려받지 못해 제때 이사를 나가지 못할 수 있습니다.

그러나 기존 임차인은 근저당권 등 제한물권보다 먼저 전입신고를 했으므로 대항력이 있습니다. 이 대항력을 새로운 임차인에게 넘겨줄 수 있다면 그것을 받은 새로운 임차인은 대항력이 있기에 비록 근저당권 등 제한물권 설정일 이후에 해당 건물로 이사를 온다 해도 자신의 보증금을 지킬 수 있습니다.

실제로 새로운 임차인이 임대인의 동의를 얻어 전 임차인의 임차권을 양도받는 조건으로 전입신고를 하고 이사하여 거주하고 있다면 전 임차인의 대항력이 유지된다는 대법원의 판결이 있습니다(대법원 2010년 6월 10일 선고, 2009다101275 판결).

임차권 양도는 임차인에게는 자신의 보증금을 지킬 수 있는 좋은 수단이지만, 입찰자에게는 임차권 양도 사실을 확인하기가 매우 어렵기 때문에 매우 골치 아픈 제도입니다.

그러므로 관심 가는 건물이 있는데 그 건물의 기존 임차인이 퇴거한 후 새로운 임차인이 전입신고를 한 상황이라면, 이것이 새로운 임대차계약에 의한 것인지, 아니면 임차권 양도에 의한 것인지 임대인이나 새로운 임차인에게 직접 확인해 봐야 합니다.

내가 대신 빚 갚아줄게! 대위변제

흔하진 않지만, 채무자의 빚을 다른 사람이 대신 갚아 주는 경우가 있는데요. 이러한 것을 대위변제라고 합니다. 그럼, 왜 다른 사람이 채무자의 빚을 대신 갚아 줄까요? 이해하기 쉽게 예를 들어보겠습니다.

사례 대위변제

- 2011년 1월 23일 □□은행 4천만 원 근저당권 설정
- 2012년 3월 12일 임차인 홍○○ 보증금 8천만 원에 이사 옴
- 2012년 9월 21일 △△은행 5천만 원 근저당권 설정
- 2015년 4월 24일 △△은행 경매신청

임차인 홍○○가 임대인의 □□은행 빚 4천만 원을 대신 갚아 주고 1순위인 근저당권을 말소시키면 2순위였던 임차인 홍○○는 1순위가 되는데요. 이때 임차인 홍○○는 법원에 자신은 보증금 8천만 원의 임차인이라는 권리신고만 하고 배당신청은 하지 않습니다. 왜 하지 않을까요?

말소기준권리인 △△은행 근저당권보다 앞선 선순위임차인인 홍○○가 배당신청을 하지 않아 해당 주택을 낙찰받는 사람은 임차인 홍○○의 보증금 8천만 원을 모두 책임져야 하는데요. 이러한 사실은 해당 주택의 입찰자들에겐 상당히 부담되어 아무도 해당 주택에 입찰하려 하지 않을 것이고 이에 최저매각가격은 계속 깎이게 됩니다. 그러면 적당한 때에 임차인 홍○○가 헐값으로 해당 주택을 낙찰받습니다. 대위변제를 잘 아는 임차인이라면 이렇듯 자신이 세 든 주택을 저렴하게 매수할 수 있는 것입니다.

009

가압류, 압류, 저당권, 근저당권

채권자는 채무자가 그의 재산을 빼돌리지 못하도록 할 필요가 있습니다. 또한, 채무자에게 돈을 빌려줄 때 차용증보다는 채무자 등(물상보증인[1] 또는 연대보증인)의 부동산을 담보로 잡는 게 좋은데요. 이를 위한 몇 가지 방법을 살펴보겠습니다.

재산 처분을 임시로 막는 가압류

채무자가 자기 소유의 부동산이나 재산을 숨기거나 매도할 수 있다는 염려가 들 때 채권자의 신청으로 법원이 채무자의 부동산이나 재산의 처분을 임시로 못하게 하는 조치를 '가압류'라고 합니다. 가압류를 해 놓으면 채권자는 장차 소송 후 경매로 채무자가 진 빚을 돌려받을 수 있습니다.

---

[1] 물상보증인 타인의 채무를 보증해 주기 위하여 자신이 소유한 재산을 담보로 제공한 자를 물상보증인이라 합니다. 물상보증인의 책임은 자신이 담보로 제공한 재산에 한합니다.

재산 처분을 막는 압류

채권자 등의 신청을 받은 국가기관이 강제로 다른 사람의 재산 처분이나 권리행사 등을 못하게 하는 것을 '압류'라고 하는데요. 「국세징수법」상의 압류란, 납세자가 독촉받은 조세를 지정된 날까지 완납하지 못할 때 체납자의 특정 재산의 처분을 제한하는 강제처분을 말합니다. 압류는 소송 후 경매를 실행하는 가압류와 달리, 소송 없이 바로 경매를 진행할 수 있습니다.

(사례) 가압류 신청

빌려준 돈을 받지 못한 백○○가 최○○의 양말공장을 경매로 넘겨 돈을 받으려면 어떻게 해야 할까요? 먼저 최○○를 상대로 '대여금반환청구소송'을 해서 이겨야 합니다. 이 소송은 통상 5~6개월 이상 걸리는데요. 만약 그사이에 최○○가 자신의 공장을 다른 사람에게 매도하고 도망간다면 백○○는 소송에서 이긴들 빌려준 돈을 돌려받을 방법이 없을 것입니다. 이럴 때 백○○는 어떻게 해야 할까요?

백○○는 소송 전에 먼저 최○○가 자신의 공장을 함부로 매도할 수 없도록 가압류를 신청해야 합니다. 그리고 이후 소송에서 이긴 백○○가 경매를 신청하면 법원은 경매개시결정을 내리는데요. 이때부터 최○○의 공장은 법원에 압류되었다고 말합니다. 최○○의 공장을 매도할 수 있는 권리가 법원으로 넘어갔다는 의미이지요.

그렇다면 부동산이 압류되었다는 사실은 등기사항전부증명서에 어떻게 표시될까요? 첫째, 경매신청을 받은 집행법원에서 압류한 경우에는 해당 부동산의 등기사항전부증명서 갑구(소유권에 관한 권리)에 '임의경매개시결정' 또는 '강제경매개시결정'이라고 표시됩니다.

둘째, 세금을 내지 않아 국세청이나 시·군·구청에서 압류한 경우에는 해당 부동산의 등기사항전부증명서 갑구(소유권에 관한 권리)에 '압류'라고 표시됩니다.

'채권액'으로 표시되는 저당권

돈을 빌려준 대가로 채무자의 부동산을 담보로 받아 두었다가 채무자가 기한까지 빚을 갚지 못할 때 담보로 받은 부동산을 경매에 넘겨 빌려준 돈을 회수할 수 있는 채권자의 권리를 '저당권'이라 합니다. 저당권은 일반 채권자에 우선하여 변제받을 수 있는 약정담보물권(민법 356조 이하)이며 등기사항전부증명서 '을구'에 '채권액'으로 표시됩니다.

'채권최고액'으로 표시되는 근저당권

돈을 빌려준 대가로 채무자의 부동산을 담보로 받아 두었다가 채무자가 기한까지 빚을 갚지 못할 때 담보로 잡은 부동산을 경매에 넘겨 빌려준 돈을 회수할 수 있는 채권자의 권리라는 점에서는 '근저당권'도 '저당권'과 목적은 같다고 볼 수 있습니다. 하지만 근저당권은 결산기까지 채권최고액 한도 내에서 채무자가 자유롭게 돈을 빌리고 갚고를 반복할 수 있다는 점에서 차이가 있습니다. 그러므로 저당권은 등기사항전부증명서 '을구'에 채권액(실제 빌린 돈)과 대출이자를 합한 '채권최고액'으로 표시됩니다.

예를 들어 등기사항전부증명서 을구에 채권액 3억 원이라고 등기되었다면 실제 빚이 3억 원이라는 의미이고, 채권최고액 3억 원이라고 등기되었다면 실제 빚은 약 2억 5천만 원이고 나머지 5천만 원은 이자라고 할 수 있습니다. 채권최고액은 보통 이자를 감안해서 빌린 돈의 120% 또는 130% 정도로 잡습니다. 근저당권은 빌린 돈의 일부나 전부를 미리 갚더라도 돈 갚을 기간이 아직 되지 않았으면 담보 한도 내에서 다시 돈을 빌릴 수 있습니다. 그래서 빚이 서당권처럼 확성뇌시 않는 것이지요.

그러므로 근저당권이 설정된 건물에 세를 얻을 때는 임대인이 얼마 되지 않는다고 말하는 실제 빚보다 등기사항전부증명서에 등기된 채권최고액이 얼마인지를 반드시 확인해야 합니다.

부동산을 뺏길 수도 있는 소유권이전청구권가등기, 환매등기

발바닥에 땀 나도록 현장답사를 하고 입찰하여 낙찰받고 매각대금(매매대금) 납부 후 소유권이전등기까지 했어도 소유권을 타인에게 빼앗기는 경우가 있는데요. 어떤 경우에 이렇게 되는지 살펴보겠습니다.

본등기의 순위 보전을 위한 예비등기 – 가등기

가등기는 계약금을 지불하고 잔금을 치르는 사이에 매도자가 다른 사람과 계약하지 못하게 하거나 다른 권리가 발생하는 것을 막기 위해 활용하는 권리입니다(등기법 제88조). 가등기 이후에 본등기를 하게 되면 본등기의 순위는 앞서 해두었던 가등기의 순위를 따릅니다(등기법 제91조). 다시 말해 가등기는 본등기의 순위 보전을 위하여 하는 예비등기인 셈이죠. 본등기가 이루어지면 가등기 이후의 가압류나 근저당권 등의 등기는 모두 말소됩니다(등기법 제92조).

가등기에는 여러 가지가 있지만 소유권이전을 목적으로 하는 '소유권이전청구권가등기'와 채권담보를 목적으로 하는 '담보가등기'가 가장 많이 쓰이는데요. 등기사항전부증명서에 '소유권이전청구권가등기', '담보가등기'로 표시됩니다.

가등기에서 본등기를 할 수 있는 기간은 10년으로 이 기간이 지나면 본등기를 할 수 없을 뿐만 아니라 가등기까지 말소될 수 있습니다. 말소기준권리보다 빠른 가등기는 낙찰자에게 인수되므로 매우 주의해야 합니다.

지금은 비록 팔았으나 되살 수 있는 등기 - 환매등기

부동산 매매계약을 할 때 "해당 부동산의 매도자가 매수자에게 받았던 매매대금과 기타 경비를 매수자에게 지불하면 해당 부동산을 다시 돌려받을 수 있다."라는 특약을 계약서에 기재하면 매도자는 나중에 자신이 매도한 부동산을 되찾아올 수 있는 권리를 갖게 되는데 이것을 '환매권'이라 하고, 이러한 권리를 등기한 것을 '환매등기'라 합니다.

매매로 인한 소유권이전등기를 할 때 환매권도 동시에 등기해야 환매권의 효력이 발생하며, 등기된 환매권은 제3자에게도 효력을 미치므로 제3자가 해당 부동산을 취득하더라도 환매권자는 해당 부동산을 되찾아올 수 있습니다. 부동산의 환매기간은 특약이라도 5년을 넘지 못하고 한 번 정해진 환매기간은 추가로 연장하지 못합니다. 그리고 매도인이 기간 내에 대금과 매매비용을 매수인에게 제공하지 않으면 환매할 권리를 잃습니다(민법 제590조~제595조). 말소기준권리보다 빠른 환매등기는 낙찰자에게 인수되므로 매우 주의해야 합니다.

토막
상식

✎ **환매권이 있는 부동산으로 시세차익을 노릴 수 있다고요?**

환매권을 근거로 자신이 매도했던 부동산을 되찾으려는 사람은 환매계약 당시에 약속한 매매대금과 기타비용을 상대방에게 지불해야 합니다. 그런데 만약에 해당 부동산을 환매계약 당시 매매대금보다 저렴하게 낙찰받는다면 낙찰자는 환매를 원하는 사람에게 자신이 낙찰받은 가격보다 비싸게 되파는 것이 되므로 시세차익을 볼 수도 있습니다.

011

부동산의 생사를 가르는 말소기준권리와 소제주의

낙찰 후 매각대금(매매대금) 이외에도 부담해야 할 것이 많다면 낙찰자는 낙찰받은 부동산을 포기해야 할 수도 있는데요. 낙찰자의 어깨를 가볍게도, 무겁게도 할 수 있는 말소기준권리와 소제주의에 대해 알아볼까요?

앞의 권리는 살리고, 뒤의 권리는 죽이는 말소기준권리

경매나 공매 시 부동산에 설정된 여러 권리 중에서 자신의 앞에 있는 권리는 살려주고, 자신의 뒤에 있는 권리는 죽이는 기준선의 역할을 하는 권리가 있는데요. 이것을 '말소기준권리'라고 합니다. 저당권, 근저당권, 가압류, 압류, 담보가등기, 경매개시결정기입등기, 전세권설정등기가 여기에 속합니다.

이러한 권리가 한 부동산에 함께 존재한다면 어떤 권리가 말소기준권리가 될까요? 당연히 먼저 등기한 권리가 말소기준권리가 됩니다.

하지만 예고등기, 법정지상권, 분묘기지권, 유치권, 배당요구(배분요구)하지 않은 대항력 있는 임차권·전세권, 말소기준보다 앞서 설정된 소유권이전청구권가등기·가처분 등은 낙찰 후 소멸되지 않고 낙찰자가 인수해야 하므로 각별히 주의해야 합니다.

전세권, 경매개시결정기입등기가 늘 말소기준권리인 것은 아니다

말소기준권리 중 전세권설정등기는 공동주택(아파트, 연립주택, 다세대주택, 오피스텔 등)에 거주하고 있는 전세권자가 자신의 보증금을 돌려달라고 배당 요구를 했거나 경매신청한 경우에 말소기준권리가 되고, 경매개시결정기 입등기는 다른 말소기준권리가 없는 경우에만 말소기준권리가 됩니다.

무거운 권리를 그대로 떠안는 인수주의, 떠안지 않는 소제주의

말소기준권리보다 앞에 있어 사라지지 않는 권리는 해당 부동산의 낙찰 자(매수인)가 떠안고 가야 하는데, 이것을 '인수주의'라고 합니다.

반면에 말소기준권리보다 뒤에 있어 사라지는 권리는 해당 부동산의 낙 찰자(매수인)가 떠안지 않아도 되는데, 이것을 '소제주의'라고 합니다.

토막 상식

✎ **공매에 있어 권리분석은?**

공매재산에는 압류재산, 국유재산, 유입자산, 수탁재산 등이 있는데요. 이들 중 압류 재산은 입찰자 책임하에 낙찰 후 말소되지 않고 인수해야 할 권리가 있는가에 대해 서 입찰 전에 꼼꼼하게 분석해야 합니다. 특히 주거용 건물과 상가 건물은 임대차 현 황 및 대항력 있는 임차인의 유무를 반드시 사전에 확인해야 합니다.

임차인의 막강한 방패!
대항력과 확정일자

1981년 3월 5일 제정된 「주택임대차보호법」으로 인해 임차인은 일정한 조건만 갖추면 자신의 보증금을 돌려받을 수 있게 되었는데요. 이 조건은 무엇일까요?

나가라고 해도 버틸 수 있는 권리, 대항력

임대인이 매매나 경매, 공매로 바뀌더라도 임차인은 자신이 임차한 건물에 계약기간까지 살 수 있는 권리, 또는 자신의 보증금을 돌려받을 때까지 해당 건물에서 나가지 않아도 되는 권리를 '대항력'이라고 합니다.

대항력은 해당 건물에 이사하고 전입신고를 하면 발생하는 것으로, 전입신고를 한 다음 날 0시부터 효력이 생깁니다. 예를 들어 2023년 4월 15일에 이사하고 전입신고를 했다면, 대항력은 2023년 4월 16일 0시(자정)부터 생깁니다.

등기처럼 순위를 보전받을 수 있도록 돕는 확정일자

사례 임차인이 대항력이 없다고 오판한 경우

경매 초보인 오○○는 경매 부동산을 검색하던 중 임차인 강○○가 거주하고 있는 아파트를 발견했는데요. 임차인 강○○의 전입신고일은 2015년 3월 7일이고, 확정일자를 받은 날은 2015년 3월 12일이었습니다. 그리고 말소기준권리인 근저당권 설정일은 2015년 3월 9일로 임차인 강○○의 확정일자보다 빨랐습니다. 이에 오○○는 말소기준권리인 근저당권에 비해 임차인 상○○의 확정일지가 늦으므로 임차인 강○○는 대항력이 없다고 오판하고 해당 아파트를 경매로 매수했습니다. 그러나 대항력은 확정일자가 아니라 해당 아파트로 이사하고 전입신고를 하면 발생하는 것으로, 임차인 강○○의 대항력은 전입신고를 한 2015년 3월 7일의 다음 날인 2015년 3월 8일 0시(자정)부터 발생했습니다. 결국 오○○는 임차인 강○○의 전세보증금 1억 원을 책임져야만 했습니다.

임차인은 주택이나 상가에 세를 들 때 자신의 보증금을 보호받기 위해 '확정일자'라는 것을 받는데요. 등기소나 동주민센터(주택) 또는 세무서(상가)에 방문하여 임대차계약서 여백에 확정일자 부여일, 확정일자 번호, 확정일자 부여기관을 표시(주택임대차계약증서의 확정일자 부여 및 정보제공에 관한 규칙 제7조)하고 해당 건물의 소재지, 확정일자 부여일, 차임 및 보증금 등을 확정일자부에 기재합니다(주택임대차보호법 제3조의 6 ①항, ②항, 상가건물임대차보호법 제4조 ①항, ②항).

확정일자를 받는 이유는 혹시라도 자신이 세 든 건물이 경매나 공매로 넘어가더라도 확정일자보다 순위가 늦은 권리와 기타 채권자들보다 우선하여 배당받기 위해서입니다. 만약에 확정일자를 받지 않으면 해당 주택과 관련된 모든 권리가 배당을 다 받아 간 후 남은 것이 있어야 배당받을 수 있습니다. 우선변제권을 가지려면 대항력을 갖추고 임대차계약서에 확정일자를 받아야만 합니다. 그러므로 전입신고나 사업자등록을 할 때 반드시 확정일자도 함께 받아 두세요(주택임대차보호법 제3조의 2 ②항, 상가건물임대차보호법 제5조 ②항).

013 같은 듯 다른 임차권설정등기, 전세권설정등기, 임차권등기명령

임차인이 자신의 보증금을 보호받는 방법에는 전입신고를 하고 확정일 자를 받는 것 말고도 다른 것이 있는데요. 무엇일까요?

보증금을 돌려받기 위해 미리 하는 임대차등기 – 전세권설정등기

'임대차'란 당사자 일방이 상대방에게 목적물을 사용·수익하게 할 것을 약정하고 상대방이 이에 대해 차임을 지급할 것을 약정함으로 효력이 생기 는 권리를 말합니다(민법 제618조). 그리고 이러한 임차권을 등기한 것을 '임 대차등기'라 합니다. 월세 임차인은 자신의 보증금을 보호받기 위해 차임(월 세), 범위, 차임지급시기, 존속기간, 임차보증금 등을 세를 든 건물 등기사항 전부증명서에 등기합니다(민법 제621조, 부동산등기법 제74조).

'전세권'이란 전세금을 지급하고 타인의 부동산을 점유해 그 부동산의 용도에 맞게 사용·수익할 수 있는 권리를 말합니다(민법 제303조 ①항). 그리고 이러한 전세권을 등기한 것을 '전세권설정등기'라 합니다. 전세 임차인은 자 신의 보증금을 보호받기 위해 전세금, 범위, 존속기간 등을 세 든 건물 등기사항전부증명서에 등기합니다(민법 제303조 ①항, 부동산등기법 제72조 ①항).

'임차권설정등기'와 '전세권설정등기'는 임대인의 동의를 받아야 하는데요. 그런데 임대인은 동의를 잘 해주지 않습니다. 또한 등기하는 비용도 많이 듭니다. 그러므로 월세 임차인이든 전세 임차인이든 확정일자를 받는 게 편리하고 저렴합니다. 하지만, 1세대 1주택자로서 양도소득세 비과세를 바라는 임대인이 소유하고 있는 오피스텔에 전입신고하는 것은 잘 허용되지 않으므로 이 경우에는 '임차권설정등기'나 '전세권설정등기'를 해야 합니다.

보증금 못 돌려받고 이사 나갈 때 하는 임차권등기명령

임대인에게 보증금을 돌려받지 못했는데 이사를 나가야만 하는 사정이 생길 수도 있습니다. 이럴 땐 어떻게 해야 할까요? "먼저 이사부터 나가라! 임차인 구하면 바로 보증금을 돌려주겠다!"라는 임대인의 말만 믿고 이사를 가버렸다간 대항력을 상실하여 영영 자신의 보증금을 돌려받지 못할 수도 있습니다.

그러므로 이럴 땐 이사를 나가더라도 대항력을 그대로 유지할 수 있는 방법이 필요한데요. 그 방법이 바로 '임차권등기명령'입니다.

임차권등기명령은 임대차계약 기간이 종료되었음에도 임대인이 보증금을 돌려주지 않을 때 사용하는 보증금 회수 방법이므로, 일단 임대차계약 기간이 종료되었는지를 확인해야 합니다.

묵시적갱신으로 인해 자동 연장된 임대차계약을 임차인 스스로 종료하고 이사를 나가고자 한다면 임대차계약 기간 종료 시점은 임차인이 임대인에게 계약 종료 의사를 전한 날로부터 3개월이 되는 날입니다. 이때부터 임대인에게는 임차인에게 보증금을 돌려줘야 할 의무가 발생하고, 임차인에게는 임차권등기명령을 할 수 있는 조건이 성립합니다.

임차권등기명령을 신청했다면 반드시 해당 건물 등기사항전부증명서에 임차권등기명령이 등기되었는지를 확인한 후 이사를 나가야 합니다. 그 전에 이사를 가면 대항력을 상실합니다. 임차권등기명령은 해당 건물의 등기사항전부증명서 '을구'의 '등기목적'에 '임차권 설정'이라고 표시되고, '등기원인'에는 '○○○○년 ○○월 ○○일 □□법원의 임차권등기명령(△△)'이라고 표시됩니다.

토막 상식

✎ 임차권등기명령 후 새로 들어온 세입자

임차권등기명령이 등기된 건물에 세 든 임차인은 최우선변제를 받을 수 없습니다(주택임대차보호법 제3조의 3 ⑥항, 상가건물임대차보호법 제6조 ⑥항). 그러므로 임차권등기명령이 등기된 건물에 세를 들고자 한다면 임차권등기명령등기를 말소하는 조건으로 계약해야 하고 잔금 전에 그 말소 사실을 확인해야 합니다. 임대차계약 시 임대차계약서 특약사항에는 만약에 잔금 전까지 임차권등기명령등기가 말소되지 않으면 "본 임대차계약은 무효로 하며 계약금은 임차인에게 돌려주기로 한다."라는 내용을 기재해야 합니다.

014

알고 갑시다!
우선변제권와 최우선변제권

임대차등기나 전세권설정등기 없이도 일정 조건만 갖추면 임차인이 자신의 보증금을 먼저 배당받을 수 있습니다. 그것이 무엇인지 자세하게 알아볼까요? 왠지 임차인뿐만 아니라 입찰자에게도 매우 중요한 것 같은데요.

후순위 권리보다 우선하는 우선변제권, 모든 권리보다 우선하는 최우선변제권

임차인은 자신이 거주하는 건물이 경매로 넘어가더라도 자신보다 순위가 늦은 후순위 권리나 그 밖의 채권보다 먼저 보증금을 돌려받을 권리가 있는데요. 이를 '우선변제권'이라 합니다(주택임대차보호법 제3조의 2 ②항, 상가건물임대차보호법 제5조 ②항). 임차인이 우선변제권을 가지려면 세 든 주택에 이사 및 전입신고를 하고 확정일자를 받아야 합니다.

그런데 임차인의 보증금이 너무 적으면 순위에 상관없이 다른 권리보다 가장 먼저 보증금 일부를 돌려받을 수 있는데요. 이를 '최우선변제권'이라고 합니다(주택임대차보호법 제8조 ①항, 상가건물임대차보호법 제14조 ①항). 임차인이 최우선변제권을 가지려면 해당 주택을 경매로 매각하겠다는 법원의 결정이 등기사항전부증명서에 기재(경매개시결정기입등기)되기 전까지 임차인은 대항력(이사 및 전입신고)을 갖추어야 합니다. 그리고 '배당요구의 종기'까지 대항력을 유지한 채로 배당신청을 해야 합니다.

주택의 최우선변제권

그럼, 대항력을 갖추고 배당신청을 한 모든 임차인은 최우선으로 자신의 보증금 일부를 돌려받을 수 있는 것일까요? 그렇지는 않습니다. 앞서 언급했듯이 보증금의 액수가 아주 적은 임차인(소액임차인)이어야 합니다.

주택은 전세든 월세든 임대차계약 당시 임대인에게 건네준 보증금의 액수가 다음 표 '주택 최우선변제금액'의 '임차인 보증금 범위' 안에 들어야 최우선변제금을 받을 수 있습니다. 그런데 '임차인 보증금 범위'와 그에 따른 '최우선변제금액'은 '기준일'에 따라 다릅니다.

일단, 복잡하게 생각하지 말고 이사할 때 해당 주택의 등기사항전부증명서에 설정된 담보물권(저당권, 근저당권, 가등기담보권 등)을 살펴봅니다. 그중에서 가장 먼저 설정된 담보물권의 설정일을 확인합니다. 그 설정일이 어느 기준일 안에 속하는지를 확인한 후 자신의 보증금이 그 기준일의 '임차인 보증금 범위' 안에 드는지를 확인합니다. 그 안에 들면 최우선변제권을 가지며 그 '임차인 보증금 범위'에 따른 최우선변제금을 받을 수 있습니다(대법원 2001다84824 판결 참조). 단, 다른 권리도 보호받아야 하는 만큼 임대건물 가액(임대인 소유의 대지 가액 포함)의 1/2에 해당하는 금액까지만 최우선변제를 받을 수 있습니다(주택임대차보호법 제8조).

▼ 주택 최우선변제금액

기준일	대상 지역	임차인 보증금 범위	최우선 변제금액
1984. 06. 14.	특별시·직할시	500만 원	300만 원
	기타 지역	500만 원	200만 원
1987. 12. 01.	특별시·직할시	500만 원	500만 원
	기타 지역	500만 원	400만 원
1990. 02. 19.	특별시·직할시	2,000만 원	700만 원
	기타 지역	1,500만 원	500만 원
1995. 10. 19.	특별시·광역시	3,000만 원	1,200만 원
	기타 지역	2,000만 원	800만 원
2001. 09. 15.	과밀억제권역	4,000만 원	1,600만 원
	광역시(군지역, 인천광역시 제외)	3,500만 원	1,400만 원
	그 밖의 지역	3,000만 원	1,200만 원
2008. 08. 21.	과밀억제권역	6,000만 원	2,000만 원
	광역시(군지역, 인천광역시 제외)	5,000만 원	1,700만 원
	그 밖의 지역	4,000만 원	1,400만 원
2010. 07. 21.	서울특별시	7,500만 원	2,500만 원
	과밀억제권역(서울특별시 제외)	6,500만 원	2,200만 원
	광역시(과밀억제권역 지역, 군지역 제외), 안산시, 용인시, 김포시, 광주시	5,500만 원	1,900만 원
	그 밖의 지역	4,000만 원	1,400만 원
2013. 12. 30.	서울특별시	9,500만 원	3,200만 원
	과밀억제권역(서울특별시 제외)	8,000만 원	2,700만 원
	광역시(과밀억제권역 지역, 군지역 제외), 안산시, 용인시, 김포시, 광주시	6,000만 원	2,000만 원
	그 밖의 지역	4,500만 원	1,500만 원
2016. 03. 31.	서울특별시	1억 원	3,400만 원
	과밀억제권역(서울특별시 제외)	8,000만 원	2,700만 원
	광역시(과밀억제권역 지역, 군지역 제외), 세종특별자치시, 안산시, 용인시, 김포시, 광주시	6,000만 원	2,000만 원
	그 밖의 지역	5,000만 원	1,700만 원

2018. 09. 18.	서울특별시	1억 1,000만 원	3,700만 원
	과밀억제권역(서울특별시 제외), 세종특별자치시, 용인시, 화성시	1억 원	3,400만 원
	광역시(과밀억제권역 지역, 군지역 제외), 안산시, 김포시, 광주시, 파주시	6,000만 원	2,000만 원
	그 밖의 지역	5,000만 원	1,700만 원
2021. 05. 11.	서울특별시	1억 5,000만 원	5,000만 원
	과밀억제권역(서울특별시 제외), 세종특별자치시, 용인시, 화성시, 김포시	1억 3,000만 원	4,300만 원
	광역시(과밀억제권역 지역, 군지역 제외), 안산시, 광주시, 파주시, 이천시, 평택시	7,000만 원	2,300만 원
	그 밖의 지역	6,000만 원	2,000만 원
2023. 02. 21.	서울특별시	1억 6,500만 원	5,500만 원
	과밀억제권역(서울특별시 제외), 세종특별자치시, 용인시, 화성시, 김포시	1억 4,500만 원	4,800만 원
	광역시(과밀억제권역 지역, 군지역 제외), 안산시, 광주시, 파주시, 이천시, 평택시	8,500만 원	2,800만 원
	그 밖의 시역	7,500만 원	2,500만 원

(사례) **주택의 최우선변제를 받는 경우**

임차인이 보증금 9천만 원에 월세 100만 원의 서울특별시 소재 주택(6억 원)에 2020년 2월 3일 이사 및 전입신고를 하고 확정일자를 받았는데, 해당 주택의 최초 근저당권 설정일은 2016년 4월 15일입니다. 이 임차인은 최우선변제를 받을 수 있을까요?

먼저 기준일을 따져볼까요? 최초의 근저당권 설정일인 2016년 4월 15일은 '2016년 3월 31일 이후 2018년 9월 18일 이전'입니다. 임차한 주택은 서울특별시 소재이며, 이사 및 전입신고를 하고 확정일자까지 받은 데다 보증금이 9천만 원으로 1억 원 이하이므로 임차인은 어떠한 권리보다도 가장 먼저 3,400만 원을 배당받을 수 있습니다.

그런데 해당 주택 가액 6억 원의 1/2이 3억 원인데 3,400만 원을 배당받을 수 있는 소액임차인이 10명이라면 각자 3,400만 원이 아닌 3천만 원(3억 원/10명)까지만 최우선변제를 받을 수 있습니다.

상가건물의 최우선변제권

상가도 주택에서처럼 해당 상가의 등기사항전부증명서에 설정된 담보물권(저당권, 근저당권, 가등기담보권 등)을 살펴봅니다. 그중에서 가장 먼저 설정된 담보물권의 설정일을 확인하고 그 설정일이 어느 기준일 안에 속하는지를 확인합니다. 자신의 보증금이 그 기준일의 '적용 범위' 안에 들면 일단은 「상가건물임대차보호법」 적용을 받을 수 있는 임차인입니다.

참고로, 전세 임차인이라면 보증금 그 자체만으로 그 기준일의 '적용 범위' 안에 드는지를 확인하면 되지만, 만약, 월세 임차인이라면 월세에 100을 곱한 후 이를 보증금과 합한 금액(월세 × 100 + 보증금)으로 확인해야 합니다.

확인 결과 자신의 보증금이 '적용 범위' 안에 든다면 그다음으로 자신의 순수한 보증금(전세든 월세든 보증금만을 의미)이 '임차인 보증금 범위' 안에 드는지를 확인해야 합니다. 안에 들면 최우선변제권을 가지며 그 '임차인 보증금 범위'에 따른 최우선변제금을 받을 수 있습니다(대법원 2001다84824 판결 참조). 단, 다른 권리도 보호받아야 하는 만큼 임대건물 가액(임대인 소유의 대지 가액 포함)의 1/2에 해당하는 금액까지만 최우선변제를 받을 수 있습니다(상가건물임대차보호법 제14조).

▼ 상가건물 최우선변제금액

기준일	대상 지역	적용 범위	임차인 보증금 범위	최우선 변제금액
2002. 11. 01.	서울특별시	2억 4,000만 원	4,500만 원	1,350만 원
	과밀억제권역(서울특별시 제외)	1억 9,000만 원	3,900만 원	1,170만 원
	광역시(군지역, 인천광역시 제외)	1억 5,000만 원	3,000만 원	900만 원
	그 밖의 지역	1억 4,000만 원	2,500만 원	750만 원
2008. 08. 21.	서울특별시	2억 6,000만 원	4,500만 원	1,350만 원
	과밀억제권역(서울특별시 제외)	2억 1,000만 원	3,900만 원	1,170만 원
	광역시(군지역, 인천광역시 제외)	1억 6,000만 원	3,000만 원	900만 원
	그 밖의 지역	1억 5,000만 원	2,500만 원	750만 원
2010. 07. 21.	서울특별시	3억 원	5,000만 원	1,500만 원
	과밀억제권역(서울특별시 제외)	2억 5,000만 원	4,500만 원	1,350만 원
	광역시(과밀억제권역 지역, 군지역 제외), 안산시, 용인시, 김포시, 광주시	1억 8,000만 원	3,000만 원	900만 원
	그 밖의 지역	1억 5,000만 원	2,500만 원	750만 원
2013. 12. 30.	서울특별시	4억 원	6,500만 원	2,200만 원
	과밀억제권역(서울특별시 제외)	3억 원	5,500만 원	1,900만 원
	광역시(과밀억제권역 지역, 군지역 제외), 안산시, 용인시, 김포시, 광주시	2억 4,000만 원	3,800만 원	1,300만 원
	그 밖의 지역	1억 8,000만 원	3,000만 원	1,000만 원

2018. 01. 26.	서울특별시	6억 1,000만 원	6,500만 원	2,200만 원
	과밀억제권역(서울특별시 제외)	5억 원	5,500만 원	1,900만 원
	부산광역시(기장군 제외)	5억 원	3,800만 원	1,300만 원
	부산광역시(기장군)	5억 원	3,000만 원	1,000만 원
	광역시(과밀억제권역 지역, 군지역, 부산광역시 제외), 안산시, 용인시, 김포시, 광주시	3억 9,000만 원	3,800만 원	1,300만 원
	세종특별자치시, 파주시, 화성시	3억 9,000만 원	3,000만 원	1,000만 원
	그 밖의 지역	2억 7,000만 원	3,000만 원	1,000만 원
2019. 04. 02.	서울특별시	9억 원	6,500만 원	2,200만 원
	과밀억제권역(서울특별시 제외)	6억 9,000만 원	5,500만 원	1,900만 원
	부산광역시(기장군 제외)	6억 9,000만 원	3,800만 원	1,300만 원
	부산광역시(기장군)	6억 9,000만 원	3,000만 원	1,000만 원
	광역시(과밀억제권역 지역, 군지역, 부산광역시 제외), 안산시, 용인시, 김포시, 광주시	5억 4,000만 원	3,800만 원	1,300만 원
	세종특별자치시, 파주시, 화성시	5억 4,000만 원	3,000만 원	1,000만 원
	그 밖의 지역	3억 7,000만 원	3,000만 원	1,000만 원

(사례) 상가건물의 최우선변제를 받는 경우

임차인이 보증금 5천만 원에 월세 500만 원의 서울특별시 소재 4억 원짜리 상가에 2020년 2월 3일 이사 및 사업자등록을 하고 확정일자를 받았는데, 해당 상가의 최초 근저당권 설정일이 2018년 4월 12일입니다. 최우선변제를 받을 수 있을까요?

먼저 최우선변제금액 기준일을 살펴보면, 최초의 근저당권 설정일인 2018년 4월 12일은 '2018년 1월 26일 이후 2019년 4월 2일 이전'입니다. 임차한 상가는 서울특별시 소재이며, 이사 및 사업자등록을 하고 확정일자까지 받은 데다 보증금 5천만 원에 월세가 500만 원이므로 계산해 보면 '{5천만 원 + (500만 원 × 100)} = 5억 5천만 원'입니다. 환산보증금이 5억 5천만 원으로 6억 1천만 원 이하이므로 「상가건물임대차보호법」 적용을 받을 수 있고, 보증금액이 5천만 원으로 6,500만 원 이하이므로 임차인은 어떠한 권리보다도 가장 먼저 2,200만 원을 배당받을 수 있습니다.

하지만 해당 상가 가액의 1/2이 2억 원인데 2,200만 원을 배당받을 수 있는 소액임차인이 10명이라면 각자 2,200만 원이 아닌 2천만 원(2억 원/10명)까지만 최우선변제를 받을 수 있습니다.

015

맘대로 사용 못하게 하는 법정지상권, 분묘기지권, 유치권

힘들게 낙찰받은 자신의 부동산이라도 마음대로 사용할 수 없는 경우가 있는데요. 이 또한 매우 중요하니 어떤 경우에 이럴 수 있는지 한번 알아보겠습니다.

내 땅이어도 그 땅을 사용할 수 없다 – 법정지상권

처음에는 토지와 그 토지 위에 있는 건물의 소유자가 같았지만 나중에 서로 달라진 경우에 건물 주인은 자신의 건물을 사용하기 위해 다른 사람 소유인 토지를 이용할 수 있는데요. 이를 '법정지상권'이라고 합니다.

토지와 그 토지 위에 있는 건물의 소유자가 같았지만 나중에 서로 달라진 경우의 사례로는 토지나 건물 한쪽에 저당권이 설정된 후 경매로 인해 토지 소유자와 건물 소유자가 다르게 되었거나, 또는 토지나 건물 양쪽에 저당권이 설정된 후 경매로 토지 소유자와 건물 소유자가 다르게 되었거나, 건물에 대해서만 전세권이 설정된 후 토지 소유자가 변경된 경우를 들 수 있습니다.

법정지상권이 설정된 토지를 낙찰받는다면

자신이 소유하고 있던 토지에 자신의 명의로 된 전원주택을 짓고 살던 홍○○가 빌린 돈을 갚지 못해 전원주택만 친구인 송○○에게 매도하였다면 송○○는 전원주택이 있는 홍○○의 토지를 사용할 수 있는 법정지상권을 갖게 됩니다. 이후 홍○○의 토지도 경매로 넘어가 박○○가 해당 토지를 낙찰받는다면 박○○는 토지를 마음대로 사용할 수 있을까요?

비록 박○○가 합법적인 절차를 거쳐 돈을 주고 매수한 토지라도 전원주택으로 인해 해당 토지를 마음대로 사용할 수 없습니다. 그러므로 경매 초보라면 법정지상권이 있는 토지는 피하세요.

묘지는 함부로 할 수 없는 무서운 존재 - 분묘기지권

조상의 묘가 다른 사람 소유의 토지에 있는 경우, 묘가 있는 부분뿐만 아니라 제사를 지내는 데 필요한 부분까지 사용할 수 있는 권리를 '분묘기지권'이라고 합니다.

분묘기지권은 토지 소유자의 승낙을 얻어 그의 토지 안에 분묘를 설치하였거나 자기 소유의 토지에 분묘를 설치한 자가 분묘를 이전한다는 특약 없이 토지를 처분하였거나 토지 소유자의 승낙 없이 분묘를 설치하고 20년간 평온·공연하게 그 분묘의 기지(근거지)를 점유함으로써 시효로 성립할 수 있습니다. 그러나 2001년 1월 13일 「매장 및 묘지 등에 관한 법률」이 「장사 등에 관한 법률」로 개정되면서 이후부터 토지 소유자의 승낙 없이 분묘를 설치하면 아무리 오랫동안 평온·공연하게 그 분묘의 기지를 점유하더라도 분묘기지권이 성립하지 않는데요. 단, 2001년 1월 13일까지 20년간 평온·공연하게 그 분묘의 기지를 점유한 분묘는 시효로 분묘기지권이 그대로 성립합니다. 분묘기지권의 시효취득을 했더라도 토지 소유자가 토지사용료(지료)를 요구하면 분묘 주인은 토지 소유자에게 토지사용료를 지급할 의무가 있습니다.

토지 소유주라도 남의 분묘는 함부로 옮길 수 없으므로 토지를 매수할 때 반드시 현장 조사를 하여 해당 토지에 분묘가 있는지 확인해 봐야 합니다.

만약 법원에서 제공하는 '물건기본정보'에 '분묘기지권 성립 여지 있음'이라고 되어 있으면 해당 토지를 직접 방문하여 꼼꼼하게 현장을 확인하고, 그래도 의심스러운 점이 있으면 마을 이장이나 어르신께 해당 토지에 묘를 쓴 적이 있는지를 물어봐야 합니다.

해당 토지에 있는 분묘가 정상적으로 신고·설치된 경우라면 '묘지설치허가대장'에 그 사실이 기록되어 있으므로 해당 토지를 관할하는 시·군·구청 담당과에 토지의 지번을 대고 확인을 해보세요. 확인만 해주고 서류는 따로 발급하지 않습니다.

(사례) 분묘기지권이 설정되어 있어도 무연고 묘지일 수 있다

공○○는 경매 부동산을 검색하던 중 분묘기지권으로 인해 네 번이나 유찰되어 최초 최저매각가격의 41%까지 가격이 할인된 토지를 발견했습니다. 분묘기지권이 마음에 걸리긴 했지만, 그냥 포기하기에는 아까워 직접 해당 토지를 답사하여 자세하게 알아본 결과, 임자가 없는 무연고 묘지라는 것을 알게 되었습니다. 이에 공○○는 최초 최저매각가격의 45% 선에서 해당 토지를 매수할 수 있었습니다.

분묘기지권도 소멸 가능하다

2015년 7월 대법원 판결(2015다206850)에 의하면 자기 소유의 토지 위에 분묘를 설치한 뒤 그 토지의 소유권이 경매 등에 의해 타인에게 이전되었다면 현재 토지 소유자는 이전 토지 소유자에게 묘지에 대한 지료를 청구할 수 있습니다. 이때 지료의 지급이 2년 이상 미뤄지게 되면 현재 토지 소유자는 '분묘기지권 소멸청구'를 할 수 있습니다.

타인의 분묘도 개장할 수 있다?

토지 소유자나 묘지 설치자, 연고자는 승낙 없이 해당 토지에 설치한 분묘에 대하여 그 분묘를 관할하는 시장 등의 허가를 받아 분묘에 매장된 시신 또는 유골을 개장할 수 있습니다. 토지 소유자나 묘지 설치자, 연고자가 해당 토지에 승낙 없이 설치된 분묘를 개장하려면 미리 3개월 이상의 기간을 정하여 그 뜻을 해당 분묘의 설치자 또는 연고자에게 알려야 합니다. 다만, 해당 분묘의 연고자를 알 수 없으면 그 뜻을 공고하여야 하며, 공고 기간 종료 후에도 분묘의 연고자를 알 수 없는 경우에는 화장한 후에 유골을 일정 기간 봉안하였다가 처리하여야 하고, 이 사실을 관할 시장 등에게 신고하여야 합니다(장사 등에 관한 법률 제27조 ①항, ②항).

돈 줄 때까지 이 물건 절대 못 돌려줘! - 유치권

물건을 점유하고 있는 사람이 해당 물건으로 인해 발생한 빚을 물건 소유자에게 받을 때까지 해당 물건을 돌려주지 않아도 되는 권리를 '유치권'이라고 합니다.

유치권이 성립하려면 첫째, 목적물이 타인의 물건이어야 하고, 둘째, 발생한 빚이 해당 목적물에서 비롯되어야 하며, 셋째, 빚 갚을 시기가 되어야 하고, 넷째, 유치권자가 목적물을 점유하고 있어야 하며, 다섯째, 당사자 사이에 유치권의 발생을 배제하는 특약이 없어야 합니다.

예를 들어, 주택을 수리한 뒤 공사비를 받지 못한 업자라면 공사비를 받을 때까지 해당 주택을 주택 소유사에게 돌려주지 않아도 됩니다.

유치권을 주장할 수 없을 때도 있는데요. 예를 들어 인테리어업자가 비용을 들여 건물을 리모델링 했더라도 해당 건물에 상주하지 않고 자신의 주택에 거주하고 있다면 리모델링 비용에 관한 유치권을 주장할 수 없습니다.

016

건물 살 때 꼭 확인하자!
대지권과 토지별도등기

경매나 공매로 건물을 낙찰받고자 한다면 건물과 함께 낙찰받아야 할 게 있는데요. 그것은 바로 토지입니다. 건물은 시간이 지나면 낡고 없어지지만 토지는 영속성이 있어 그렇지 않지요. 그럼, 경매나 공매 시 반드시 챙겨 봐야 할 토지 관련 내용으로는 무엇이 있는지 한번 살펴볼까요?

호수별 구분소유자가 대지에 대해 가지는 권리 – 대지사용권, 대지권

아파트, 연립주택, 다세대주택, 오피스텔 등과 같은 집합건물(구분건물)의 호수별 소유자(구분소유자)가 해당 호수(전유부분)를 소유하기 위하여 해당 건물의 대지에 대해 가지는 권리를 '대지사용권'이라고 하는데요(집합건물의 소유 및 관리에 관한 법률 제2조 6호). 건물과 분리하여 처분할 수 없는 '대지사용권'을 '대지권'이라 합니다. 대지권의 종류로는 목적에 따라 소유권대지권, 지상권대지권, 전세권대지권, 임차권대지권 등이 있습니다(부동산등기법 제40조 ③항, ④항).

만약에 어떤 이유로 대지권이 등기사항전부증명서에 등기되지 않았다면 '대지권 미등기'라고 하는데요. 관심 가는 물건이 '대지권 미등기'라면 감정평가서를 주의해서 봐야 합니다.

감정평가서에 건물에 대한 평가금액 외에 대지권에 대한 평가금액도 기재되어 있다면 해당 건물을 낙찰받아도 대지권이 인정되므로 큰 문제는 없습니다.

국가나 시 소유의 토지에 건설되는 공동주택 같은 경우에는 대지사용권은 있어도 대지권은 없을 수 있는데요. 이를 '대지권 없음'이라고 합니다.

대지권이 없는 공동주택은 시세의 절반 가격으로도 낙찰받을 수는 있으나, 매매로 내놓아도 잘 거래되지 않고 거래되더라도 기대했던 만큼의 가격을 받지 못할 수 있습니다. 그러므로 가능하면 '대지권 없음'으로 표시된 물건은 피하는 것이 좋습니다.

'대지권 미등기'나 '대지권 없음'은 건물의 등기사항전부증명서만 봐서는 판단하기 어렵습니다. 반드시 감정평가서까지도 살펴보고 대지 지분에 대한 평가금액이 얼마인지를 확인하세요.

토지에만 설정된 등기 – 토지별도등기

시행사나 건축주는 아파트, 연립주택, 다세대주택, 오피스텔 등의 건물을 건축할 때 해당 건물의 토지에 저당권 등의 제한물권을 설정해 주고 부족한 공사비를 빌리기도 하는데요. 건축공사가 끝나면 시행사나 건축주는 완성된 구분건물들을 분양하고 그렇게 번 돈으로 빌린 공사비를 갚습니다. 그리고 토지 등기사항전부증명서에 설정했던 저당권 등의 제한물권을 깨

끗하게 지우지요. 그런데 계획했던 것처럼 분양이 잘 안 되면 토지 등기사항전부증명서에 설정된 저당권 등의 제한물권을 지울 수 없게 됩니다. 이처럼 토지 등기사항전부증명서에 별도로 설정한 제한물권이 지워지지 않고 그대로 남아 있는 것을 '토지별도등기'라고 합니다.

건물 등기사항전부증명서에 '토지별도등기'라고 기재된 구분건물을 낙찰받고 싶다면 저당권자 등이 돌려받을 돈이 얼마인지를 법원에 신고한 경우에만 입찰에 참여해야 합니다. 그래야만 토지 등기사항전부증명서의 저당권 등 제한물권을 해당 구분건물이 가지고 있는 대지권 비율만큼 깔끔하게 지울 수 있기 때문입니다.

토막 상식

✎ **대지권 미등기를 등기하는 방법**

대지 가격이 감정평가액에 포함되어 있다면 비록 '대지권 미등기'라 하더라도 낙찰 후 대지권을 취득할 수 있으므로 큰 문제는 없습니다.

만약에 낙찰받은 건물에 대한 소유권이전등기 촉탁 전에 대지지분의 소유권이 이미 수분양자(채무자, 물상보증인, 연대보증인)에게 이전되었다면 건물에 대한 소유권이 전등기 촉탁을 할 때 대지지분도 함께 하면 됩니다.

그런데 낙찰받은 건물에 대한 소유권이전등기 촉탁 전까지 대지지분의 소유권이 수 분양자(채무자, 물상보증인, 연대보증인)에게 이전되지 않았다면 분양업자에게 '대지 권변경등기'를 요구하거나, 낙찰자가 분양업자로부터 수분양자를 거쳐 순차로 대지 의 지분소유권이전등기를 완료한 후 전유부분의 '대지권변경등기'를 해야 합니다(대 법원 2005년 4월 14일 선고, 2004다25338 판결).

017 담보권이 있는 임의경매, 담보권이 없는 강제경매

경매에는 담보 잡히고 돈을 빌려 간 후 진행되는 임의경매와 담보 없이 돈을 빌려 간 후 진행되는 강제경매가 있는데요. 도통 무슨 얘기인지 모르겠다고요? 알고 나면 참 쉽습니다.

담보권 실행을 위한 경매 절차 – 임의경매

채권자가 채무자에게 돈을 대여해 줄 때 차용증 대신 채무자의 부동산을 담보로 잡고 해당 부동산의 등기사항전부증명서에 '채무자가 채권자에게 빌린 돈을 약속한 기일까지 갚지 않으면 채권자가 해당 부동산을 마음대로(임의로) 팔 수 있다!'라고 약속하고 근저당권을 설정하는 경우가 있는데요.

이런 경우에는 채무자가 약속한 날까지 채권자에게 빌린 돈을 갚지 않으면 채권자는 '대여금반환청구소송'을 하지 않고도 경매신청을 할 수 있습니다(해당 부동산에 근저당권, 저당권, 등기한 전세권, 담보가등기권이 있음을 증명하는 서류만 있으면 경매를 신청할 수 있습니다). 그리고 이렇게 진행되는 경매를 '임의경매'라고 합니다. 일반적으로 부동산을 담보로 잡고 근저당권을 설정한 은행이 하는 경매가 임의경매입니다.

임의경매는 소송을 거치지 않고도 경매신청이 가능하나, 공신력 없는 사인 간의 약속 때문에 진행된 경매이기에 부동산을 임의로 매각하게 된 권리(저당권, 근저당권, 유치권, 질권, 전세권, 담보가등기 등)에 하자가 있으면 '매각불허가결정'이 납니다. 이러한 상황에서 설사 매각허가결정이 났더라도 낙찰자는 해당 부동산의 소유권을 넘겨받지 못합니다.

소송이 필요한 경매 절차 - 강제경매

돈을 빌려주는 사람(채권자)이 돈을 빌리는 사람(채무자)에게 돈을 대여해 줄 때 채권자는 채무자의 건물이나 토지를 담보로 잡아놓아야 유리합니다. 그러나 이렇게 하는 대신 채권자가 "채무자 ○○는 채권자 ○○에게 빌린 돈 ○○만 원을 ○○○○년 ○○월 ○○일까지 갚겠다."라는 차용증을 받고 채무자에게 돈을 대여해 주기도 하는데요. 이런 경우 채무자가 약속한 기일 안에 채권자에게 빌린 돈을 갚지 않으면, 채권자는 자신이 빌려준 돈을 돌려받기 위해 채무자를 상대로 '대여금반환청구소송'을 합니다. 그리고 채권자가 이 소송에서 이기면 채무자의 부동산을 강제로 매각해 달라고 법원에 신청합니다. 그러면 법원이 승소한 사람의 경매신청을 받아들여 해당 부동산을 강제로 매각하는데 이렇게 진행되는 경매를 '강제경매'라고 합니다.

강제경매는 소송을 거쳐야 한다는 번거로움이 있긴 한데요. 공신력 있는 법원의 판결로 진행되는 경매이기에 부동산을 강제로 매각하게 된 이유(권리)에 문제가 있어도 절차상 문제만 없다면 '매각허가결정'이 납니다.

조금은 색다른 지분경매, 공동경매, 이중경매

경매나 공매에 참여하다 보면 다양한 일들을 볼 수 있습니다. 여러 사람이 공동으로 가지고 있는 물건이 나오는가 하면 반대로 하나의 물건에 여러 사람이 똘똘 뭉쳐 함께 도전하기도 합니다. 경매 대상 물건인 줄 알았는데 알고 보면 공매물건인 경우도 있습니다. 이러한 여러 가지 일들에 대해서 좀 더 자세하게 들여다볼까요?

하나를 지분별로 나누어 매각하는 지분경매

하나의 부동산을 여러 사람이 일정한 비율로 나누어 가지고 있는 경우 공유자 각자가 소유한 몫을 지분이라고 하는데요. 이 지분을 경매로 매도하는 것을 '지분경매'라고 합니다.

만약에 부부인 김○○와 박○○가 아파트를 각각 1/2씩 소유하고 있었는데 남편인 김○○의 지분인 1/2만 경매로 나와 허○○에게 팔렸다면 이 것이 바로 김○○의 지분에 관한 지분경매이고, 해당 아파트의 주인은 이제 허○○와 박○○가 됩니다. 허○○와 박○○는 서로 모르는 사람인데 해당 아파트를 공유하고 있는 것이지요.

지분경매에 참여할 때는 해당 지분을 제약 없이 사용할 수 있는지 반드시 확인해야 합니다.

함께 매수하는 공동경매

경매로 나온 부동산을 두 사람 이상이 돈을 모아 함께 매수하는 것을 '공동경매'라고 합니다. 공동으로 경매에 참여할 때는 법원에 비치된 '공동입찰신고서'와 '공동입찰자목록' 그리고 입찰표를 작성하여 제출하되 입찰표의 '본인'란에 "별첨 공동입찰자목록 기재와 같음"이라고 적습니다. 이때 입찰표와 공동입찰신고서 사이에는 공동입찰자 전원이 간인(두 장의 종이를 나란히 펼쳐두고 도장이 양쪽 종이에 반씩 걸쳐 찍히게 하는 것)을 해야 합니다.

공동경매로 부동산을 매수한 사람들은 해당 부동산에 각자의 지분을 소유하게 되는데요. 그럼, 왜 사람들은 공동경매를 할까요? 투자가치는 있는데 가격이 비싼 부동산이 있다면 해당 부동산을 혼자 낙찰받기 어렵습니다. 쳐다보면서 군침만 흘릴 뿐이죠. 그러나 마음이 맞는 사람들이 함께 돈을 모아 공동으로 입찰한다면 제아무리 비싼 부동산이라도 거뜬히 낙찰받을 수 있겠죠. 이러한 장점 때문에 사람들은 공동경매를 하는 것입니다.

다만 공동경매를 할 때 주의할 점이 있는데요. 공동경매 참여자 중에 한 사람이라도 자신이 부담해야 할 낙찰대금을 내지 않아 낙찰대금 전액이 납부되지 않거나, 또는 한 사람이라도 매각을 허가할 수 없는 사유가 있으면 공동경매 참여자 전원에 관해 '매각불허가결정'이 납니다. 공동경매를 할 때는 파트너가 이렇게 중요하니 신중하게 생각해야 합니다.

하나의 물건에 경매신청이 2개 - 이중경매

경매로 나온 부동산에 또 다른 경매신청이 들어와 2개의 경매가 진행되는 것을 이중경매라고 합니다.

(사례) 이중경매

- 2010년 2월 23일 ○○은행 5천만 원, 근저당권 설정
- 2012년 4월 15일 △△은행 2억 원, 근저당권 설정
- 2013년 1월 25일 □□은행 2억 원, 근저당권 설정
- 2014년 6월 30일 ◇◇금고 5천만 원, 근저당권 설정
- 2015년 7월 ◇◇금고 경매신청. 예상 매각가격은 4억 원
- 순위가 낮은 ◇◇금고가 받을 돈이 없어 경매가 취소될 수 있는 상황
- 순위가 낮은 ◇◇금고가 받을 돈이 없어 경매가 취소될 것을 염려해 순위가 높은 ○○은행이 경매신청 → 이중경매

경매를 신청한 ◇◇금고가 받을 돈이 없다면 경매는 취소됩니다. 이때 순위가 높은 ○○은행이 이를 미리 대비하여 경매신청(이중경매)을 해 놓는다면 ◇◇금고의 경매가 취소된 이후 바로 ○○은행이 신청한 경매가 이어서 진행되는데요. 이중경매를 함으로써 ○○은행은 자신이 빌려준 돈을 좀 더 빨리 돌려받을 수 있습니다.

그럼, 앞서 신청한 경매의 배당요구종기일(배당을 요구할 수 있는 마지막 날) 전까지 배당요구를 하지 못해 배당받을 수 없는 사람이 경매신청(이중경매)을 하면 배당받을 수 있을까요?

이중경매신청은 앞선 경매의 낙찰자가 법원에 낙찰대금을 내기 전까지는 할 수 있으나, 앞서 진행된 경매의 배당요구종기일 전까지 경매신청(이중

경매)을 하지 않았다면 배당에서 제외됩니다. 결국 앞서 진행된 경매사건이 취하되거나 취소되어 자신이 신청한 경매가 진행되어야 배당을 받을 수 있으므로 앞선 경매의 배당요구종기일 이후에 경매신청을 하는 것은 실익이 없습니다.

토막상식

✎ 하나의 물건에 경매와 공매가 동시 진행된다면?

- 양쪽 낙찰자 중 먼저 낙찰대금(잔대금)을 납부한 낙찰자가 우선하여 해당 부동산의 소유권을 취득합니다.
- 공매가 우선 종료되면 공매 절차에서 촉탁으로 경매개시결정기입등기가 말소되고, 경매가 우선 종료되면 공매는 해제됩니다.
- 경매와 공매 절차 모두에 이해관계인으로서 권리주장 및 배당요구(배분요구)를 각각 해야 모든 배당절차(배분절차)에 참여할 수 있습니다.
- '경매기입등기 → 임차인 전입신고 → 공매기입등기'인 경우 해당 임차인은 경매기 입등기 이후에 전입신고를 하였으므로 최우선변제 대상이 될 수 없습니다(주택임 대차보호법 제8조 ②항).

019

묶어 파는 일괄매각,
따로 파는 개별매각

경매나 공매로 매각되는 사례를 보면 여러 물건이 하나로 묶어서 매각되기도 하고, 어쩔 때는 따로 나누어져 매각되기도 하는데요. 어떤 이유로 이렇게 할까요?

여러 개의 부동산을 묶어 파는 일괄매각

여러 개의 부동산을 하나의 집단으로 묶어 매각하는 것을 '일괄매각'이라고 하는데요. 그럼, 어떤 경우에 집행법원은 일괄매각을 허가할까요?

집행법원은 여러 개의 부동산의 위치·형태·이용관계 등을 고려하여 이를 일괄매각하는 게 알맞다고 인정되는 경우에는 법원의 직권으로 또는 이해관계인의 신청에 따라 일괄매각을 하도록 결정할 수 있습니다(민사집행법 제98조).

건물과 그 건물의 토지가 모두 경매로 나온 경우나, 2필지 이상의 토지중 일부만 매각하면 나머지 토지가 맹지가 되는 경우에는 부동산의 효용과 가치를 높이기 위해 각각의 부동산을 하나로 묶어서 매각할 수 있습니다.

각각의 부동산을 따로 파는 개별매각(분할매각)

여러 개의 부동산에 대하여 동시에 경매신청이 있는 경우에는 각각의 부동산별로 최저매각가격을 정하여 매각해야 하는데, 이것을 '개별매각'이라 합니다. 그럼, 왜 집행법원은 개별매각을 할까요?

채무자가 빚을 제때 갚지 못해 상가나 오피스텔, 다세대주택, 아파트 등이 여러 채 경매로 나왔을 때는 각각의 부동산이 독립된 소유권과 구조로 되어 있으므로 특별한 사정이 없으면 각각의 호수를 개별적으로 매각합니다. 또한, 여러 채의 부동산 중 몇 개만 매각해도 채무자의 빚을 모두 갚을 수 있다면 나머지 부동산은 매각하지 않습니다(민사집행법 제101조 ③항).

토막상식

과잉매각은 누가 결정하죠?

하나의 부동산 매각대금만으로도 모든 채권자의 채권액과 강제집행비용을 변제하기에 충분한데도 불구하고 채무자의 모든 부동산을 매각하는 것을 '과잉매각'이라고 하는데요. 집행법원은 일괄매각하는 것이 과잉매각이라 판단되면 다른 부동산의 매각을 허가하지 않고 채무자에게 여러 부동산 가운데서 경매로 매각할 물건을 지정하도록 할 수 있습니다(민사집행법 제124조 ①항, ②항).

020

일반적일 땐 법정매각조건, 특별할 땐 특별매각조건

경매나 공매를 진행할 때 부동산을 효율적으로 매각하기 위해 일정한 조건을 붙이곤 하는데요. 이러한 조건들은 법률로 정해지기도 하고 공공기관의 직권이나 이해관계인들 간 합의를 통해 정해지기도 합니다. 이러한 조건들에는 어떠한 것이 있을까요?

경매로 물건을 매각할 때 따르는 일반적인 조건 – 법정매각조건

경매로 부동산을 매각할 때는 「민사집행법」이나 다른 법령에서 미리 정한 조건에 따라야 하는데요. 이러한 것을 법정매각조건이라고 합니다. 주요 내용은 다음과 같습니다.

• 집행법원은 최저매각가격으로 압류채권자의 채권에 우선하는 부동산의 모든 부담과 절차 비용을 변제하면 남을 것이 없겠다고 인정한 때에는 압류채권자에게 이를 통지해야 하고, 이러한 통지를 받은 압류채권자가 적정한 가격에 보증을 제공하며 매수신청을 하지 않으면 법원의 직권에 의하여 경매 절차를 취소하여야 한다(민사집행법 제102조).

- 여러 개의 부동산을 매각하는 경우 하나의 부동산 매각대금으로 모든 채권자의 채권액과 강제집행 비용을 변제하기에 충분하면 다른 부동산의 매각을 허가하지 아니한다. 그리고 이때 채무자는 그 부동산 가운데 매각할 것을 지정할 수 있다(민사집행법 제124조 ①항, ②항).

- 공유자는 매각기일까지 보증을 제공하고 최고매수신고가격과 같은 가격으로 채무자의 지분을 우선매수신고 할 수 있다. 법원은 최고가매수신고가 있더라도 해당 경매물건의 공유자에게 매각을 허가하여야 한다. 여러 사람의 공유자가 우선매수신고를 하고 절차를 마친 때에는 특별한 협의가 없으면 공유지분의 비율에 따라 채무자의 지분을 매수하게 한다. 공유자가 우선매수신고를 한 경우에는 최고가매수신고인을 차순위매수신고인으로 본다(민사집행법 제140조).

- 농지를 취득하려는 자는 농지 소재지를 관할하는 시장, 구청장, 읍장 또는 면장에게서 농지취득자격증명을 발급받아야 한다(농지법 제8조 ①항).

- 낙찰대금을 미납한 전 매수인은 재매각에 매수신청을 할 수 없으며, 재매각에 참여하려고 납부한 입찰보증금이 있다면 이를 반환받지 못한다(민사집행법 제138조 ④항).

- 채무자, 매각 절차에 관여한 집행관, 매각 부동산을 평가한 감정평가법인 또는 소속 감정평가사는 입찰할 수 없다(민사집행규칙 제59조).

- 집행관은 다른 사람의 매수신청을 방해한 사람, 부당하게 다른 사람과 담합하거나 그 밖에 매각의 적정한 실시를 방해한 사람, 매수신청 방해나 담합 행위를 교사(教唆)한 사람, 공무집행방해·위계에 의한 공무집행방해·공무상비밀표시무효·부동산강제집행효용침해·공무상 보관물의 무효·경매 입찰의 방해 및 권리행사 방해 내지 강제집행면탈죄로 유죄판결을 받고 그 판결확정일부터 2년이 지나지 아니한 사람을 매각장소에 들어오지 못하도록 하거나 매각장소에서 내보내거나 매수신청을 하지 못하도록 할 수 있다(민사집행법 제108조).

- 매수신청인은 집행법원이 정하는 금액과 방법에 맞는 보증을 집행관에게 제공하여야 한다(민사집행법 제113조).

- 매각허가결정이 확정되면 법원은 대금의 지급기한을 정하고, 이를 매수인과 차순위매수신고인에게 통지하여야 한다. 매수인은 대금지급기한까지 매각대금을 지급하여야 한다(민사집행법 제142조 ②항).

- 법원은 매수인이 대금을 낸 뒤 6개월 이내에 신청하면 채무자·소유자 또는 부동산 점유자에 대하여 부동산을 매수인에게 인도하도록 명할 수 있다. 다만, 점유자가 매수인에게 대항할 수 있는 권원에 의하여 점유하고 있는 걸로 인정되는 경우에는 그러하지 아니한다(민사집행법 제136조).

- 매수인은 매각대금을 다 낸 때에 매각의 목적인 권리를 취득한다(민사집행법 제135조).

- 매각대금이 지급되면 법원사무관 등은 매수인 앞으로 소유권이전등기, 말소등기를 촉탁하여야 한다. 등기 비용은 매수인이 부담한다(민사집행법 제144조 ①항, ④항).

- 압류채권자의 채권에 우선하는 채권에 대한 부동산의 부담을 매수인에게 인수하게 하거나, 매각대금으로 그 부담을 변제하는 데 부족하지 아니하다는 것이 인정된 경우가 아니면 그 부동산을 매각하지 못한다(민사집행법 제91조 ①항).

공매의 법정매각조건

「국세징수법」 등에서 정한 공매의 법정매각조건은 다음과 같습니다.

- 제1회 공매 후 1년간 5회 이상 공매하여도 매각되지 아니한 경우, 수의계약으로 매각하지 아니하면 매매대금이 강제 징수할 금액 이하가 될 것으로 예상되는 경우, 압류한

재산의 추산가격이 1천만 원 미만인 경우, 부패·변질 또는 감량되기 쉬운 재산으로서 속히 매각하지 아니하면 그 재산 가액이 줄어들 우려가 있는 경우, 법령으로 가지고 있거나 매매하거나 하는 것이 금지 및 제한된 재산인 경우, 공매가 공익을 위하여 적절하지 아니한 경우에는 관할 세무서장은 압류재산을 수의계약으로 매각할 수 있다(국세징수법 제67조).

• 관할 세무서장은 압류재산을 공매하는 경우 필요하다고 인정되면 공매에 참여하려는 자에게 공매예정가격의 100분의 10 이상으로 공매보증을 받을 수 있다(국세징수법 제71조 ①항).

• 공유물의 지분이 공매로 나오게 되면 공유자는 매각결정기일 전까지 공매보증을 제공하고 그 지분에 대한 우선매수신청을 할 수 있다. 공유자의 우선매수신청이 있으면 관할 세무서장은 공유자에게 매각결정을 하여야 한다. 매수가격은 최고가매수신청인이 있는 경우에는 최고가매수신청가격이고, 최고가매수신청인이 없는 경우에는 공매예정가격이다(국세징수법 제79조).

• 체납자, 세무공무원, 매각 부동산을 평가한 감정평가법인 및 소속 감정평가사는 자기 또는 제3자의 이름 및 금전으로 압류재산을 매수하지 못한다(국세징수법 제80조).

• 입찰을 하려는 자의 공매 참가를 방해했거나, 최고가매수신청인의 결정을 방해했거나, 매수인의 매수대금 납부를 방해했거나, 공매에서 부당하게 가격을 낮출 목적으로 담합하였거나, 거짓 명의로 매수신청을 한 자에게는 그러한 행위를 한 후 2년간 공매 장소 출입이나 입찰 참가를 제한할 수 있다. 또한, 그러한 행위를 한 후 2년이 지나지 아니한 자를 사용인이나 그 밖의 종업원으로 이용하거나 이러한 자를 입찰 대리인으로 사용한 자에 대해서도 마찬가지다(국세징수법 제81조).

• 관할 세무서장은 재산을 공매하여도 매수신청인이 없거나 매수신청가격이 공매예정가격 미만인 경우, 납부를 촉구하여도 매수인이 매수대금을 지정된 기한까지 납부하

지 아니한 경우에는 재공매를 한다. 관할 세무서장이 재공매를 할 때마다 최초의 공매예정가격의 100분의 10에 해당하는 금액을 차례로 줄여 공매하며, 최초의 공매예정가격의 100분의 50에 해당하는 금액까지 차례로 줄여 공매하여도 매각되지 아니할 때는 새로 공매예정가격을 정하여 재공매를 할 수 있다. 이때 공매보증금은 공매예정가격의 100분의 10 이상으로 하며, 공매공고 기간은 10일 이상에서 5일까지로 단축할 수 있다(국세징수법 제87조).

※압류재산 매각 후 잔대금 미납으로 매각결정이 취소되어 재공매 시, 전 매수인도 재응찰이 가능하다.

• 매수인은 매매대금(매수대금)을 완납한 때에 공매재산을 취득한다(국세징수법 제87조). 국유재산 중 일반재산을 매각하는 경우 해당 매각재산의 소유권이전은 매매대금이 완납된 후에 하여야 한다. 단, 공익사업의 원활한 시행 등을 위하여 소유권의 이전이 불가피한 경우에는 매매대금이 완납되기 전에 소유권을 이전할 수 있다. 이때 매매대금은 나누어 납부하되 채권확보를 위해 저당권 등을 설정해야 한다(국유재산법 제51조).

• 매수자가 매매대금을 체납한 경우, 매수자가 거짓 진술을 하거나 부실한 증명서류를 제시하거나 그 밖의 부정한 방법으로 매수한 경우, 용도를 지정하여 매각하였는데 매수자가 지정된 날짜가 지나도 그 용도에 사용하지 아니하거나 지정된 용도에 제공한 후 지정된 기간에 그 용도를 폐지한 경우에는 그 계약을 해제할 수 있다(국유재산법 제52조).

경매로 물건을 매각할 때 따르는 특별한 조건 – 특별매각조건

거래의 실상을 반영하거나 경매 절차를 효율적으로 진행하기 위해 법정 매각조건 외에 이해관계인의 합의나 법원의 직권으로 정한 특별한 조건을 따라야 하기도 하는데(민사집행법 제110조, 제111조), 이러한 조건을 특별매각조건이라고 합니다. 실무에서 주로 접하는 특별매각조건은 다음과 같습니다.

- 낙찰받은 사람이 잔금을 내지 않아 재경매로 나온 부동산에 입찰할 때는 최저매각가격의 20%를 매수신청보증금으로 내야 한다(단, 새매각이더라도 이와 같은 특별매각조건이 없다면 매수신청보증금으로 최저매각가격의 10%만 내도 됨).
- 농지를 사려면 농지취득자격증명을 매각결정기일까지 법원에 제출해야 하고, 만약 제출하지 않으면 매각불허가결정과 함께 매수보증금을 몰수한다.
- 주무관청의 허가서나 승인서를 제출하지 못하면 매각불허가결정을 한다.
- 공유자우선매수권은 1회로 한정한다.

공매의 특별매각조건

특별매각조건은 다음과 같습니다. 공매재산에 따라 전자보증서, 공동입찰, 대리입찰, 동일 물건 2회 이상 입찰, 차순위매수신청이 가능 또는 불가능하기도 하고요. 1인이 입찰하더라도 유효한 입찰로 인정하기도 한답니다. 정말 그런지 궁금하세요? 그러면 온비드의 '물건정보' → '입찰정보' → '입찰 방법 및 입찰 제한 정보'를 확인해 보세요.

농지취득자격증명 이해하기

1. 농지를 낙찰받았다면 필수!

농지취득자격증명은 매수자가 해당 농지를 영농 목적으로 잘 이용하고 있는지 관리하기 위해 만든 제도입니다.

지목이 전, 답, 과수원인 농지는 농지취득자격증명을 발급받아야만 소유권이전이 가능한데요. 지목이 임야인 토지라도 실제로 농작물이나 다년성 식물재배에 계속하여 3년 이상 이용하면 「농지법」상 농지에 해당하여 농지취득자격증명을 발급받아야 합니다.

농지취득자격증명을 발급받고자 하는 자는 취득 대상 농지의 면적, 취득 대상 농지의 농업경영에 적합한 노동력 및 농업기계, 장비의 확보방안, 소유 농지의 이용실태(농지를 소유하고 있는 자의 경우에 한함) 등의 내용이 담긴 농업경영계획서를 작성하여 농지의 소재지를 관할하는 시장·구청장·읍장 또는 면장에게 그 발급을 신청하여야 합니다(농지법 제8조 ②항). 단, 지목이 농지라도 도시계획구역 안의 주거지역, 상업지역, 공업지역 또는 도시계획 시설 예정지로 지정 또는 결정된 농지(토지이용계획확인서에서 확인)나 도시계획구역 안의 녹지지역, 개발제한구역 및 도시개발예정지구 안의 농지로서 토지형질변경 허가를 받은 농지는 농지취득자격증명이 필요 없습니다.

2. 공매에도 필요할까?

공매의 경우 농지취득자격증명이 낙찰을 허가받기 위한 특별매각조건이 아니기에 농지취득자격증명을 제출하지 않아도 매각결정이 취소되지 않습니다. 그러나 '소유권이전등기' 전까지 한국자산관리공사에 농지취득자격증명을 제출하지 않으면 해당 농지의 소유권을 이전받을 수 없고 입찰보증금도 반환받을 수 없습니다.

021

내 물건 어디 갔지?
취하, 취소, 연기, 변경

열심히 발품 팔아 원하던 물건에 입찰하려고 했더니 안 판다고 하면 어떨까요? 매우 당황스럽겠죠? 경매나 공매에서 공들인 물건이 갑자기 사라지는 이유는 다음과 같습니다.

채권자가 하는 '취하'

돈을 빌려준 채권자가 진행 중인 경매를 더 이상 진행하지 못하도록 하는 것을 '취하'라고 하는데요. 취하는 경매 당일 전까지는 언제라도 채권자가 일방적으로 할 수 있지만 낙찰되었다면 최고로 높은 가격을 써낸 최고가매수신고인과 그다음 순위인 차순위매수신고인의 동의를 얻어야만 할 수 있습니다. 그러므로 낙찰자가 정해진 경우 취하를 하는 것은 실질적으로 어렵습니다. 잔금이 납부되었다면 취하를 할 수 없습니다.

그렇다면 경매로 넘어간 부동산의 소유자가 채권자를 찾아가 빚을 갚을 테니 경매를 취하해 달라고 하면 어떻게 될까요? 아직 낙찰이 안 된 상태라면 별문제 없이 경매가 취하되겠지만, 만약 이미 낙찰된 상태라면 쉽지 않을 것 같은데요. 다음 사례로 한번 살펴볼까요?

> (사례) **낙찰된 후에 채무자가 빚을 갚으면 경매는 어떻게 될까?**

평소에 돈을 갚지 않기 위해 도망만 다니던 김○○. 막상 자신의 주택이 경매로 넘어가자 그제야 경매를 신청한 박○○를 찾아가 빌린 돈을 갚을 테니 경매를 취하해 달라고 부탁했습니다. 박○○는 뒤늦게 논을 갚겠다는 김○○가 괘씸했지만, 자신이 빌려준 돈을 모두 돌려받을 수 있으므로 법원에 찾아가 '경매 취하서'를 제출했습니다. 그러나 김○○의 주택은 이미 경매로 서○○에게 매각된 뒤였습니다. 김○○는 박○○와 함께 서○○를 찾아가 경매 취하에 동의해 달라고 부탁하였습니다. 그러자 서○○는 자신이 그 주택을 경매로 매수하기 위해 많은 시간과 비용을 들였으므로 공짜로 동의할 수 없다면서 5천만 원을 요구하였습니다. 서○○는 양도소득세도 부담하지 않고 그 자리에서 바로 차익을 얻으려는 속셈이었던 것이죠. 결국 김○○는 자신의 주택을 포기해야만 했습니다.

채무자에 의한 '취소'

돈을 빌린 채무자가 진행 중인 경매를 더 이상 진행하지 못하도록 하는 것을 '취소'라고 합니다. 채무자나 소유자는 경매 취하가 마음먹은 대로 되지 않는다면 경매신청 채권자에게 진 빚을 갚은 다음 최고가매수신고인이나 차순위매수신고인의 동의를 받지 않고 단독으로 경매를 취소할 수 있습니다.

법원에 의한 '취소'

매각해 봤자 경매를 신청한 사람이 받을 돈이 없는 경우(민사집행법 제 102조), 부동산이 없어지거나 매각됨으로써 권리를 이전할 수 없는 사정이 명백하게 된 경우(민사집행법 제96조)에 법원은 경매를 취소하여야 합니다.

공매에서의 '취소'

관할 세무서장은 해당 재산의 압류를 해제하였거나, 한국자산관리공사 의 요구에 따라 자신의 직권으로 공매 대행을 해제하였다면 공매를 취소해 야 합니다(국세징수법 제88조 ①항).

빚을 갚겠다고 해서 경매 날을 미루는 '연기'

이해관계인의 신청 또는 법원의 판단으로 경매하는 날을 나중으로 미루 는 것을 '연기'라고 하는데요. 채무자나 부동산의 소유자가 연기를 하려면 경매를 신청한 사람의 동의를 얻어야만 가능합니다.

그렇다면 경매 연기는 몇 번이나 할 수 있을까요? 경매 연기는 2회까지 가 원칙이나 사안에 따라 그 이상도 가능합니다. 연기 기간은 총 6개월을 넘 을 수 없고, 1회 2개월 정도 연기할 수 있습니다.

공매에서의 '정지'

관할 세무서장은 압류 또는 매각을 유예하였거나, 강제징수에 대한 집행정지의 결정이 있으면 공매를 정지해야 합니다. 단, 공매를 정지한 후 그 사유가 소멸하여 공매를 계속할 필요가 있다고 인정되면 즉시 공매를 속행하여야 합니다(국세징수법 제88조 ②항, ④항).

절차상 문제가 있어 매각기일에 경매가 진행되지 못하는 '변경'

문제가 있어 경매 진행일에 경매가 진행되지 못한 것을 '변경'이라고 합니다. 이해관계인 중 누군가 송달을 받지 못했거나, 매각물건명세서를 잘못 작성한 경우, 또는 최저매각가격을 잘못 결정하였거나, 오타로 신문 공고의 내용에 중대한 실수가 있거나 하면 법원은 직권으로 변경합니다.

경매 실무에서는 변경과 연기를 합쳐 '변연'이라고 합니다.

안 팔리면 유찰, 팔리면 낙찰

경매나 공매에서 물건을 매수하겠다는 사람이 없으면 유찰되었다고 하고, 매수할 사람이 정해지면 낙찰되었다고 하는데요. 경매와 공매의 유찰방식과 낙찰방식이 좀 다릅니다. 어떤 점이 다른지 한번 볼까요?

경매 유찰방식

유찰되면 최저매각가격이 할인되어 다시 경매로 나오게 되는데요. 경매의 할인율은 법원에 따라 조금씩 다릅니다. 서울은 20%, 인천은 30%씩 최저매각가격이 할인되며, 일부 지방법원의 경우 1회 유찰은 30%, 2회 유찰부터는 20%씩 할인되기도 합니다.

유찰되어 최저매각가격이 20~30% 깎인 경우라도 입찰할 때 법원에 내는 매수신청보증금은 할인된 최저매각가격의 10%만 내면 됩니다.

예를 들어 최저매각가격이 16억 원인 부동산의 최초 매수신청보증금은 1억 6천만 원이지만, 유찰되어 최저매각가격이 12억 8천만 원으로 할인되면 매수신청보증금은 1억 2,800만 원이 됩니다.

유찰될 때마다 최저매각가격이 30%씩 왕창 깎이는 법원은?

인천지방법원, 춘천지방법원, 대전지방법원, 대구지방법원, 광주지방법원, 제주지방법원, 부천지원, 강릉지원, 원주지원, 속초지원, 영동지원, 홍성지원, 천안지원, 서산지원, 대구서부지원, 안동지원, 상주지원, 포항지원, 목포지원, 정읍지원

공매는 유찰방식이 물건마다 다르다?

- **압류재산**: 유찰될 때마다 매각예정가격에서 10%씩 할인하여 공매하며, 최초 공매예정가격의 100분의 50이 될 때까지 공매하여도 매각되지 않을 때는 새로 공매예정가격(최초 공매예정가격의 100분의 50이 기준)을 정하여 재공매를 할 수 있습니다. 최초 공매예정가격의 25%에도 매수자가 없으면 압류 관서에 통보하여 해제 처리합니다. 해제 처리되면 한국자산관리공사에서는 더 이상 공매를 진행할 수 없습니다. 그리고 등기사항전부증명서의 압류는 등기된 상태로 그대로 유지됩니다(대법원 2007년 7월 27일 선고, 2006두8464 판결).

- **수탁재산**: 유찰되면 다음 공매공고 전일까지 경쟁 없는 유찰계약이 가능합니다.

- **유입자산**: 유찰되면 다음 공매공고 전일까지 경쟁 없는 유찰계약이 가능합니다.

- **국유재산**: 2회차까지 유찰되면 다음 공매공고 전일까지 경쟁 없는 유찰계약이 가능합니다.

경매의 낙찰 방식

경매에서는 낙찰받았다고 바로 해당 부동산의 매수인으로 인정받는 것은 아닌데요. 집행법원은 매각기일 1주일 후 매각결정기일에 매각허가에 관한 이해관계인의 의견을 듣고 매각불허가 사유가 있는지를 조사한 다음 직권으로 매각허가결정 또는 매각불허가결정을 선고합니다. 그리고 그로부터 1주일 동안 이해관계인의 즉시항고가 없으면 집행법원은 매각허가결정을 확정합니다. 매각허가결정이 확정되면 법원은 대금 지급기한(1개월 안)을 정하고, 이를 매수인과 차순위매수신고인에게 통지하여야 하며, 매수인은 대금 지급기한까지 매각대금을 납부해야 합니다. 매각대금납부 후 매수인은 집행법원에 소유권이전등기를 촉탁합니다.

공매는 낙찰방식이 물건마다 다르다?

• **압류재산**: 매각결정기일은 개찰일로부터 7일(토요일, 일요일, 대체공휴일은 제외) 이내로 정하여야 하고(국세징수법 제72조 ⑤항), 그 매각결정기일에 최고가매수신청인을 매수인으로 정하는 매각결정을 하여야 합니다(국세징수법 제84조). 매각결정이 되면 관할 세무서장은 매수인에게 대금납부 기한을 정하여 매각결정통지서를 발급해야 합니다. 잔대금 납부 후 매수인은 한국자산관리공사 물건 담당 부서에 소유권이전등기를 촉탁해야 합니다. 경매는 최고가매수신고인에서 매수인이 되기까지 14일이 걸리는데, 압류재산은 최고가매수신청인에서 매수인이 되기까지 3일밖에 걸리지 않습니다.

• **수탁재산, 유입자산, 국유재산(매각물건)**: 낙찰자는 낙찰일로부터 5일(공유일 포함) 이내에 매매계약을 체결해야 하고 매매계약을 체결한 매매계약서에 명시된 납부기일까지 중도금 및 잔대금을 납부계좌로 입금해야 합니다. 잔대금 완납 후 매수인이 직접 위

임기관을 방문하여 소유권이전등기를 촉탁해야 합니다.

- **국유재산(임대물건):** 낙찰자는 낙찰 이후 물건담당자와 협의해 낙찰일로부터 5일(공유일 포함) 이내에 지정계좌로 잔금을 입금하고 임대계약을 체결해야 합니다. 대부계약 승인 완료 후 대부계약서를 낙찰자에게 우편으로 보내야 합니다.

토막상식

✎ **최고가매수신청인이 둘 이상이라면?**

경매

최고가매수신고를 한 사람이 둘 이상인 때에는 집행관은 그 사람들에게 다시 입찰하게 하여 최고가매수신고인을 정하는데요. 이 경우 입찰자는 전의 입찰가격에 못 미치는 가격으로는 입찰할 수 없습니다. 다시 입찰할 때 입찰자 모두가 입찰에 응하지 아니하거나 두 사람 이상이 다시 최고의 가격으로 입찰한 때에는 추첨으로 최고가매수신고인을 정합니다(민사집행규칙 제66조).

공매

공매를 집행하는 공무원이 최고가매수신청인을 정하는데, 이 경우 최고가매수신청가격이 둘 이상이면 즉시 추첨으로 최고가매수신청인을 정합니다(국세징수법 제82조 ③항). 이는 경매와 다른 점입니다.

023

2등은 차순위매수신고인,
무조건 1등은 공유자

경매든 공매든 낙찰받은 사람이 잔금을 내지 않았다고 매각 절차를 처음부터 다시 시작해야 한다면 효율적이지 않을 것입니다. 또한, 한동안 익숙한 사람과 공유하고 있던 물건을 갑자기 생판 모르는 사람과 다시 공유해야 한다면 불편할 것입니다. 이러한 문제점을 해결해 줄 방법은 없을까요?

경매에서 차순위매수신고인

경매로 부동산을 매수하려면 법원에서 제시한 최저매각가격보다 높은 가격을 제시해야 하는데요. 그중에서 다른 경쟁자들보다 가장 높은 가격을 제시한 사람을 '최고가매수신고인'이라고 합니다.

그리고 최고가매수신고인이 제시한 가격에서 매수신청보증금을 뺀 금액보다 높은 가격을 제시한 사람들 가운데 가장 높은 가격을 제시한 사람은 차순위매수신고를 할 수 있는데요(민사집행법 제114조). 예를 들어 최저매각가격이 2억 원이라면 매수보증금은 2억 원의 10%인 2천만 원입니다. 이때 최고가매수신고인이 제시한 가격이 2억 3천만 원이었다면 2억 3천만 원에서 매수보증금 2천만 원을 뺀 2억 1천만 원 이상을 제시한 경우엔 차순위매수신고인이 될 수 있습니다.

집행관은 최고가매수신고인을 호명한 다음 차순위매수신고인이 되기를 원하는 사람이 있는지 묻는데요. 자격이 된다면 차순위매수신고를 해보는 것도 괜찮습니다. 차순위매수신고인은 최고가매수신고인이 대금지급기한까지 매각대금을 납부하지 않으면 자신이 매각대금을 지급하고 해당 부동산을 매수할 수 있기 때문입니다.

차순위매수신고인이 되기 싫다면 자격요건을 충족하여 차순위매수신고인으로 호명되더라도 거절할 수 있습니다.

공매에서 차순위매수신청인

• 최고가매수신청인 외의 매수신청인은 혹시나 최고가매수신청인이 매수대금을 지정된 기한까지 납부하지 아니하여 매각결정이 취소될 것을 기대하며 매각결정기일 전까지 공매보증을 제공하고 최고가매수신청가격에서 공매보증을 뺀 금액 이상의 가격으로 공매재산을 매수하겠다는 '차순위매수신청'을 할 수 있습니다.

• 관할 세무서장은 차순위매수신청을 한 자가 둘 이상이면 최고액의 매수신청인을 차순위매수신청인으로 정하고, 최고액의 매수신청인이 둘 이상이면 추첨으로 차순위매수신청인을 정합니다.

• 관할 세무서장은 차순위매수신청이 있으면 지정된 기한까지 매수대금을 납부하지 아니한 사유로 매각결정을 취소한 날부터 3일(공휴일과 토요일은 제외) 이내에 차순위매수신청인을 매수인으로 정하여 매각결정을 할 것인지를 결정해야 합니다. 다만, 공유자·배우자의 우선매수신청이 있거나, 공매 취소·정지 사유가 있거나, 차순위매수신청

인이 공매 참가 제한을 받는 자이면 차순위매수신청인에게 매각결정을 할 수 없습니다 (국세징수법 제83조).

• 매수인이 대금을 모두 지급하면 차순위매수신청인 공매보증을 반환받습니다(국세징 수법 제71조 ④항 3호).

경매에서 공유자의 우선매수권

둘 이상의 사람이 함께 공유하고 있는 부동산의 지분이 경매로 나오면 법원은 해당 부동산을 공유하고 있는 다른 사람에게 먼저 해당 지분을 매수 할 수 있는 권리를 주는데, 이를 '공유자의 우선매수권'이라고 합니다.

다른 공유자가 해당 지분을 매수하려면 매각기일까지 최저매각가격의 10%를 매수신청보증금으로 내고 최고가매수신고인이 제시한 가격과 같은 가격으로 채무자의 지분을 우선매수하겠다는 신고를 법원에 해야 합니다. 이 경우 최고가매수신고인은 자동으로 차순위매수신고인이 됩니다(민사집행 법 제140조).

토막 상식

✎ **상계란?**

채권자가 해당 부동산을 경매로 매수한 경우, 납부해야 할 매각대금에서 자신이 돌려 받아야 할 돈을 제한 뒤 나머지만 매각대금으로 내는 것을 상계라고 하는데요. 상계 하려면 매각결정기일이 끝나기 전에 신고해야 합니다. 참고로 공매에는 상계가 없습 니다.

공매에서 공유자·배우자의 우선매수권

• 공유자는 공유물의 지분이 공매로 나오면 매각결정기일 전까지 공매보증을 제공하고 최고가매수신청가격(최고가매수신청인이 있는 경우)이나 공매예정가격(최고가매수신청인이 없는 경우)으로 "공매재산을 우선매수 하겠다."라는 신청을 할 수 있습니다. 참고로 공유자·배우자 우선매수신청 마감 기한은 온비드 신청 시엔 매각결정기일 전일 18시(통상 개찰 다음 주 금요일 18시)까지이고, 한국자산관리공사(지역본부) 방문 시엔 매각결정기일 18시(통상 개찰 다다음주 월요일 18시)까지입니다.

• 체납자의 배우자는 부부공유의 동산 또는 유가증권이 공매로 나오면 "공매재산을 우선매수 하겠다."라는 신청을 할 수 있습니다.

• 관할 세무서장은 우선매수신청이 있는 경우 공유자 또는 체납자의 배우자에게 매각결정을 하여야 합니다.

• 관할 세무서장은 여러 사람의 공유자가 우선매수신청을 한 경우 공유자 간의 특별한 협의가 없으면 공유지분의 비율에 따라 공매재산을 매수하게 합니다.

• 관할 세무서장은 매각결정 후 매수인이 잔대금을 납부하지 아니한 경우 최고가매수신청인에게 다시 매각결정을 할 수 있습니다(국세징수법 제79조).

• 우선매수신청이 있는 경우 최고가매수신청인은 매각결정기일 전까지 최고가매수신청인의 지위를 유지할지를 신청해야 하며, 신청 이후에는 이를 철회할 수 없습니다.

• 최고가매수신청인이 매각결정기일 전까지 매수신청인의 지위 유지 신청을 하지는 않았으나, 공매보증을 반환받지 아니한 때에는 최고가매수신청인의 지위를 유지한 것으로 봅니다.

024
매각허가에 이의 있어요!
배당금에 불만 있어요!

경매나 공매가 진행되는 과정에서 매각결정이나 배당(배분)에 다른 의견이 있거나 불만이 있을 수 있습니다. 이러한 것들을 마음속에 담고만 있으면 병이 나겠죠? 해결할 방법이 없을까요?

매각허가에 이의 있습니다! 매각허가여부에 대한 항고

집행법원의 매각허가에 대한 이의신청사유가 있거나, 그 결정절차에 중대한 잘못이 있다고 생각하는 사람은 법원의 매각허가결정에 대해 항고를 할 수 있는데요.

매각허가결정에 대해 항고하고자 하는 사람은 보증으로 매각대금의 10분의 1에 해당하는 금전 또는 법원이 인정한 유가증권을 공탁하여야 합니다. 이는 경매를 지연시킬 목적으로 항고를 남발하는 것을 막기 위해서입니다.

채무자나 소유자가 제기한 항고가 기각된 때에는 항고인은 보증으로 제공한 금전이나 유가증권을 돌려받을 수 없습니다. 그 이외의 사람들은 항고가 기각되더라도 보증으로 제공한 금전이나 유가증권을 돌려받을 수는 있지만, 경매 지연에 대한 이자로서 항고를 한 날로부터 항고기각결정이 확정된 날까지 매각대금의 연 12%에 해당하는 금액은 돌려받을 수 없습니다. 그러므로 항고를 하고자 할 때는 신중하게 판단해서 해야 합니다(민사집행법 제130조).

공매에 뭔가 이유가 있으면 '공매의 취소 및 정지'

- 해당 재산의 압류가 해제되었거나, 관할 세무서장의 직권이나 한국자산관리공사의 요구로 해당 재산에 대한 공매 대행 의뢰가 해제되면 관할 세무서장은 공매를 취소하여야 합니다(국세징수법 제88조 ①항).
- 압류 또는 매각이 유예되거나, 강제징수에 대한 집행정지의 결정이 있거나, 그 밖에 공매를 정지하여야 할 필요가 있으면 관할 세무서장은 공매를 정지하여야 합니다(국세징수법 제88조 ②항).
- 공매를 정지한 후 그 사유가 사라져 공매를 계속할 필요가 있다고 인정되면 관할 세무서장은 즉시 공매를 속행하여야 합니다(국세징수법 제88조 ③항).

배당금에 불만 있어요! '배당이의의 소'

법원의 배당에 불만을 제기하는 것을 배당이의라고 합니다. 배당에 불만이 있는 사람은 배당하는 날(배당기일) 법원에 나와서 불만 사항을 말해야 하며, 그로부터 1주일 이내에 배당과 관련한 소송을 제기했다는 사실을 증명하는 서류를 법원에 제출해야 합니다. 법원은 불만이 있는 부분의 배당금은 배당하지 않고 문제가 해결될 때까지 보관합니다.

만약에 배당기일부터 1주일 이내에 소송을 제기했다는 사실을 증명하는 서류를 법원에 제출하지 않으면 이의가 취하된 것으로 보고 유보됐던 배당절차가 그대로 다시 진행됩니다(민사집행법 제154조).

공매는 배분계산서에 대한 이의!

경매에서의 배당을 공매에서는 '배분'이라고 하는데요. 배분 기일에 출석한 체납자 등은 자기의 채권과 관계된 범위 내에서 배분 기일이 끝나기 전까지 배분계산서 원안에 기재된 다른 채권자의 채권 또는 채권의 순위에 대하여 이의제기를 할 수 있습니다.

관할 세무서장은 배분계산서를 확정하여 배분하되, 확정되지 아니한 부분에 대해서는 배분을 유보해야 하는데요. 배분계산서에 이의를 제기한 체납자 등이 만약에 배분 기일부터 1주일 이내에 관할 세무서장의 배분계산서 작성에 관하여 심판청구 등을 한 사실을 증명하는 서류를 제출하지 않으면 '배분계산서에 대한 이의제기'가 취하된 걸로 보고 유보했던 배분 절차가 진행됩니다(국세징수법 제99조, 제100조).

025

인도명령, 명도소송,
그리고 점유이전금지가처분

소유권이전등기까지 마친 부동산을 자유롭게 사용하기 위해서는 해당 부동산의 점유자를 내보내야 하는데요. 경매와 공매에 있어서 조금 다른 점이 있습니다. 어떤 점이 다른지 살펴볼까요?

짧은 인도명령

부동산을 낙찰받은 매수인이 매각대금을 완납하면 해당 부동산의 소유권을 가지게 되는데요. 그러므로 매수인은 해당 부동산에 거주하고 있는 사람에게서 자신의 부동산을 넘겨받을 권리가 있습니다. 그런데 채무자, 해당 부동산의 소유자, 대항력이 없는 임차인이 부동산을 비워주지 않는다면 어떻게 해야 할까요? 이럴 땐 이 사람들을 강제로 내보내 달라고 법원에 '인도명령'을 신청해야 합니다(민사집행법 제136조).

채무자, 해당 부동산의 소유자, 대항력이 없는 임차인을 대상으로 한 인도명령은 매각대금을 납부한 날로부터 6개월 안에 신청해야 하며, 이 기간을 넘기게 되면 명도소송을 해야만 합니다. 인도명령을 신청할 때는 점유이전금지가처분도 함께 신청하는 것이 좋습니다.

공매에서는 명도소송만 가능하고 인도명령은 할 수 없습니다. 이 점에서는 경매가 공매보다 좀 더 편리하네요.

토막 상식

✎ **사람이 있는지 없는지 아리송할 때 인도명령 신청하는 방법!**

낙찰받은 부동산에 사람이 거주하고 있는 것 같은데 문이 잠겨 있어 만날 수 없다면 인도명령 후 강제집행 사실을 전달하기 어렵겠죠. 낮에는 사람이 없어도 밤이나 주말, 공휴일에는 사람이 있을 수 있으니, 집행관에게 주간 특별송달이나 야간 및 공휴일 특별송달을 신청해 인도명령 사실을 전달받게 하세요.

그런데 아예 문을 잠가놓고 도망간 경우라면 어떻게 할까요? 이 경우에는 공시송달을 하면 됩니다. 공시송달이란, 송달을 받을 사람이 사는 곳이 확인되지 않아 송달을 할 수 없는 경우, 기관 또는 서기가 송달서류를 보관하고 있다가 어느 때라도 송달받을 자가 나타나면 이를 내어준다는 취지를 법원 게시판에 게시하는 것입니다. 공시송달은 사유를 법원 게시판에 게시한 날로부터 2주일이 지나면 효력이 발생하므로 그때 강제집행을 실시하면 됩니다.

긴 명도소송

인도명령 대상임에도 매각대금(매매대금) 납부일로부터 6개월 이내에 인도명령을 신청하지 않았거나 처음부터 인도명령 대상이 아니라면 명도소송을 해야 합니다.

명도소송은 보통 3~5개월 정도 걸리는데요. 소송 당사자가 항소하면 6개월 이상을 넘길 수 있어 오랜 기간 부동산을 인도받지 못할 수 있습니다.

세상일이 내 맘같이 이루어지지 않아 인도명령이나 명도소송을 하게 되는 것이겠지만, 경매나 공매도 더불어 사는 세상에서 일어나는 일이니만큼 인도명령이나 명도소송 같은 법의 힘을 빌리기보다는 대화로 해결하는 것이 가장 좋겠지요.

바뀐 사람까지 강제로 내보낸다! – 점유이전금지가처분

낙찰받은 부동산에서 거주자를 내보내기 위해 인도명령이나 명도소송을 하고자 한다면 반드시 '점유이전금지가처분'도 함께 해야 합니다. 인도명령이나 명도소송의 효력은 해당 부동산에 거주하고 있는 사람에게만 있기 때문입니다. 예를 들어 낙찰받은 주택에 임차인 김○○가 살고 있다면 인도명령이나 명도소송의 효력은 김○○에게만 미치므로 다른 사람, 즉 이○○나 최○○ 등으로 거주자가 바뀌면 이들을 내보낼 수 없습니다.

그러므로 낙찰받은 부동산의 거주자가 바뀌는 걸 사전에 금지해야 합니다. 만약에 금지했는데도 불구하고 거주자가 바뀌었다면 이는 법을 어긴 것이므로 인도명령이나 명도소송 효력에 따라 바뀐 거주자는 해당 부동산을 비워줘야 합니다.

이것이 매각대금(매매대금) 납부 후에 바로 점유이전금지가처분을 신청해야 하는 이유입니다.

Common Sense Dictionary of
Real Estate Auctions & Public Sales

2

둘째
마당

돈 되는 물건 찾고
분석하는 방법

026

경매와 공매 정보를
쉽게 찾는 7가지 방법

자신이 원하는 경매 정보와 공매 정보를 얻으려면 어떻게 해야 할까요?

대법원에서 운영하는 '대한민국법원 법원경매정보'나 한국자산관리공사에서 운영하는 '온비드'부터 경매 정보 앱까지 자신에게 딱 맞는 부동산 정보를 손쉽게 찾아볼 수 있는 7가지 방법에 대해 살펴보겠습니다.

대한민국법원 법원경매정보(www.courtauction.go.kr)

대법원에서 운영하는 경매 사이트로, 전국법원에서 진행 중인 모든 경매 정보를 제공합니다. 대법원이 운영하는 사이트이므로 신뢰할 수 있다는 것이 장점입니다.

❶ **경매공고**: 관련된 경매물건의 배당요구 마감일(배당요구종기공고)이나 법원별 경매물건(부동산매각공고) 등을 조회할 수 있습니다.

❷ **경매물건**: 다양한 조건을 입력하여 원하는 경매 진행 물건을 검색할 수 있습니다. 또한, 매각물건명세서의 조회수가 많은 물건이나 관심 있는 물건으로 등록한 횟수가 많

은 물건, 또는 신경매되거나 재경매되는 물건 중 공고되지 않은 물건 등도 검색할 수 있습니다.

❸ **매각통계**: 연도별 접수 및 처리 건수나 법원별, 지역별, 용도별 경매 건수(입찰 및 매각된 물건의 건수), 매각 건수(매각된 물건의 건수), 감정가(매각물건의 감정가), 매각가(매각물건의 매각가), 매각율(경매 건수 대비 매각 건수 비율), 매각가율(감정가 대비 매각가 비율) 등 입찰가를 정할 때 유용한 통계자료를 확인할 수 있습니다.

❹ **경매지식**: 경매 참여 시 반드시 알아두어야 할 경매 절차, 경매 용어, 경매 서식, 입찰 절차, 매수신청대리 절차, 경매 비용, 관련 법률 등에 대해 자세하게 알 수 있습니다.

❺ **이용안내**: 법원경매정보 사이트를 이용하는 방법과 관할 경매법원 및 등기소의 위치를 알 수 있습니다.

❻ **나의경매**: 회원가입 후 로그인을 해야 이용할 수 있는 메뉴로, 자신이 관심 있는 부동산을 쉽게 검색하고 관리할 수 있습니다.

'대한민국법원 법원경매정보'에서 제공하는 정보는 모두 무료이지만 경매물건을 분석하는 데 필요한 등기사항전부증명서의 발급은 유료입니다. 참고로 '정부24' 사이트에서 토지대장, 건축물대장, 지적도를 인터넷으로 발급받는 건 무료입니다. 단, 토지이용계획확인은 1천 원입니다.

온비드(www.onbid.co.kr)

한국자산관리공사에서 운영하는 공매사이트로, 전국의 다양한 공매재산정보를 제공합니다. 한국자산관리공사가 운영하는 사이트이므로 신뢰할 수 있다는 것이 장점입니다.

❶ **부동산**: 부동산에 관한 지도 검색, 상세조건 검색, 물건별 검색, 신규물건 검색, 테마물건 검색 등을 할 수 있고 입찰결과도 확인할 수 있습니다.

❷ **동산/기타자산**: 동산과 기타자산에 관한 물건별 검색, 신규물건 검색, 테마물건 검색 등을 할 수 있고 입찰결과도 확인할 수 있습니다.

❸ **정부재산정보공개**: 국유 일반재산, 공유 일반재산, 친일 귀속재산, 불용품 등의 정부 재산을 조회해 볼 수 있으며, 한국자산관리공사가 부실채권을 매수한 캠코 경매물건도 볼 수 있습니다.

❹ **입찰/이용안내**: 온비드 이용설명시, 공매 관련 법령 및 규정, 공매 관련 사료를 볼 수 있고, 공인인증서 등록, 입찰 참가, 낙찰 후 절차, 인터넷 등기신청 등의 안내를 받을 수 있습니다.

❺ **사회공헌장터**: 중소기업과 소상공인 제품의 온라인 판로 확대 및 판매 활성화를 위해 그들의 우수한 제품을 저렴하고 편리하게 구매할 수 있습니다.

❻ **온비드소개**: 온비드의 운영목적, 연혁, 제공서비스, 온비드 뉴스, 온비드 영상 등을 살펴볼 수 있습니다.

'온비드'에서 제공하는 정보는 모두 무료입니다. '정부24'에서 발급받을 수 있는 토지대장, 건축물대장, 지적도도 무료입니다. 그러나 등기사항전부증명서나 토지이용계획확인은 유료입니다.

다양한 유료 경매 사이트

경매나 공매에 참여하려면 등기사항전부증명서, 토지대장, 건축물대장 등의 서류, 즉 공부를 직접 발급받아 해당 부동산에 문제가 없는지 등을 분석해야 하는데요. 이러한 번거로움을 덜어주는 곳이 바로 유료 경매 사이트입니다.

법원이나 한국자산관리공사에서 제공하는 부동산 정보를 전문가들이 분석한 뒤 투자가치와 위험도를 알려주므로 초보자나 정보를 분석할 시간이 없는 바쁜 참여자가 이용하면 많은 도움을 받을 수 있습니다.

제공하는 정보나 서비스 품질, 이용요금은 사이트마다 차이가 있습니다. 초보자라면 2~3개의 사이트를 1개월 단위로 구매해 서로 비교해 가며 이용하는 것이 좋습니다.

▼ 대표적인 유료 경매 사이트 이용 가격 비교(전국)

경매 사이트	1개월	3개월	6개월	12개월	기타
지지옥션 (www.ggi.co.kr)	131,000원	354,000원	637,000원	1,147,000원	
옥션원 (www.auction1.co.kr)	119,000원	302,000원	534,000원	926,000원	
부동산태인 (www.taein.co.kr)	69,000원	199,000원	380,000원	740,000원	1일 15,000원 1주 35,000원
스피드옥션 (www.speedauction.co.kr)	84,000원	214,000원	378,000원	650,000원	
하우스인포 (www.houseinfo.co.kr)	44,000원	112,000원	198,000원	343,000원	2개월 88,000원
한국경매 (www.hkauction.co.kr)	27,500원	–	99,000원	165,000원	
한국부동산경매정보 (www.auction119.co.kr)	40,000원	80,000원	140,000원	240,000원	

(2023년 4월 기준)

일간신문의 부동산 매각공고

법원은 경매로 매각할 부동산에 대한 정보를 매각기일 14일 전에 일간신문에 공고합니다. 그러나 일간신문 공고에서는 경매물건에 대한 간단한 정보만 확인할 수 있습니다.

일간신문에 공고된 경매물건에 관심이 있으면 '대한민국법원 법원경매정보'에서 좀 더 자세한 내용을 확인하거나 해당 법원의 담당 경매계에 전화해서 물어보세요.

이때 매각공고에 적힌 사건번호를 알아두면 해당 부동산을 쉽게 조회할 수 있습니다. 경매 사건번호는 경매로 나온 물건마다 부여하는 번호로, 사건번호 맨 앞의 숫자는 사건이 접수된 연도를 의미하고 '타경'은 경매사건이라는 뜻입니다. 맨 뒤의 숫자는 해당 법원에 경매신청을 할 때의 접수번호입니다.

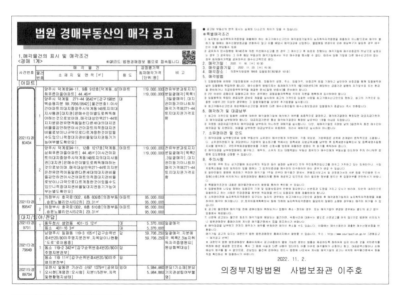

일간신문에 실린 부동산 매각공고

한국자산관리공사는 공매로 매각할 부동산에 대한 정보를 입찰 개시일 10일 전에 공고합니다. 일간신문에 공고된 공매물건에 관심이 있으면 '온비드'에서 내용을 좀 더 확인하거나 온비드 고객지원센터(☎ 1588-5321)로 전화하면 한국자산관리공사에서 취급하고 있는 부동산에 대하여 상담직원을 통해 자세히 알아볼 수 있습니다.

일간신문에 실린 부동산 공매공고

사설업체의 경매정보지

법원 경매장에 가면 경매 정보와 공매 정보가 담긴 경매정보지를 팝니다. 경매정보지에는 일간신문에 실린 정보 외에 해당 부동산의 등기사항전부증명서에 어떠한 권리가 있는지, 임차인의 보증금은 얼마인지, 전입신고는 했는지, 확정일자는 받았는지 등에 관한 자세한 정보가 실려 있는데요. 특히 해당 부동산의 위치도, 현장

경매정보지 《GG Auction》

사진, 관할 동주민센터의 주소까지 해당 부동산에 대한 많은 정보를 알 수 있습니다.

그러나 혹시라도 정보업체 직원의 실수로 잘못된 정보가 실릴 수도 있으므로 주의해야 합니다. 그러므로 경매정보지를 통해서는 '이러한 조건의 물건이 있구나.'라는 사실만 확인하고 정확한 내용은 법원이나 한국자산관리공사에서 제공하는 정보로 다시 확인해 보는 것이 좋습니다.

정기적으로 경매정보지를 받아 보면 손쉽게 경매 정보와 공매 정보를 알 수 있지만, 별도의 비용이 들고 실제 경매나 공매에 참여할 때는 법원이나 한국자산관리공사에서 제공하는 정보와 공부를 반드시 확인해야 하므로 비용 대비 효과를 잘 따져 보아야 합니다.

경매정보지는 대개 매각기일 10~12일 전에 법원별로 발행됩니다.

경매 컨설팅업체

자신이 원하는 부동산을 찾아 주고, 해당 물건에 문제가 없는지 분석해 주며, 적절한 입찰가로 낙찰받을 수 있게 도움을 주는 업체가 있는데요. 바로 경매 컨설팅업체입니다. 경매와 공매에 처음 참여하거나, '나 홀로 입찰'에 자신이 없는 사람이라면 경매 컨설팅업체를 이용하는 것도 좋은 방법입니다. 그러나 경매 컨설팅업체는 수수료가 주된 수입원인 까닭에 높은 가격으로 낙찰받는 사례도 있어 수익 면에서 일반매물을 사는 것과 큰 차이가 없을 수도 있습니다.

그렇다면 믿을 수 있는 경매 컨설팅업체를 찾기 위해서는 어떻게 해야할까요?

해당 경매 컨설팅업체가 관할 시·군·구청의 정식 허가를 받은 업체인지, 일이 잘못되었을 경우 보상을 받을 수 있도록 보증보험이나 공제에 가입되어 있는지, 오랜 경험을 한 전문인력이 있는지 등을 확인해야 합니다. 그러므로 경매 컨설팅업체와 계약을 할 때는 들어가는 총비용을 꼼꼼하게 확인해야 합니다.

경매 컨설팅 수수료는 업체마다 다르지만 '한국공인중개사협회'의 '매수신청대리 수수료 요율표'에 따르면 '상담 및 권리분석 수수료'는 50만 원 범위 안에서 경매나 공매 컨설팅을 의뢰한 의뢰인과 개업공인중개사 간의 협의로 결정합니다. '매수신청 수수료'는 낙찰받으면 부동산 감정가격의 1% 또는 낙찰가격의 1.5% 이하의 범위 안에서 당사자 간의 협의로 결정합니다. 단, 낙찰받지 못한 경우엔 50만 원 범위 안에서 당사자 간의 협의로 결정합니다. 또한, 개업공인중개사가 원거리 출장비, 원거리 교통비 등의 영수증을 첨부하여 청구하면 30만 원 범위 안에서 당사자 간의 협의로 결정합니다.

그리고 경매나 공매 컨설팅을 의뢰받은 개업공인중개사는 사건카드에 '상담 및 권리분석 수수료', '매수신청 수수료', '실비' 등을 반드시 기록해야 합니다.

참고로 경매 컨설팅업체가 해당 부동산에 거주하고 있는 사람을 내보내는 명도를 할 때는 비용을 추가로 받습니다.

경매 정보 앱

스마트폰이 일상화됨에 따라 스마트폰 앱을 이용해 경매와 공매 정보를 얻는 사람들이 늘어나고 있습니다.

지지옥션   옥션원   부동산태인

스피드옥션   한국경매   경매알리미

  시세와 지역별 물건정보는 물론이고 가까운 부동산 중개업소도 소개하여 해당 부동산의 시장조사에 매우 유용한데요. 대표적인 앱으로는 지지옥션, 옥션원, 부동산태인, 스피드옥션, 한국경매, 경매알리미 등이 있습니다.

경매

'대한민국법원 법원경매정보'
에서 물건 쉽게 찾는 방법

자신이 원하는 부동산을 경매로 매수하려면 대한민국법원 법원경매정보(www.courtauction.go.kr)에 나와 있는지 확인해야 하는데요. 이번 장에서는 대한민국법원 법원경매정보에서 내게 딱 맞는 물건을 쉽게 찾는 방법에 대해서 알아보겠습니다.

법원경매정보 사이트의 메인 화면에는 여러 조건으로 물건을 찾을 수 있는 검색 메뉴가 마련되어 있습니다.

부동산매각공고

대한민국법원 법원경매정보 메인 화면 상단의 '경매공고' 메뉴에 마우스를 올리면 나타나는 하위메뉴에서 '부동산매각공고'를 누릅니다.

법원경매정보 사이트 메인 화면 상단의 '경매공고' → '부동산매각공고' 메뉴를 누르면
월별로 매각기일을 알 수 있는 달력이 나타납니다.

그러면 월별로 매각기일을 알 수 있는 달력이 나타납니다. 법원별 매각기일을 알고 싶다면 검색 메뉴에서 원하는 법원을 선택하면 됩니다. 그러면 법원마다 무슨 요일에 경매를 진행하는지, 그날 경매로 올라온 물건으로는 어떤 것들이 있는지 등을 한눈에 알 수 있습니다.

부동산매각공고 메뉴를 이용하면 월별로 매각기일을 알 수 있습니다.

빠른물건검색

대한민국법원 법원경매정보 메인 화면 중앙에 있는 '빠른 물건검색' 메뉴에서 원하는 법원을 선택하거나 원하는 지역을 직접 선택하면 자신이 원하는 지역의 경매물건을 찾을 수 있습니다.

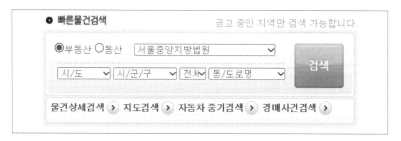

자신이 원하는 기준으로 경매물건을 빨리 검색할 수 있는 빠른물건검색 메뉴

용도별 물건정보

대한민국법원 법원경매정보 메인 화면 중앙에 있는 '용도별 물건정보' 메뉴를 이용하면 자신이 원하는 부동산의 종류를 기준으로 경매물건을 찾을 수 있습니다.

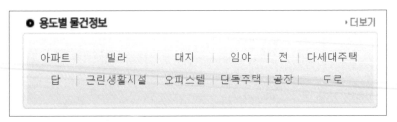

자신이 원하는 부동산의 종류를 기준으로 경매물건을 찾을 수 있는 용도별 물건정보 메뉴

다수관심물건

대한민국법원 법원경매정보 메인 화면 하단에 있는 '다수관심물건' 메뉴를 이용하면 현재 가장 인기 있는 물건을 기준으로 경매물건을 확인할 수 있습니다.

현재 가장 인기 있는 물건을 기준으로 경매물건을 찾을 수 있는 다수관심물건 메뉴

028

경매

경매물건의 속사정을 한눈에! '사건내역조회'

자신이 찜한 경매물건에 어떤 속사정이 있는지 알고 싶다면 대한민국법원 법원경매정보의 '사건내역' 내용을 자세하게 살펴보세요.

'경매공고' → '부동산매각공고'에서 관심 지역의 '법원'과 '경매계'를 선택하면 여러 개의 경매물건을 볼 수 있는데 이때 호감이 가는 부동산의 사건번호를 클릭하면 해당 물건에 대한 '사건내역'을 확인할 수 있습니다.

경매에는 하나의 사건으로 여러 개의 부동산을 한꺼번에 파는 경우(일괄매각)도 있는데, 사건내역에서는 전체 사건에 대한 정보를 알 수 있습니다. 그러므로 개별 물건에 대한 정보를 확인하고 싶다면 131쪽에서 소개하는 물건상세조회를 참고하세요.

여기에서는 사건내역에서 경매 초보자가 꼭 알아야 할 항목 위주로 소개합니다.

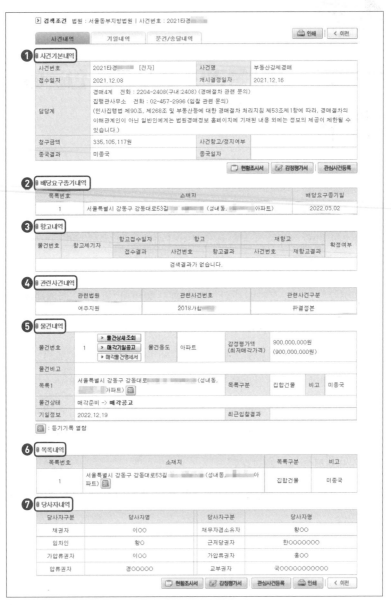

경매물건의 사건번호를 누르면 사건기본내역, 배당요구종기내역, 항고내역, 관련사건내역, 물건내역, 목록내역, 당사자내역 등 해당 물건에 대한 자세한 사항을 알 수 있습니다.

❶ **사건기본내역**: 경매물건의 기본 정보를 알 수 있는데요. 여기에서는 사건번호와 청구금액을 잘 살펴봐야 합니다. 사건번호는 나중에 입찰할 때 필요하니 정확하게 알아둬야 하고요. 청구금액은 경매신청자가 법원에 돌려 달라고 요구한 금액으로, 청구금액이 해당 물건의 시세보다 아주 적으면 채무자가 돈을 갚아 버려 중간에 경매가 취하될 수 있습니다. 그러므로 해당 물건의 시세와 청구금액의 차이를 반드시 확인해 봐야 합니다. 그 외 정보도 참고로 확인해 보세요.

❷ **배당요구종기내역**: 배당신청을 해야만 배당을 받을 수 있는 채권자(집행력 있는 정본을 가진 채권자, 경매개시결정등기 후 가압류한 채권자, 주택 임차권자, 상가건물 임차권자, 근로기준법에 의한 임금채권자 등)는 법원에서 정해준 기한까지 배당요구를 해야만 하는데요. 그 기한을 배당요구종기라 하고 이를 여기에서 확인할 수 있습니다. 만약에 대항력이 있는 임차인이 배당요구종기까지 배당신청을 하지 않았다면 해당 물건 임차인의 보증금은 낙찰자가 부담해야 합니다.

❸ **항고내역**: 해당 물건의 경매개시결정 등에 대해 상급법원에 취소나 변경을 구하는 불복신청이 있었다면 이를 확인할 수 있습니다. 항고를 제기한 자가 해당 경매물건의 소유자이고 항고한 이유가 단지 경매 진행을 지연시키기 위한 거라면 항고는 받아들여지지 않습니다.

❹ **관련사건내역**: 해당 경매물건과 관련된 소송사건을 확인할 수 있습니다. 해당 소송사건의 사건번호 앞에 붙은 '가합'은 민사 1심 사건으로 재판장과 우배석판사, 좌배석판사가 재판부를 구성하여 재판을 진행하는 '합의사건'을 의미합니다.

❺ **물건내역**: 해당 경매물건의 물건번호, 용도, 감정평가액, 소재지, 진행 상황 등을 확인할 수 있습니다. 해당 물건에 관해 더 자세히 알고 싶다면 물건번호 옆의 '물건상세조회'를 클릭하세요(131쪽 참조).

❻ **목록내역**: 해당 경매사건으로 인해 경매로 나온 물건들의 목록을 확인할 수 있습니

다. 여러 개의 부동산이 한꺼번에 경매로 나온 경우에는 물건마다 '목록1', '목록2'처럼 목록번호가 붙습니다. 비고란의 '미종국'은 아직 매각되지 않아 경매사건이 종료되지 않았다는 의미입니다.

❼ **당사자내역**: 해당 경매물건의 소유자, 채무자, 가압류권자, 압류권자, 근저당권자, 임차인, 교부권자 등 해당 경매물건과 관련된 모두를 확인할 수 있습니다. 경매 참여자는 '당사자내역'을 참고하여 반드시 임차인분석, 권리분석, 배당분석을 해봐야 합니다.

토막상식

✎ **경매물건 사건번호**

경매물건의 사건번호는 사건접수 연도, 사건 구분, 접수번호로 구성되어 있는데요. 예를 들어 '2023타경12345'라면 2023년에 12345번째로 접수한 경매사건이라는 의미입니다.

물건번호와 목록번호의 차이점은 뭐지?

경매물건에는 물건번호와 목록번호가 붙는데, 이 둘의 차이점은 무엇일까요? 목록번호는 같은 경매사건 때문에 경매로 나온 각각의 부동산에 붙는 번호이고 물건번호는 경매로 매각되는 부동산 묶음별로 붙는 번호입니다.

예를 들어 하나의 경매사건 2023타경12345로 경매에 나온 부동산이 오류동 123-1, 오류동 123-2, 오류동 123-3이라면, 이들에게는 '목록1 오류동 123-1', '목록2 오류동 123-2', '목록3 오류동 123-3'처럼 목록번호가 붙습니다. 이 3개의 부동산을 한꺼번에 묶어서 팔면 이들의 물건번호는 모두 1이 되지만, 따로 팔면 '물건번호 1 오류동 123-1', '물건번호 2 오류동 123-2', '물건번호 3 오류동 123-3'으로 각기 물건번호가 붙습니다.

물건번호와 목록번호는 같을 수도 있고 다를 수도 있습니다.

029

경매

경매물건, 물건상세조회로 꼼꼼히 따져 보자!

법원경매정보의 물건내역에서 물건번호 옆의 '물건상세조회'를 누르면 물건기본정보, 기일내역, 목록내역, 감정평가요항표 요약, 인근매각물건사례 등과 같이 경매물건의 다양한 정보를 자세히 확인할 수 있는데요. 하나씩 살펴볼까요?

경매물건의 종합정보, 물건기본정보

❶ **사건번호**: 경매물건마다 붙이는 번호로, 사건번호가 '2021타경 56784'이라면 '2021'은 경매신청이 접수된 연도, '타경'은 경매사건이라는 뜻이고, '56784'는 법원별 접수번호를 말합니다.

❷ **물건번호**: 경매로 매각되는 부동산 묶음별로 붙는 번호입니다.

❸ **물건종류**: 경매물건이 아파트, 대지, 임야, 상가 등인지를 확인할 수 있습니다.

❹ **감정평가액**: 감정평가법인이 평가한 해당 부동산의 가격입니다.

❺ **최저매각가격**: 해당 경매물건을 낙찰받으려면 최소한 이 가격 이상으로는 입찰해야 한다고 법원에서 정한 가격입니다. 해당 부동산이 낙찰되지 않아(유찰) 다시 경매로 나오면 최저매각가격은 20~30%가 깎입니다.

❻ **입찰방법**: 일정 기간을 정해 놓고 하는 기간입찰과 특정한 날짜를 정해 놓고 하는 기일입찰이 있습니다. 경매는 기일입찰만 한다고 생각해도 무방합니다.

❼ **매각기일**: 해당 경매물건에 관한 경매가 진행되는 날과 시간 그리고 장소를 확인할 수 있습니다.

❽ **물건비고**: 경매물건에 대한 특별한 사항이 기재될 수 있으니 주의해서 보세요.

❾ **목록1 소재지**: 해당 경매물건의 주소를 확인할 수 있습니다.

❿ **담당**: 해당 경매물건의 매각을 진행하는 법원, 경매계를 확인할 수 있습니다. 해당 경매와 관련해서 궁금한 점이 있으면 언제든지 담당 경매계에 연락해 보세요.

⓫ **사건접수**: 해당 물건의 경매사건을 접수한 날을 확인할 수 있습니다.

⓬ **배당요구종기**: 배당요구를 할 수 있는 기한을 확인할 수 있습니다. 배당요구를 할 수 있는 선순위임차인이 이날까지 배당요구를 하지 않으면 낙찰자가 해당 임차인의 보증금을 부담해야 합니다. 그러므로 입찰 전에 선순위임차인의 배당요구 여부를 반드시 확인해 봐야 합니다.

⓭ **경매개시일**: 법원이 해당 부동산을 경매로 매각하라는 결정을 내린 날입니다.

❶ **청구금액**: 경매신청자가 법원에 돌려달라고 요구한 금액입니다. 이 금액이 적으면 채무자가 빚을 갚아 경매가 취하될 수도 있으니 꼭 확인하세요.

경매 날짜와 장소를 알 수 있는 기일내역

기일내역에서는 해당 경매물건이 인제 몇 시에 어디에서 매각되는지를 확인할 수 있습니다. 또한 입찰가격의 기준이 되는 최저매각가격과 최고가 매수신고인에 대하여 매각허가 여부를 결정하는 매각결정기일도 확인할 수 있습니다.

경매로 나온 적이 있는 부동산은 이전 기록까지 한꺼번에 확인할 수 있는데요. 기일내역은 보통 물건기본정보 바로 밑에서 확인할 수 있습니다.

🔘 기일내역				
기일	기일종류	기일장소	최저매각가격	기일결과
2022.12.19 (10:00)	매각기일	입찰법정[제101호]	900,000,000원	
2022.12.26 (14:00)	매각결정기일	입찰법정[제101호]		

경매가 진행되는 날짜, 장소, 최저매각가격, 매각결정기일, 이전 경매 기록 등을 알 수 있는 기일내역

경매물건을 요모조모 뜯어볼 수 있는 목록내역

입찰하려면 해당 경매물건 자체에 대해 좀 더 자세히 알아볼 필요가 있는데요. 이는 목록내역에서 확인할 수 있습니다. 그럼 한번 살펴볼까요?

● 목록내역

목록번호	목록구분	상세내역
1	집합건물	1동의 건물의 표시 서울특별시 강동구 성내동 ▨▨▨ ▨▨▨▨▨아파트 [도로명 주소] 서울특별시 강동구 강동대로▨▨▨ ▨▨ 철근콘크리트조 경사스라브지붕 7층 공동주택 1층 34.19㎡ 2층 286.3㎡ 3층 286.3㎡ 4층 256.91㎡ 5층 223.13㎡ 6층 174.15㎡ 7층 123.98㎡ 지층 355.27㎡ 옥탑 60.21㎡ ❶ 전유부분의 건물의 표시 　건물의 번호 : 4층402호 　구　　　　조 : 철근콘크리트조 116.33㎡ 대지권의 목적인 토지의 표시 　토 지 의 표시 : 1. 서울특별시강동구성내동▨▨▨ 　　　　　　　　 대 509㎡ ❷ 대지권의 종류 : 1. 소유권 ❸ 대지권의 비율 : 1. 509 분의 48.69

해당 경매물건의 상세내역을 확인할 수 있는 목록내역

목록내역에서는 해당 경매물건의 주소, 층수, 호수, 구조, 전유면적, 대지권의 종류, 대지권의 비율, 해당 경매물건이 속한 건물 전체의 정보 등을 확인할 수 있습니다. 위 사례에서는 ❶ 전유부분의 면적이 116.33㎡(약 35평)로 중형 평수라고 볼 수 있습니다. ❷ 대지권의 종류는 '소유권'으로 되어 있으니 낙찰자는 건물뿐만 아니라 대지지분도 소유할 수 있습니다. 대지권이 없거나 미등기된 경우에는 감정평가서를 확인해 봐야 합니다. 확인 결과 감정평가금액에 대지권에 대한 금액이 포함되지 않았다면 낙찰 후 대지의 이용에 제한이 있을 수 있습니다. ❸ 대지지분은 1동의 건물이 있는 전체 대지 509㎡(약 154평) 중에서 48.69㎡(약 14.8평)입니다[대지면적 509㎡에 대지권 비율이 509분의 48.69이므로 509㎡×(48.69÷509) = 48.69㎡]. 만약에 대지면적과 대지권 비율의 분모가 다르면 [ ] 안의 방식으로 계산해야 합니다.

복잡한 감정평가서를 요약한 감정평가요항표 요약

법원은 경매물건의 위치, 주위 환경, 교통상황, 건물의 구조, 이용 상태 등을 감안해 그것의 가치를 평가한 감정평가서를 작성하는데요. 경매 참여자는 이를 보고 해당 경매물건의 투자가치를 미리 가늠해 볼 수 있습니다. 그런데 감정평가서의 내용이 많다 보니 이를 꼼꼼하게 살펴보기가 어렵습니다. 이에 감정평가요항표 요약을 살펴보고 해당 경매물건의 가치를 가늠해 보는 것도 좋습니다.

다음 사례를 보면, ❶ 주변에 아파트, 다세대, 상업용, 근린생활시설이 섞여 있고, ❷ 가까운 곳에 시내버스 정류장과 지하철역이 있으며, ❸ 철근콘크리트 구조의 7층 건물 4층으로, ❹ 북서쪽으로 도폭 17m, 남서쪽으로 도폭 6m 포장도로에 접해 있습니다. 전체적으로 아주 좋지도, 그렇다고 아주 나쁘지도 않은 무난한 수준의 주택이라고 평가하고 있네요.

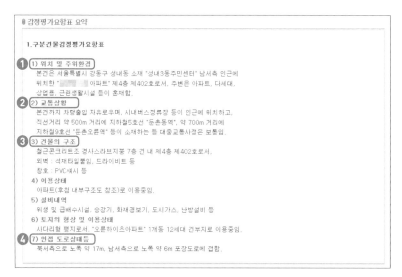

해당 경매물건의 감정평가내역을 확인할 수 있는 감정평가요항표 요약

입찰가격 정할 때 유용한 인근매각물건 사례

경매에 참여하려면 입찰가격을 미리 계산해 봐야 합니다. 그래야 높은 가격의 입찰로 비싸게 사거나 아니면 낮은 가격의 입찰로 낙찰받지 못하는 불상사를 피할 수 있기 때문입니다. 그럼 입찰가격 계산은 무엇을 근거로 하면 될까요? 해당 경매물건과 비슷한 주변 부동산의 최근 평균감정가, 평균매각가, 매각가율 등을 확인할 수 있는 인근매각물건사례를 참고하면 됩니다.

기간	매각건수	평균감정가	평균매각가	매각가율	평균유찰횟수
3개월	4건	730,250,000원	594,587,725원	82%	1.3회
6개월	6건	549,666,667원	454,706,817원	86%	1.2회
12개월	9건	764,000,000원	090,018,433원	92%	1회

● 인근매각물건사례 — 인근매각통계 / 인근매각물건 / 인근진행물건

※ 인근매각통계에서 12개월간의 매각건수는 6개월, 3개월간의 매각건수가 포함된 통계입니다.
※ 인근매각물건사례는 '서울특별시 강동구 중 아파트'를 조건으로 하는 물건을 대상으로 작성되었습니다.

현황조사서 / 감정평가서 / 사건상세조회 / 관심물건등록 / 인쇄 / < 이전

해당 부동산과 비슷한 주변 부동산이 최근 경매로 팔린 가격을 알 수 있어 입찰가격을 정할 때 유용합니다.

위 사례에서 최근 3개월 자료를 보면 해당 경매물건과 비슷한 주변 부동산은 경매로 4건이 팔렸는데, 평균감정가와 평균매각가는 12개월 전보다는 낮고 6개월 전보다는 높으나 평균감정가에 비해 실제로 매각된 가격은 82%로 12개월과 6개월 전보다 낮습니다. 이에 반해 유찰된 횟수는 1.3회로 12개월과 6개월 전보다 높습니다.

이와 같은 해당 경매물건의 인근매각물건사례를 참조해 보면 해당 경매물건의 입찰가격은 너무 높지 않게 계산해도 될 것으로 판단됩니다.

✎ **왜 경매로 부동산을 살 때는 시세 대비 20% 싸게 사야 할까?**

경매물건은 관리가 되지 않아 수리가 필요하기도 하고, 관리비가 밀려 있어 낙찰자가 체납된 관리비를 부담할 수 있습니다. 또한, 해당 부동산의 거주자를 수월하게 내보내기 위해서 부득이하게 이사비용이 추가로 들어갈 수 있고, 건물을 인도받기까지 시간이 오래 걸려 예상치 못한 비용이 추가될 수도 있습니다. 그러므로 경매를 통해 부동산을 매수할 때는 적어도 시세 대비 20% 정도 저렴하게 낙찰받는 것이 좋습니다.

경매

경매물건 권리분석도
매각물건명세서 하나면 OK!

매각물건명세서란 무엇일까?

경매물건에 입찰하고자 할 때는 그에 앞서 해당 부동산에 설정된 말소기준권리를 먼저 확인해야 합니다. 그리고 말소기준권리보다 앞에 있어 낙찰자가 부담해야 할 권리가 있는지, 또는 말소기준권리보다 뒤에 있어도 낙찰자가 떠안아야 하는 유치권, 법정지상권, 분묘기지권 등이 있는지도 잘 살펴봐야 합니다.

또한 임차인이 거주하고 있는지, 만약 거주하고 있다면 보증금은 얼마이며 전입신고나 확정일자를 받았는지 등에 대해서도 꼼꼼하게 확인해야 하는데요. 이러한 여러 가지 사실들을 한꺼번에 확인할 수 있는 것이 바로 매각물건명세서입니다.

그런데 어떤 경매물건은 검색 당시 매각물건명세서나 현황조사서 또는 감정평가서가 없을 수 있습니다. 그렇다고 유령 물건은 아니니 안심하세요. 매각물건명세서는 매각기일 1주 전부터, 현황조사서와 감정평가서는 매각기일 2주 전부터 조회할 수 있습니다. 물건내역에서 물건번호 옆의 '매각물건명세서'를 클릭하면 볼 수 있습니다.

물건내역

물건번호	1	물건용도	아파트	감정평가액 (최저매각가격)	397,000,000원 (317,600,000원)
물건비고	지분매각, 공유자우선매수1회제한, 인수대상인 구분지상권 존재.				
목록1	서울특별시 성동구 금호로 (금호동)	목록구분	집합건물	비고	미종국
물건상태	매각준비 → 매각공고				
기일정보	2022.12.12		최근입찰결과	2022.11.07 유찰

📄 : 등기기록 열람

물건내역에서 물건번호 옆의 매각물건명세서 버튼을 누릅니다.

매각물건명세서 보는 법

서 울 동 부 지 방 법 원

2021타경

매 각 물 건 명 세 서

사 건	2021타경 부동산임의경매	매각 물건번호	1	작성 일자	2022.09.26	담임법관 (사법보좌관)	김용수	
부동산 및 감정평가액 최저매각가격의 표시	별지기재와 같음	❶ 최선순위 설정	2019. 2. 13. 근저당권		❷ 배당요구종기		2022.03.28	

부동산의 점유자와 점유의 권원, 점유할 수 있는 기간, 차임 또는 보증금에 관한 관계인의 진술 및 임차인이 있는 경우 배당요구 여부와 그 일자, 전입신고일자 또는 사업자등록신청일자와 확정일자의 유무와 그 일자

❸ 점유자 성 명	점유 부분	정보출처 구 분	점유의 권 원	임대차기간 (점유기간)	보 증 금	차 임	전입신고 일자, 사업자등록 신청일자	확정일자	배당 요구여부 (배당요구일자)
최	1207호.	현황조사	주거 임차인	미상	미상	미상	2016.06.02	미상	미상

❹ 〈비고〉

※ 최선순위 설정일자보다 대항요건을 먼저 갖춘 주택·상가건물 임차인의 임차보증금은 매수인에게 인수되는 경우가 발생 할 수 있고, 대항력과 우선변제권이 있는 주택·상가건물 임차인이 배당요구를 하였으나 보증금 전액에 관하여 배당을 받지 아니한 경우에는 배당받지 못한 잔액이 매수인에게 인수되게 됨을 주의하시기 바랍니다.

등기된 부동산에 관한 권리 또는 가처분으로 매각으로 그 효력이 소멸되지 아니하는 것

토지등기부 을구 1번 ~ 45번 구분지상권설정등기(2017년 3월13일)는 말소되지 않고 매수인이 인수함

매각에 따라 설정된 것으로 보는 지상권의 개요

비고란

지분매각. 공유자우선매수1회제한, 인수대상인 구분지상권 존재.

주1 : 매각목적물에서 제외되는 미등기건물 등이 있을 경우에는 그 취지를 명확히 기재한다.
  2 : 매각으로 소멸되는 가등기담보권, 가압류, 전세권의 등기일자가 최선순위 저당권등기일자보다 빠른 경우에는 그 등기일자를 기재한다.

경매물건에 설정된 각종 권리관계를 정리해 놓은 매각물건명세서

그럼 매각물건명세서를 한번 살펴볼까요?

❶ 최선순위 설정: 경매물건에 설정된 권리 중에서 가장 먼저 설정된 권리와 그 날짜를 확인할 수 있습니다. 이 사례에서 가장 먼저 근저당권이 설정된 날은 2019년 2월 13일입니다. 이 근저당권이 바로 말소기준권리입니다. 이 근저당권보다 앞에 있는 권리는 말소되지 않아 낙찰자가 떠안아야 하고 이 근저당권보다 뒤에 있는 권리는 말소됩니다.

❷ 배당요구종기: 배당신청을 해야만 배당을 받을 수 있는 채권자가 있다면 언제까지 배당신청을 하라고 법원이 정한 기한입니다. 만약에 말소기준권리보다 앞에 있는 선순위임차인이 있다면 해당 임차인이 배당요구종기까지 배당요구를 했는지 반드시 확인해야 합니다.

❸ 점유자 정보: 해당 경매물건에 거주하고 있는 점유자에 관한 정보를 확인할 수 있습니다. 앞의 사례에서 해당 경매물건의 거주자는 최○○로 해당 불건 1207호 전체를 임차인 자격으로 점유하고 있으며 2016년 6월 2일에 전입신고를 했네요. 그러나 임대차 기간, 보증금, 차임, 확정일자 부여 여부는 집행관의 현황조사에도 불구하고 확인되지 않았습니다.

임차인 최○○의 전입신고일(2016년 6월 2일)이 말소기준권리 설정일(2019년 2월 13일)보다 빠르므로 임차인 최○○는 선순위임차인입니다. 그리고 해당 경매물건의 낙찰자는 임차인 최○○가 배당요구종기까지 배당요구를 하지 않으면 최○○의 보증금을 떠안아야 합니다. 그런데 떠안아야 할 임차인 최○○의 보증금이 확인되지 않은 상황이니 매우 주의해야 합니다.

❹ 비고란: 경매에 참여하는 사람들에게 선순위임차인이 있을 수 있으니 이에 대해서 주의하라는 경고문구가 있는데요. 선순위임차인은 권리분석 시 반드시 확인해 봐야 하는 대상입니다.

✎ **배당요구를 해야 할 사람은 누구?**

경매신청 채권자, 배당요구종기일 이전까지 경매신청을 한 이중경매신청 채권자, 경매개시결정등기 전에 등기한 가압류권자·(근)저당권자·담보가등기권자·후순위전세권자 등은 법원에 배당요구를 하지 않아도 배당을 받을 수 있습니다. 그러나 집행력 있는 정본을 가진 채권자, 최우선변제권자(소액임차인), 대항력 있는 우선변제권자(임차인), 경매개시결정등기 이후 등기된 가압류권자·(근)저당권자·전세권자·임차권자·담보가등기권자 등은 법원에 배당요구를 해야만 배당받을 수 있습니다.

031

경매

경매물건에
지금 누가 살고 있나요?

일반매매의 경우에는 거래가 성사되면 해당 부동산의 거주자는 순순히 이사를 나가는데요. 경매에서는 순순히 이사를 나가지 않는 경우가 있습니다. 이유는 손해를 본 채 이사를 나가야 하기 때문인데요. 그러므로 입찰 전에 반드시 현황조사서를 확인하여 해당 경매물건의 거주자가 누구인지, 거주자가 임차인이라면 보증금이나 차임은 얼마인지, 전입신고나 확정일자는 받았는지, 보증금 전부를 배당받을 수 있는지, 낙찰자가 부담해야 할 부담은 없는지 등을 확인해야 합니다.

현황조사서는 사건기본내역 아래에 있는 '현황조사서'를 클릭하면 볼 수 있습니다.

그럼, 한번 살펴볼까요?

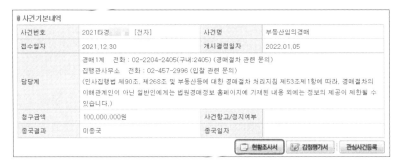

사건기본내역 아래에 있는 현황조사서 버튼을 누릅니다.

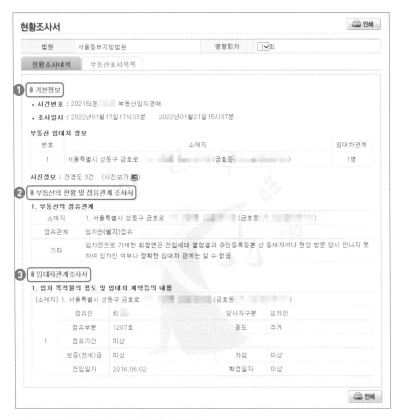

해당 부동산을 누가 점유하고 있는지 알 수 있는 현황조사서

이 현황조사서에서 ❶ 기본정보, ❷ 부동산의 현황 및 점유관계 조사서, ❸ 임대차관계조사서를 살펴보니 현재 해당 경매물건에 대한 현황조사는 2022년 1월 17일 17시 33분과 2022년 1월 21일 15시 37분 두 번에 걸쳐 이루어졌습니다. 그러나 집행관은 임차인 최○○를 직접 만나지 못해 점유 기간, 보증금, 차임, 확정일자 부여 여부 등은 확인하지 못하고 오직 동주민센터에 신고된 임차인의 이름과 전입일자만 확인하였습니다. 해당 경매물건은 점유자인 임차인에 관한 정보가 너무 부족하므로 입찰 전에 직접 현장 답사를 하여 꼼꼼히 조사해야겠네요. 그리고 조사 결과 낙찰자기 부담해야 할 부분이 크다면 입찰을 포기하는 것이 좋습니다.

032

경매
감정평가서로 경매물건의 가치를 따져 보자!

'대한민국법원 법원경매정보'에서 원하는 부동산을 찾았다면 감정평가서를 살펴보고 해당 부동산의 투자가치를 확인해 봐야 합니다.

감정평가서에는 해당 부동산의 감정가격을 결정한 근거나 이유가 기재되어 있는데, 그 근거나 이유가 자신의 투자 목적과 맞지 않다면 투자가치가 떨어질 것입니다. 감정평가서는 '사건기본내역' 아래의 '감정평가서'를 클릭하면 볼 수 있습니다.

● 사건기본내역			
사건번호	2021타경 [전자]	사건명	부동산임의경매
접수일자	2021.12.30	개시결정일자	2022.01.05
담당계	경매1계 전화 : 02-2204-2405(구내 : 2405) (경매절차 관련 문의) 집행관사무소 전화 : 02-457-2996 (입찰 관련 문의) (민사집행법 제90조, 제268조 및 부동산등에 대한 경매절차 처리지침 제53조제1항에 따라, 경매절차의 이해관계인이 아닌 일반인에게는 법원경매정보 홈페이지에 기재된 내용 외에는 정보의 제공이 제한될 수 있습니다.)		
청구금액	100,000,000원	사건항고/정지여부	
종국결과	미종국	종국일자	

🗋 현황조사서   📝 감정평가서   관심사건등록

사건기본내역 아래의 감정평가서 버튼을 누르면 감정평가서를 확인할 수 있습니다.

감정평가법인에 따라 감정평가서 형식은 조금씩 다를 수 있습니다. 그러나 표지, 감정평가표, 감정평가액의 산출근거 및 결정의견, 감정평가명세표, 감정평가요항표, 위치도, 내부구조도, 사진용지 등으로 구성되어 있다는 점은 같습니다.

감정평가표

감정평가표에서는 해당 경매물건을 감정평가한 날이 인제인지, 감정가액은 얼마인지를 잘 확인해야 합니다. 다음 사례에서 해당 경매물건에 대한 조사기간은 2022년 7월 4일에서 2022년 7월 5일까지이나 해당 경매물건을 감정평가한 날은 기준시점인 2022년 7월 5일입니다. 감정평가액은 37억 8천만 원이고요.

감정평가한 날(2022년 7월 5일)과 매각기일(2022년 12월 10일) 간에 4개월 정도나 차이가 나는 만큼 그동안 해당 경매물건의 시세 변동이 심했을 것으로 예상됩니다. 그러므로 매각기일 기준으로 다시금 해당 경매물건의 시세를 조사해 봐야 합니다.

(구분건물)감정평가표

본인은 감정평가에 관한 법규를 준수하고 감정평가이론에 따라 성실하고 공정하게 이 감정평가서를 작성하였기에 서명날인합니다.

감 정 평 가 사   (인)
고 진 성

(주)퍼스트감정평가법인 대표이사 이동재   (서명또는인)

감정평가액	삼십칠억칠천팔백만원정(₩3,780,000,000.-)					
의 뢰 인	서울중앙지방법원 사법보좌관 김우학	감정평가 목 적		법원경매		
제 출 처	서울중앙지방법원 경매2계	기준가치		시장가치		
소 유 자 (대상업체명)	유◯◯ (2022타경◯◯◯)	감정평가 조 건		–		
목록표시 근 거	귀 제시목록	기준시점	조 사 기 간		작 성 일	
기 타 참고사항	–	2022.07.05	2022.07.04 ~ 2022.07.05		2022.07.05	

	공부(公簿)(의뢰)		사 정		감 정 평 가 액	
	종 류	면적(㎡) 또는 수량	종 류	면적(㎡) 또는 수량	단 가	금 액
감정평가내용	구분건물	1세대	구분건물	1세대	–	3,780,000,000
		이	하	여	백	
				감정평가표에서는 감정평가를 한 날과 감정가액을 잘 봐야 합니다.		
	합 계					₩3,780,000,000

심사확인	본인은 이 감정평가서에 제시된 자료를 기준으로 성실하고 공정하게 심사한 결과 이 감정평가 내용이 타당하다고 인정하므로 이에 서명날인합니다. 심 사 자 : 감 정 평 가 사 (인)

감정평가를 한 경매물건의 기본 정보와 감정가액을 한 장으로 정리한 감정평가표

감정평가액의 산출 및 결정 의견

해당 경매물건의 감정평가액을 정한 근거와 의견을 설명하고 있습니다. 일반적인 내용이므로 좀 더 자세한 의견을 보려면 감정평가요항표를 참고 하세요.

감정평가액의 산출 및 결정 의견

Ⅰ. 감정평가방법

1. 감정평가의 대상 및 목적

   본건은 서울특별시 서초구 반포동 소재 "████초등학교" 북동측 인근에 위치하는 건물 [건물명: ██████████ 제███동, 「집합건축물의 소유 및 관리에 관한 법률」에 따른 구분소유권의 대상이 되는 건물부분과 그 대지사용권(이하 "구분건물"이라 한다.)] 내 제14층 제1404호로서, 본 감정평가는 서울중앙지방법원에서 의뢰한 경매 목적의 감정평 가임.

2. 기준가치

   본 감정평가는 「감정평가 및 감정평가사에 관한 법률」, 「감정평가에 관한 규칙」 제5 조 제1항의 "시장가치"를 기준으로 평가하되, 감정평가목적을 고려하여 감정평가액을 결정하였음.

3. 기준시점

   본건 기준시점은 「감정평가에 관한 규칙」 제9조 제2항에 따라 가격조사완료일인 2022년 08월 31일로 하였음.

4. 실지조사기간

   「감정평가에 관한 규칙」 제10조에 따른 실지조사기간은 2022년 08월 29일부터 2022 년 08월 31일임.

감정가액을 산출한 근거와 해당 업체의 의견을 정리한 감정평가액의 산출 및 결정 의견

감정평가명세표

감정평가명세표에서는 토지의 감정평가액은 얼마인지, 건물의 감정평가액은 얼마인지 확인해야 합니다.

대지권이 등기사항전부증명서에는 등기되어 있지는 않았으나 감정평가명세표에 대지지분이 표시되어 있고 이에 대한 감정평가금액이 기재되어 있다면 해당 동산은 대지권이 있는 것입니다. 또한, 아파트이 대지지분은 3~5평 정도가 가장 일반적인데요. 낙찰받는 목적이 재건축이나 재개발을 바란 것이라면 가능한 대지지분이 큰 것이 좋습니다. 아래 사례의 대지지분은 36.87㎡(약 11.17평)이므로 매우 크다고 볼 수 있습니다.

구분건물감정평가명세표

일련번호	소재지	지번	지 목 및 용 도	용도지역 및 구 조	면 적 (㎡)		감정평가액	비 고
					공 부	사 정		
가				(내) 철근콘크리트구조 제14층 제1404호	84.98	84.98	4,200,000,000	비준가액 (공용면적 포함)
				1.소유권 68,841.5x----- 대지권	36.87 68,841.5	36.87		
				감정평가명세표에서는 대지지분을 눈여겨보세요.		토지·건물 토 지 : 건 물 : 백	배분내역 2,940,000,000 1,260,000,000 ₩4,200,000,000.-	
	합 계							

감정가액을 토지가격과 건물가격으로 나눠 자세히 정리한 감정평가명세표

감정평가요항표

위치 및 주위환경, 교통상황, 건물의 구조, 이용상태, 설비내역, 토지의 형상 및 이용상태, 인접 도로 상태, 토지이용계획 및 제한 상태 등 해당 경매물건에 대한 자세한 정보를 확인할 수 있습니다. 감정평가요항표를 잘 살펴보면 해당 경매물건의 투자가치를 엿볼 수도 있습니다.

구분건물 감정평가요항표

Page : 1

(1) 위치 및 주위환경   (2) 교통상황   (3) 건물의 구조   (4) 이용상태
(5) 설비내역   (6) 토지의 형상 및 이용상태   (7) 인접 도로상태 등
(8) 토지이용계획 및 제한상태   (9) 공부와의 차이   (10) 기타참고사항(임대관계 및 기타)

(1) 위치 및 주위환경

본건은 서울특별시 서초구 반포동 소재 "반포초등학교" 북동측 인근에 위치하며 주위는 대단위 아파트단지, 근린생활시설, 학교 등이 혼재하는 지역임.

(2) 교통상황

본건까지 차량접근이 가능하고 인근에 버스정류장 및 지하철역(7호선:신반포역)이 소재하는 등 제반 대중교통여건은 양호함.

(3) 건물의 구조

철근콘크리트구조 (철근)콘크리트지붕 26층 건물 내 제14층 제1404호로서,

외벽 : 화강석붙임 및 시멘트몰탈위 페인팅 등 마감,
내벽 : 벽지도배 및 타일붙임 등 마감,
창호 : 샷시 창호 등임.

(4) 이용상태

아파트로 이용중임.

(5) 설비내역

위생 및 급배수설비, 승강기설비, 화재탐지설비, 소방설비 등이 구비되어 있음.

위치나 교통, 주위환경, 공법상 제한사항 등 감정가액을 산출할 때 참고한 항목을 정리한 감정평가요항표

위치도

현장조사에 앞서 광역위치도와 상세위치도를 보고 해당 경매물건 주변에 고속도로 IC, 지하철역, 대형할인점, 공원, 호수 등이 있는지 확인해 봐야 합니다. 또한, 장례식장, 화장장, 쓰레기매립장 등 혐오시설이 있는지도살펴봐야 합니다.

해당 부동산의 위치를 지도로 알려주는 위치도

내부구조도

내부구조도를 보면 해당 경매물건이 생활하기에 편리한 구조인지, 거실과 방의 창문 방향은 어느 쪽인지 등을 확인할 수 있습니다.

건물의 구조를 대략 알 수 있는 내부구조도

사진용지

현장에 가지 않고도 해당 경매물건의 실제 외관, 공동현관, 현관, 주위 환경 등을 확인할 수 있습니다.

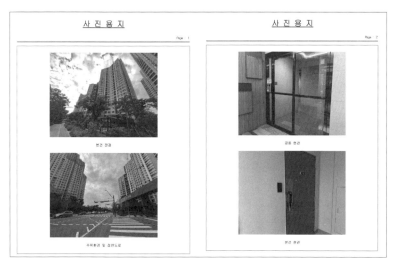

건물의 외관이나 주변 상황을 실사 이미지로 볼 수 있는 사진용지

감정평가서는 감정평가법인에 따라 평가 기준이나 평가 근거, 제공하는 정보 등이 조금씩 다를 수 있습니다. 따라서 감정평가서만 보고 입찰 여부를 결정짓지 말고 직접 현장답사를 해보세요.

제시 외 물건

감정평가사가 현장에서 발견한 물건으로 경매신청서에는 매각 목적물로 기재되어
있지는 않았지만, 감정을 하고 그 감정가격을 감정평가서에 기재한 물건을 '제시 외
물건'이라고 합니다. 만약에 법원이 '제시 외 물건'을 매각 목적물로 판단하고 감정평
가액 및 최저매각가격에 포함하여 경매를 진행하였다면 낙찰자가 소유하게 됩니다.
하지만 '제시 외 물건'이 감정평가서에서 제외되었거나 감정평가액에 포함이 되었더
라도 최저매각가격에 포함되지 않았다면 낙찰자는 감정평가액의 범위 내에서 '제시
외 물건'의 소유자와 합의하여 해당 물건을 인수해야 합니다. 만약에 그 합의가 원만
하지 않을 때는 명도소송도 고려해 봐야 합니다.

그리고 매각물건과 별도로 건축되어 독립된 재산으로서 공법상 요건을 갖추고 있을
때는 '법정지상권' 문제가 발생할 수 있으니 '제시 외 물건'은 매우 주의해야 합니다.

033

공매

온비드에서 공매물건 쉽게 찾는 6가지 방법

공매로 자신이 원하는 부동산을 매수하려면 온비드 사이트에 나와 있는지 확인해야 하는데요. 온비드에서 내게 딱 맞는 물건을 쉽게 찾는 방법에 대해서 알아보겠습니다.

온비드의 메인 화면에는 여러 조건으로 물건을 찾을 수 있는 검색 메뉴가 마련되어 있습니다.

부동산

온비드 메인 화면 상단의 '부동산'을 선택하면 화면 왼쪽에 '부동산 HOME', '물건', '공고', '테마물건', '입찰결과' 메뉴가 보이는데요. 하나씩 살펴볼까요?

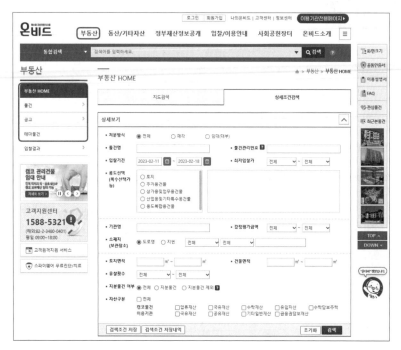

'부동산' 메뉴에서는 다양한 물건을 검색할 수 있습니다.

- **부동산 HOME**: 지도나 상세조건으로 공매물건을 검색할 수 있습니다.

- **물건→ 물건검색**: 현재 입찰 중인 부동산과 현재부터 7일 이내에 입찰이 시작되는 부동산을 '상세조건검색'을 이용하여 감정금액, 최저입찰가, 토지면적, 입찰 일자 등으로 더 상세히 검색할 수 있습니다.

- **물건→ 신규물건**: 최근 2주 동안 신규로 등록된 부동산을 검색할 수 있습니다.

- **물건→ 캠코 국유재산 전용관**: 국가 소유 재산 중 한국자산관리공사(캠코)가 관리·처분을 위탁받은 부동산을 검색할 수 있습니다.

- **물건→ 캠코 압류재산 전용관**: 국세, 지방세, 공과금의 체납으로 압류된 재산 중 세무서의 위탁으로 한국자산관리공사가 매각을 대행하는 부동산을 검색할 수 있습니다.

- **물건→ 캠코 수탁·유입자산 전용관**: 금융기관 및 기업(구조개선기업, 공기업 등)으로부터 한국자산관리공사가 매각을 위탁받은 부동산과 한국자산관리공사 명의로 유입 또는 매입한 부동산을 검색할 수 있습니다.

- **물건→ 수의계약가능물건**: 경쟁입찰에 의하지 않고, 매각기관이 매수신청자와 계약을 체결할 수 있는 부동산을 검색할 수 있습니다.

- **물건→ 공공기관 임대물건**: 공공기관이 임대하려는 부동산을 재산 종류별로 검색할 수 있습니다. 공공기관이 한국자산관리공사에 공공기관 임대물건의 집행을 의뢰하는 것은 아니며 공공기관이 직접 물건의 집행을 하기 위하여 단지 온비드를 활용하는 것뿐입니다.

- **물건→ 기관별 전용관**: 공공기관이 매각하거나 임대하려는 부동산을 공공기관별로 검색할 수 있습니다. 공공기관이 한국자산관리공사에 물건의 집행을 의뢰하는 것은 아니며 공공기관이 직접 물건의 집행을 하기 위하여 단지 온비드를 활용하는 것뿐입니다.

- **물건→ 신탁사 전용관**: 신탁사가 온비드를 통해 매각하는 부동산을 검색할 수 있습니다. 신탁사가 한국자산관리공사에 물건의 집행을 의뢰하는 것은 아니며 신탁사가 직접 물건의 집행을 하기 위하여 단지 온비드를 활용하는 것뿐입니다.

- **공고→ 공고목록**: 온비드에서 진행하는 금일 이후의 모든 공매공고를 검색할 수 있습니다.

- **공고→ 신규공고**: 최근 일주일간 신규로 등록된 공고를 확인할 수 있습니다.

- **공고→ 캠코 압류재산**: 한국자산관리공사의 압류재산 공매공고를 확인할 수 있습니다.

- **공고→캠코 국유재산**: 한국자산관리공사의 국유재산 공매공고를 확인할 수 있습니다.
- **공고→공공기관 임대물건**: 공공기관이 세를 놓은 물건에 대한 세부적인 입찰 정보를 확인할 수 있습니다. 각 기관이 자체적으로 입찰을 진행하는 공고는 해당 기관의 입찰 공고 사이트에서 확인할 수 있습니다.
- **공고→기관별 전용관**: 공공기관 물건에 대한 세부적인 입찰 정보를 확인할 수 있습니다.
- **테마물건**: '관심물건 BEST 20', '클릭랭킹 TOP 20', '관심지역 BEST 20', '50% 체감물건'과 같은 주제별로 부동산을 검색할 수 있습니다.

용도별 검색

온비드 메인 화면 중앙에 '용도별 검색' 메뉴가 있는데요. 여기에서 '부동산'을 선택하면 현재 입찰 중인 부동산과 현재부터 7일 이내에 입찰이 시작되는 부동산을 검색할 수 있습니다.

입찰 중·입찰 예정·수의계약 부동산을 빠르게 검색할 수 있는 '용도별 검색'

'부동산 수의계약'을 선택하면 경쟁 입찰에 참여하지 않고, 매각기관이 매수신청자와 계약을 체결할 수 있는 부동산을 검색할 수 있습니다.

지역별 검색

온비드 메인 화면 중앙에 '지역별 검색'이 있는데요. 여기를 선택하면 지역별로 부동산을 검색할 수 있습니다.

지역별로 부동산을 검색할 수 있는 '지역별 검색'

한국자산관리공사

온비드 메인 화면 중앙에 '한국자산관리공사(캠코)'로 들어가서 '국유재산'을 선택하면 국가 소유 재산 중 한국자산관리공사가 관리·처분을 위탁받은 부동산을 검색할 수 있습니다.

'압류재산'을 선택하면 국세, 지방세, 공과금의 체납으로 압류된 재산 중 세무서의 위탁으로 한국자산관리공사가 매각을 대행하는 부동산을 검색할 수 있습니다.

국유재산, 압류재산, 수탁·유입자산을 빠르게 검색할 수 있는 '한국자산관리공사(캠코)'

'수탁·유입자산'을 선택하면 금융기관 및 기업(구조개선기업, 공기업 등)으로부터 한국자산관리공사가 매각을 위탁받은 부동산과 한국자산관리공사 명의로 유입 또는 매입한 부동산을 검색할 수 있습니다.

공공기관 임대물건

온비드 메인 화면 중앙에 '공공기관 임대물건'이 있는데요. 여기를 선택하면 공공기관이 임대하고자 하는 부동산에 관한 세부정보를 확인할 수 있습니다.

공공기관이 임대하고자 하는 부동산만 빠르게 검색할 수 있는 '공공기관 임대물건'

기관별 전용관

온비드 메인 화면 중앙에 '기관별 전용관'을 선택하면 경상북도개발공사, 국방시설본부, 서울교통공사, 서울시설공단, 서울주택도시공사, 부산교통공사, 부산시설공단, 한국공항공사, 한국전력공사, 한국철도공사 등 공공기관들이 매각 또는 임대하고자 하는 부동산에 관한 세부정보를 확인할 수 있습니다.

공공기관이 처분하고자 하는 물건을 빠르게 검색할 수 있는 '기관별 전용관'

034

공매

공매물건, '물건정보'로 꼼꼼히 살펴보자!

온비드 홈페이지 상단 왼쪽의 '부동산' → '물건'에서 관심 있는 물건의 종류를 선택하면 종류별 여러 개의 공매물건을 볼 수 있는데요. 이때 관심이 가는 부동산의 물건번호를 클릭하면 해당 물건에 대한 '물건정보' 페이지를 볼 수 있습니다.

그럼 '물건정보'에는 해당 부동산에 관한 어떠한 정보들이 담겨 있는지 한번 살펴볼까요?

❶ **물건관리번호**: 물건정보에 표기된 일련번호를 말하는 것으로, 검색했던 공매재산을 재검색할 때 사용하면 빠르게 해당 물건을 찾을 수 있습니다. 예를 들어 물건관리번호가 '2022 – 06689 – 01'인 압류재산이라면 '2022'는 해당 물건이 한국자산관리공사에 매각 의뢰된 연도를 의미하고요. '06689'는 공매 의뢰된 물건에 임의대로 부여되는 사건번호입니다. 그리고 01은 '06689'라는 공매 사건과 관련된 재산의 목록번호를 의미합니다. 만약에 '06689'라는 공매 사건과 관련된 재산이 추가로 있다면 그 공매재산의 물건관리번호는 '2022 – 06689 – 02'가 됩니다.

❷ **물건상태**: 공매재산에 대한 입찰을 준비하고 있는 것인지 아니면 입찰을 진행하고

물건상세

f 🐦 ✉ 🖨인쇄

| 물건정보 | 입찰이력 | | 해당공고 보기 | 해당공고물건 보기 |

❶ 물건관리번호 : 2022-▓▓▓▓-001   **❷** 물건상태 : 인터넷입찰진행중   **❸** 공고일자 : 2022-11-23   조회수 : 224

[주거용건물 / 기타주거용건물]

❹ 경기도 광주시 오포읍 신현동 ▓▓▓▓▓▓▓▓▓

| 일반공고 | 매각 | 인터넷 | 압류재산(캠코) | 일반경쟁 | 최고가방식 | 총액 |

❽ 처분방식 / 자산구분	매각 / 압류재산(캠코)
❾ 용도	기타주거용건물
❿ 면적	대 81.2724㎡, 건물 71.21㎡
⓫ 감정평가금액	302,000,000원
⓬ 입찰방식	일반경쟁(최고가방식) / 총액
⓭ 입찰기간 (회차/차수)	2023-02-13 10:00 ~ 2023-02-15 17:00 (006/001)
⓮ 유찰횟수	2 회
⓯ 배분요구종기	2022-11-14
⓰ 최초공고일자	2022-10-19
⓱ 공매대행의뢰기관	금천세무서
⓲ 집행기관	한국자산관리공사
⓳ 담당자정보	서울동부지역본부 / 조세정리1팀 / 1588-5321

❺ [📷 사진] [📷 360°] [📷 동영상] [🗺 지도]
[📐 지적도] [📍 위치도] [📄 감정평가서]

❻ [입찰유형]
☐ 전자보증서가능   ☑ 공동입찰가능
☑ 2회 이상 입찰가능   ☑ 대리입찰가능
☐ 2인 미만 유찰여부   ☑ 차순위 매수신청가능

❼ ※ 공매재산명세서는 입찰시작 7일 전부터 입찰마감 전까지 입찰정보 탭에서 확인할 수 있습니다.

⓴ 최저입찰가(예정금액)   **241,600,000**원

㉑ 관심물건 등록   **㉒** 입찰

있는 것인지를 확인할 수 있습니다.

❸ 공고일자: 해당 공매재산의 매각공고일입니다.

❹ 주소: 해당 공매재산의 소재지를 확인할 수 있습니다.

❺ 사진, 동영상, 지도, 지적도, 위치도, 감정평가서 등: 현장답사 전에 해당 공매재산의 모습이나 위치 등을 확인할 수 있는데요. 특히 감정평가서를 통해 해당 공매재산의 가치와 가치평가 이유를 확인할 수 있습니다. 여기에서 해당 공매재산의 투자가치를 미

리 가늠해 볼 수 있으므로 현장답사 전에 반드시 꼼꼼하게 확인해 봐야 할 부분입니다.

❻ **입찰유형**: 공매보증을 보증금 납부계좌로 입금하는 대신 보증보험증권을 제공해도 되는지, 여러 명이 공동으로 입찰해도 되는지, 해당 물건에 2회 이상 입찰해도 되는지, 대리인이 입찰해도 되는지, 한 명만 단독으로 입찰해도 유효한 걸로 인정받을 수 있는지, '차순위매수신청'이 가능한지를 확인할 수 있습니다. 입찰 시 실수하지 않으려면 이 부분도 확실하게 살펴봐야 합니다

❼ **공매재산명세서 확인 가능일**: 공매재산명세서는 압류재산인 경우에만 제공되는 것으로 입찰 시작 7일 전부터 입찰 마감 전까지 '입찰 정보' 탭에서 확인할 수 있습니다.

❽ **처분방식/자산구분**: 공매재산을 빌려주는 임대인지 아니면 파는 매각인지, 공매재산의 종류가 국유재산인지, 수탁재산인지, 유입자산인지, 압류재산인지 등을 확인할 수 있습니다.

❾ **용도**: 주거용건물, 도시형생활주택, 다세대주택, 근린생활시설, 업무시설, 대지, 전, 임야 등 해당 공매재산의 쓰임새를 확인할 수 있습니다.

❿ **면적**: 공매물건의 토지와 건물 면적을 확인할 수 있습니다.

⓫ **감정평가금액**: 감정평가법인에서 감정평가한 해당 공매물건의 가격입니다. 일반적으로는 감정평가금액이 최저입찰가가 되는데요. 간혹 감정평가금액보다 최저입찰가가 높기도 합니다.

⓬ **입찰방식**: 모든 사람이 경쟁입찰을 하도록 하는 '일반경쟁'인지, 지명받은 자만 경쟁입찰을 하도록 하는 '지명경쟁'인지, 일정한 자격요건을 갖춘 자만 경쟁입찰을 하도록 하는 '제한경쟁'인지를 확인할 수 있습니다. 또한, 가장 낮은 가격을 제시한 자가 낙찰받는 '최저가 방식'인지, 가장 높은 가격을 제시한 자가 낙찰받는 '최고가 방식'인지를 확인할 수 있습니다. 그리고 부동산의 경우 물건의 단가를 제시하는 방식인지, 총액을 제시하는 방식인지를 확인할 수 있습니다.

⓭ **입찰기간(회차/차수)**: 회차란, 1년간 공매공고가 가능한 횟수를 의미하는데요. 예를 들어 압류재산의 경우 매주 월요일부터 수요일까지가 입찰 기간입니다. 2023년은 총 53주가 있는데, 만약 월요일이나 화요일, 수요일이 연속으로 공휴일이어서 입찰을 할 수 없는 한 주가 있다면 해당 압류재산이 2023년 말까지 낙찰되지 않는다고 가정했을 때 해당 물건에 관한 공매공고는 2023년 동안 총 52번까지 할 수 있습니다. 차수란, 1회차 안에서의 입찰기간 수를 의미하는데요. 예를 들면 압류재산의 경우 일반적으로 월요일부터 수요일까지를 하나의 입찰기간으로 정하기 때문에 압류재산의 차수는 통상 01입니다.

⓮ **유찰횟수**: 현재까지 해당 공매재산을 매수하겠다는 사람이 없어 매각되지 못한 횟수를 말합니다.

⓯ **배분요구종기**: 받을 돈을 달라고 요구할 수 있는 기한을 말하는 것으로, 배분(배당)요구를 해야만 배분(배당)받을 수 있는 자는 이 기한까지 반드시 배분(배당)요구를 해야 합니다.

⓰ **최초공고일자**: 해당 공매재산이 온비드에 맨 처음 공고된 날입니다.

⓱ **공매대행의뢰기관**: 압류재산이나 수탁재산은 한국자산관리공사에 매각을 의뢰하는데요. 그 매각을 의뢰한 기관을 확인할 수 있습니다.

⓲ **집행기관**: 공매를 집행하는 기관을 확인할 수 있습니다. 압류재산이나 수탁재산은 한국자산관리공사가 공매를 진행하지만 '공공기관 임대물건', '기관별 전용관', '신탁사 전용관' 물건은 해당 기관이나 신탁사가 공매를 진행합니다.

⓳ **담당자정보**: 공매재산과 관련하여 궁금한 점이 있다면 여기에 기재된 담당자에게 연락해야 정확하고 빠른 서비스를 받을 수 있습니다.

⓴ **최저입찰가(예정금액)**: 여기에 제시된 가격 이상으로 가장 높은 입찰가격을 제시해야 공매재산을 낙찰받을 수 있습니다.

❷❶ **관심물건 등록**: 지금 당장 입찰할 것은 아니지만 관심물건으로 등록해 놓으면 나중에 다시 찾아보기가 편리합니다.

❷❷ **입찰**: 해당 공매재산을 낙찰받고 싶다면 입찰 버튼을 누르세요.

토막상식

✎ **배분요구의 종기까지 배분요구를 해야만 배분받을 수 있는 채권 등**

공매공고의 등기(등록) 전까지 등기(등록)되지 아니한 압류재산과 관계되는 체납액, 교부청구를 받은 체납액·지방세·공과금, 압류재산과 관계되는 전세권·질권·저당권 또는 가등기담보권에 의하여 담보된 채권, 「주택임대차보호법」 또는 「상가건물임대차보호법」에 따라 우선변제권이 있는 임차보증금 반환채권, 「근로기준법」 또는 「근로자퇴직급여 보장법」에 따라 우선변제권이 있는 임금, 퇴직금, 재해보상금 및 그 밖에 근로관계로 인한 채권, 압류재산과 관계되는 가압류채권, 집행문이 있는 판결정본에 의한 채권은 배분요구의 종기까지 배분요구를 해야 합니다.

물건정보를 살펴보고 해당 공매재산에 대해서 좀 더 알고 싶다면 온비드의 '물건정보' 하단에 있는 '물건 세부정보', '압류재산 정보', '입찰정보', '시세 및 낙찰 통계', '주변정보', '부가정보'를 잘 살펴보세요.

물건 세부정보

❶ **면적정보**: 여기에서는 해당 공매재산의 토지와 건물의 면적을 다시 확인할 수 있어요. 추가로 해당 건물의 총대지면적과 그에 비례한 지분 등도 확인할 수 있습니다.

❷ **위치 및 이용현황**: 해당 공매재산의 소재지를 다시 확인할 수 있고요. 추가로 위치 및 부근현황, 이용현황, 기타사항 등을 확인할 수 있습니다. 여기에 기재된 사항도 주의 깊게 살펴보세요. 대략적이나마 해당 공매재산의 가치를 가늠해 볼 수 있으니까요.

❸ **감정평가정보**: 감정평가를 한 날과 평가금액을 확인할 수 있고 감정평가서를 내려받을 수도 있습니다. 감정평가서는 아무리 바쁘더라도 반드시 읽어봐야 합니다. 그래야 해당 가격으로 감정평가를 한 이유나 근거를 알 수 있고, 이것을 알아야 해당 공매물건의 가치를 정확하게 판단할 수 있기 때문입니다.

| 물건 세부 정보 | 압류재산 정보 | 입찰 정보 | 시세 및 낙찰 통계 | 주변정보 | 부가정보 |

❶ 면적 정보

번호	종별(지목)	면적	지분	비고
1	토지 > 대	81.2724㎡	-	지분(총면적 656)
2	건물 > 건물	71.21㎡	-	-

❷ 위치 및 이용현황

소재지	지번	경기도 광주시 오포1동 신현동 ▨▨▨ ▨▨▨ ▨▨▨ 제202호
	도로명	

위치 및 부근현황	본건은 광주시 신현동 소재 오포실내배드민턴체육관 남서측 인근에 위치하며, 주위는 다세대주택지대, 전원주택지대, 근린생활시설 등이 혼재하는 지역으로,
이용현황	본건은 다세대주택(방3, 거실, 주방/식당, 드레스룸, 욕실2, 현관, 발코니)임.
기타사항	본건은 광주시 오포읍 신현리 ▨ 외 1필지에서 광주시 신현동 ▨ 외 1필지로 행정구역명칭이 변경됨.

❸ 감정평가정보

감정평가기관	평가일	평가금액(원)	감정평가서
한얼감정평가사사무소	2022-09-11	302,000,000	⬇ 감정평가서

❹ 명도이전책임

명도책임	매수인

❹ 명도이전책임: 반드시 확인해야 하는 부분입니다. 명도책임이 주로 매도자에게 있는 수탁재산이나 유입자산도 어떤 경우에는 매수자에게 명도책임이 있습니다. 명도책임이 매수자에게 있다면 권리분석, 임차인분석, 배당분석을 꼼꼼하게 해야 합니다.

압류재산 정보

'압류재산 정보'는 공매재산 중 압류재산인 경우에만 제공되는 정보로 주요 내용은 다음과 같습니다.

| 물건 세부 정보 | 압류재산 정보 | 입찰 정보 | 시세 및 낙찰 통계 | 주변정보 | 부가정보 |

① 임대차 정보 (감정평가서 및 신고된 임대차 기준)

임대차내용	성명	보증금(원)	차임(월세)(원)	환산보증금(원)	확정(설정)일	전입일
임차권	김**	-	-	-	-	2020-07-30
임차권	주*******	297,000,000	-	-	2020-06-19	2020-07-30
전입세대주	김**	-	-	-	-	2020-07-30
전입세대주	이**	297,000,000	-	-	2020-06-19	-

[총 4건]

1

② 등기사항증명서 주요정보

번호	권리종류	권리자명	설정일자	설정금액(원)
1	위임기관	금****	2021-02-04	미표시
2	근저당권	주*********	2020-08-28	250,000,000
3	근저당권	주*********	2021-01-15	200,000,000
4	압류	국************	2021-08-24	미표시
5	임차권	김**	2022-09-01	0
6	임차권	주*******	2022-09-01	0

[총 6건]

1

• 배분요구 및 채권신고현황 (배분요구서를 기준으로 작성하였으며, 신고된 채권액은 변동될 수 있습니다.)

번호	권리종류	권리자명	설정일	설정금액(원)	배분요구일	배분요구채권액(원)	말소가능여부	기타
1	임차인	전세입자(번지내투입)	-	0	배분요구없음	0	-	-
2	임차권	김채린	2022-09-01	0	-	297,000,000	-	-
3	임차권	주택도시보증공사(전세보증금양수권자)	2022-09-01	0	2022-11-11	297,000,000	-	-
4	근저당권	주식회사 ▨▨	2020-08-28	250,000,000	2022-08-16	385,877,570	-	-
5	근저당권	주식회사 ▨▨	2021-01-15	200,000,000	2022-08-16	385,877,570	-	-
6	압류	국민건강보험공단 경기광주지사	2021-08-24	0	2022-10-20	12,492,600	-	-
7	교부청구	남양주시청	-	0	2022-11-03	45,320	-	-
8	교부청구	춘천시청	-	0	2022-11-14	1,383,340	-	-
9	주소지세무서	경기광주세무서	-	0	배분요구없음	0	-	-
10	물건지지방자치단체	광주시청	-	0	-	247,740	-	-

[총 11건]

1 2

• 배분요구채권액 중 체납액(위임기관, 압류, 교부청구)은 담보채권자와 우선순위를 비교하는 법정기일를 표시하지 않으므로 입찰 전 별도로 확인하셔야 합니다. 말소가능여부는 추후 서비스 예정이오니 별도 확인 후 입찰하시기 바랍니다.

• 점유관계 (감정평가서 및 현황조사서 기준)

점유관계	성명	계약일자	전입일자(사업자등록신청일자)	확정일자	보증금(원)	차임(원)	임차부분
전입세대주	김**	미상	2020-07-30	미상	0	0	미상

[총 1건]

1

• 예상부대 비용 및 총 매입가

구분		금액	
예상낙찰가		241,600,000 원	최저입찰가로 책정되었으며, 희망입찰금액을 직접 입력해주시기 바랍니다.
소유권이전비용	∨	7,031,600 원	소유권이전비용, 인수금액, 기타비용 등을 자동계산합니다.
총 매입가		248,631,600 원 *	본 결과는 자동계산에 의한 비용이므로 실제와 다를 수 있습니다.

❶ **임대차 정보**: 감정평가서 및 신고된 '임대차 내용', '임차인 성명', '보증금', '차임(월세)', '환산보증금(보증금+(월세×100))', '확정일자', '전입신고일' 등을 확인할 수 있습니다. 해당 공매재산의 경우 임차권자 김○○의 전입신고일(2020년 7월 30일)과 임차권자 주○○○○와 전입신고일(2020년 7월 30일)이 '❷ 등기사항전부증명서 주요정보'에서 말소기준권리인 근저당권 설정일(2020년 8월 28일)보다 빠르므로 임차권자 김○○와 임차권자 주○○○○는 대항력을 갖춘 선순위임차인입니다. 그런데 임차권자 주○○○○는 우선변제권이 있어 배당신청을 하면 순위에 따라 근저당권보다 먼저 배당받을 수 있고 보증금액도 2억 9,700만 원으로 확인되나, 임차권자 김○○는 대항력만 갖춘 임차인이기에 그의 보증금을 낙찰자가 부담할 수도 있는데 보증금액이 확인되지 않습니다. 그러므로 반드시 꼼꼼한 현장답사를 통해 김○○의 보증금이 얼마인지 확인해야 합니다. 그렇지 않으면 낙찰 후 임차권자 김○○에게 부동산 인도의 조건으로 터무니없이 많은 보증금 반환 요구를 받을 수도 있습니다. 만약에 김○○의 보증금을 확인할 수 없다면 해당 공매물건의 입찰을 포기하는 것이 좋습니다.

❷ **등기사항전부증명서 주요정보**: 해당 공매재산의 등기사항전부증명서에 설정된 권리와 금액들을 등기일 순으로 확인할 수 있습니다.

❸ **권리분석 기초정보**: 권리분석 기초자료는 입찰 시작 7일 전부터 확인할 수 있는데요. 여기에서 '배분요구 및 채권신고현황'과 '점유관계'를 보면 해당 공매재산과 관련된 거의 모든 권리자는 배분요구를 하였으나, 1번 임차인과 경기 광주 세무사만 배분요구를 하지 않았습니다. 특히, 배당신청을 하지 않은 임차권자 김○○는 전입신고 날짜만 확인되고 계약일자, 확정일자, 보증금, 차임, 임차한 부분이 확인되지 않습니다. '예상부대 비용 및 총 매입가'에서는 희망 입찰금액을 직접 입력하면 소유권이전 비용, 인수금액, 기타비용 등을 자동으로 계산해 주어 총매입가를 추정해 볼 수 있습니다.

입찰 정보

물건 세부 정보	압류재산 정보	입찰 정보	시세 및 낙찰 통계	주변정보	부가정보

❶ 입찰 방법 및 입찰 제한 정보

전자보증서 사용여부	사용 불가능	차순위 매수신청 가능여부	신청 가능
공동입찰 가능여부	공동입찰 가능	2인 미만 유찰여부	1인이 입찰하더라도 유효한 입찰로 성립
대리입찰 가능여부	대리입찰 가능	2회 이상 입찰 가능여부	동일물건 2회 이상 입찰 가능

❷ 회사별 입찰 성보

입찰번호	회차/차수	구분	대금납부/납부기한	입찰기간	개찰일시	개찰장소	매각결정일시	최저입찰가(원)
0027	004/001	인터넷	일시불/낙찰금액별 구분	2023-01-30 10:00~ 2023-02-01 17:00	2023-02-02 11:00	전자자산처분시스템 (www.onbid.co.kr)	2023-02-06 10:00	302,000,000
0027	005/001	인터넷	일시불/낙찰금액별 구분	2023-02-06 10:00~ 2023-02-08 17:00	2023-02-09 11:00	전자자산처분시스템 (www.onbid.co.kr)	2023-02-13 10:00	271,800,000
0027	006/001	인터넷	일시불/낙찰금액별 구분	2023-02-13 10:00~ 2023-02-15 17:00	2023-02-16 11:00	전자자산처분시스템 (www.onbid.co.kr) 공매재산명세	2023-02-20 10:00	241,600,000
0027	007/001	인터넷	일시불/낙찰금액별 구분	2023-02-20 10:00~ 2023-02-22 17:00	2023-02-23 11:00	전자자산처분시스템 (www.onbid.co.kr) 공매재산명세	2023-02-27 10:00	211,400,000
0027	008/001	인터넷	일시불/낙찰금액별 구분	2023-02-27 10:00~ 2023-02-28 17:00	2023-03-02 11:00	전자자산처분시스템 (www.onbid.co.kr)	2023-03-06 10:00	181,200,000
0027	009/001	인터넷	일시불/낙찰금액별 구분	2023-03-06 10:00~ 2023-03-08 17:00	2023-03-09 11:00	전자자산처분시스템 (www.onbid.co.kr)	2023-03-13 10:00	151,000,000

‸

· 공매재산명세서는 국세징수법 제77조제2항 및 지방세징수법 제82조제2항에 따라 입찰서제출(입찰) 시작 7일 전부터 입찰서제출(입찰) 마감 전까지만 게시 및 열람이 가능함을 알려드립니다.

❸ 납부기한 안내

· 국세징수법 개정에 의거 공매공고 시점에 따라 잔대금 납부기한이 상이하므로 입찰전 물건정보에서 확인하시기 바랍니다.
  ● 2013년 1월 1일 이후 최초의 공매공고
    · 낙찰가격 3,000만원 이상은 매각결정기일로부터 30일이내
    · 낙찰가격 3,000만원 미만은 매각결정기일로부터 7일이내

❶ **입찰 방법 및 입찰 제한 정보**: 공매보증을 보증금 납부계좌로 입금하는 대신 보증보험증권을 제공해도 되는지, 여러 명이 공동으로 입찰해도 되는지, 해당 물건에 2회 이상 입찰해도 되는지, 대리인이 입찰해도 되는지, 한 명만 단독으로 입찰해도 유효한 걸로 인정받을 수 있는지, '차순위매수신청'이 가능한지를 알 수 있는 부분으로 '물건정보'

의 '⑥ 입찰유형'에 관한 내용입니다.

❷ **회차별 입찰 정보**: 해당 공매재산의 입찰번호, 회차와 차수, 입찰 방법(인터넷), 대금납부 방법과 납부기한, 입찰기간, 개찰일시, 개찰 장소(온비드 사이트), 매각결정 일시(토요일, 일요일, 대체공휴일은 제외하고 개찰일로부터 7일 이내), 최저입찰가격에 관한 정보를 확인할 수 있습니다. 해당 공매재산은 회차를 거듭할수록 최초의 공매예정가격의 100분의 10에 해당하는 금액이 깎입니다.

공매재산명세서는 압류재산인 경우에만 제공되는 것으로 입찰 시작 7일 전부터 입찰마감 전까지 '입찰 정보' 탭에서 확인할 수 있습니다(국세징수법 제77조 ②, 지방세징수법 제82조 ②). 공매재산명세서를 꼼꼼하게 살펴본 후 입찰해야 하며 입찰기간과 최저입찰가도 신경 쓰세요.

❸ **납부기한 안내**: 해당 공매물건의 대금납부 방법 및 기한을 반드시 정확하게 확인하세요.

시세 및 낙찰 통계

❶ **인근 낙찰 통계**: 3개월, 6개월, 12개월 차이로 해당 공매재산 인근에서 낙찰되지 않은 부동산의 건수, 낙찰된 부동산의 건수, 낙찰률, 감정가 대비 낙찰가율, 최저입찰가 대비 낙찰가율을 확인할 수 있습니다. '대한민국법원 법원경매정보'의 '인근매각물건 사례'에서 '인근매각통계'와 비슷한 내용입니다.

❷ **인근 낙찰 물건**: 해당 공매재산 인근에서 낙찰된 부동산과 낙찰금액을 확인할 수 있습니다. '대한민국법원 법원경매정보'의 '인근매각물건 사례'에서 '인근매각물건'과 비슷한 내용입니다.

❶ 인근 낙찰 통계

* 해당물건 지역과 용도를 바탕으로 나온 12개월간의 통계입니다.

통계기간	부찰건수	낙찰건수	낙찰률	낙찰가율	
				감정가 대비	최저입찰가 대비
3개월	195	3	2%	60.2%	103.34%
6개월	407	17	4%	67.21%	106.8%
12개월	1038	36	3%	70.45%	106.44%

❷ 인근 낙찰 물건

* 해당물건 지역과 용도를 바탕으로 나온 6개월간의 통계입니다.(공매 보류 및 종결된 압류재산은 관련 법령에 따라 일부 정보만 공개)

번호	물건명	낙찰금액(원)
11	경기도 광주시 오포읍 능평리 ▨▨▨▨ 제2층 제203호	109,010,000
12	경기도 광주시 곤지암읍 곤지암리 ▨ ▨ ▨▨▨ 제4층 제401호	81,000,000
13	경기도 광주시 삼동 ▨▨▨▨▨▨02호	38,600,000
14	경기도 광주시 오포읍 추자리 ▨▨▨ 제3층 제302호	32,188,880

[총 14건]

1 2

주변정보

해당 공매재산 주변의 은행, 마트, 약국, 편의점, 학교, 지하철, 공공기관, 병원 등에 관한 정보를 확인할 수 있습니다. 대부분 서비스가 활성화되지 않았습니다.

부가정보

해당 공매재산에 관한 더 많은 정보를 확인할 수 있는 관련 사이트를 알
수 있습니다.

토막
상식
✎ 달라도 너무나 다른 경매와 공매 입찰가격 저감 방법

• **경매는 바로 전 최저매각가격의 20~30%를 저감합니다.**
  예) 최초 최저매각가격 1억 원, 20% 저감 시
  1차 유찰: 8천만 원(1억 원의 20% 저감)
  2차 유찰: 6,400만 원(8천만 원의 20% 저감)
  3차 유찰: 5,120만 원(6,400만 원의 20% 저감)

• **공매는 최초의 공매예정가격의 10%를 저감합니다.**
  예) 최초 최저매각가격 1억 원, 10% 저감
  1차 유찰: 9천만 원(1억 원의 10% 저감)
  2차 유찰: 8천만 원(1억 원의 10% 저감)
  3차 유찰: 7천만 원(1억 원의 10% 저감)

036

공매

지난 입찰 과정이 궁금하면 '입찰이력'

해당 물건의 지난 입찰 과정이 보고 싶다면 온비드의 입찰이력을 확인하면 됩니다.

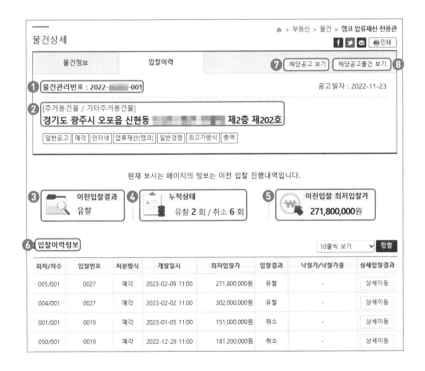

❶ **물건관리번호**: 물건정보에 표기된 일련번호를 말하는 것으로, 검색했던 공매재산을 재검색할 때 사용하면 빠르게 해당 물건을 찾을 수 있습니다.

❷ **주소**: 해당 공매재산의 소재지를 확인할 수 있습니다.

❸ **이전입찰결과**: 바로 직전에 진행된 공매 진행 결과를 확인할 수 있습니다.

❹ **누적상태**: 현재까지의 해당 공매재산 입찰 결과를 확인할 수 있습니다.

❺ **이전입찰 최저입찰가**: 직전 진행된 공매의 최저입찰가를 확인할 수 있습니다.

❻ **입찰이력정보**: 바로 직전 진행된 공매의 회차와 차수, 처분방식, 개찰일시, 최저입찰가, 입찰결과, 상세입찰결과를 확인할 수 있습니다. 특히, 상세입찰결과에서 '상세이동'을 클릭하면 입찰결과에 관한 매우 자세한 정보를 확인할 수 있습니다.

❼ **해당공고 보기**: 해당 공매재산과 관련한 '공고문 전문'과 '공고물건', '취소물건'을 확인할 수 있으며, '관심공고 등록'을 할 수 있습니다.

❽ **해당공고물건 보기**: 해당 공매재산과 관련한 '공고물건'을 확인할 수 있습니다.

토막상식

✎ **공매에서 입찰이 취소되는 경우**

- 해당 재산의 압류를 해제한 경우
- 다른 공매재산의 매각으로 체납액을 충당하여 압류를 해제하는 경우
- 한국자산관리공사의 요구(공매 대행을 의뢰받은 날부터 2년이 지나도 공매되지 않은 재산이 있는 경우)에 따라 해당 재산에 대한 공매 대행 의뢰가 해제된 경우(국세징수법 시행령 제71조 ①)
- 압류 또는 매각을 유예한 경우(국세징수법 제105조)
- 강제징수에 대한 집행정지의 결정이 있는 경우(국세기본법 제57조, 행정소송법 제23조)
- 재산의 훼손, 멸실 등 공매를 계속할 수 없는 사유가 발생한 경우
- 체납자 또는 이해관계자에게 공매통지서의 송달이 되지 아니한 경우
- 그 밖에 공매를 계속할 수 없는 사유가 발생한 경우
- 그 밖에 법령에서 정하는 공매를 정지해야 할 필요가 있는 경우

037

복잡한 권리분석,
사례로 쉽게 끝내기!

경매나 공매에 입찰하고자 한다면 그 전에 반드시 낙찰(매수) 후 떠안아야 할 권리가 있는지 분석해야 합니다. 떠안아야 할 권리로 인해 시세보다 훨씬 비싼 값에 부동산을 매수하거나, 또는 한동안 부동산을 이용하지 못할 수도 있기 때문입니다. 참고로, 말소되지 않는 권리란, 경매나 공매에서 낙찰 이후에 없어지지 않고 낙찰자가 인수해야 하는 예고등기, 법정지상권, 분묘기지권, 유치권, 배당요구(배분요구)하지 않은 대항력 있는 임차권·전세권, 말소기준권리보다 앞서 설정된 소유권이전청구권 가등기·가처분 등을 말합니다.

중요한 만큼 더욱더 어렵게만 느껴지는 권리분석. 하지만 현장답사와 공부 서류에서 확인한 내용을 차분하게 정리해 보세요. 그러면 권리분석이 그렇게 어렵지만은 않습니다.

권리분석에서 가장 중요한 것은 '말소기준권리'인데요. '말소기준권리'는 어떠한 권리는 그대로 살려두고 어떠한 권리는 없애버리는 기준이 되는 것으로, 근저당권, 저당권, 가압류, 압류, 경매개시결정기입등기, 전세권 등이 여기에 속합니다. 권리분석의 90%는 바로 이 '말소기준권리'를 찾는 것이라고 해도 과언이 아닙니다.

그럼, 사례를 통해 권리분석을 한 번 해볼까요?

권리분석 사례

(사례) 시세 15억 원짜리 단독주택의 낙찰가를 12억 원으로 예상함

- 2019년 3월 5일 임차인 송○○가 보증금 2억 5천만 원으로 전입신고함(배당신청 없음)
- 2021년 10월 9일 국민은행이 5억 원의 근저당권을 설정함
- 2022년 1월 10일 채권자 강○○가 3억 원 가압류를 설정함
- 2022년 5월 6일 임차인 박○○가 보증금 3억 원으로 전입신고하고 확정일자 받음 (배당신청함)

이 사례에서 말소기준권리가 될 수 있는 것은 국민은행이 설정한 근저당권(2021년 10월 9일)과 강○○의 가압류(2022년 1월 10일)인데요. 이들 중에서 설정일이 빠른 근저당권이 말소기준권리가 됩니다. 그런데 말소기준권리인 근저당권보다 임차인 송○○가 먼저 전입신고를 했으므로 송○○는 대항력이 있습니다.

낙찰대금에서 국민은행은 배당받고 말소기준권리인 근저당권은 지워집니다. 하지만 말소기준권리보다 뒤에 있는 강○○의 가압류나 임차인 박○○는 배당을 받든 못 받든 지워집니다.

해당 부동산의 낙찰자는 배당신청을 하지 않은 대항력이 있는 임차인 송○○의 보증금을 떠안아야 합니다. 따라서 단독주택 낙찰대금 12억 원에

송○○의 보증금 2억 5천만 원, 그리고 대행 수수료, 임차인 이사비용, 밀린 관리비, 수리비 등 약 5천만 원을 더해 총 15억 원이 필요할 것으로 예상됩니다.

해당 부동산을 12억 원에 낙찰받게 되면 결국 시세와 같은 가격으로 단독주택을 매수하는 것이니 경매나 공매로 투자하는 시간과 노력을 감안한다면 급매로 사는 게 훨씬 낫습니다.

(사례) 시세 9억 원짜리 아파트의 낙찰가를 7억 원으로 예상함

- 2020년 9월 5일 임차인 김○○가 보증금 5억 원으로 전입신고하고 확정일자 받음 (배당 신청함)
- 2020년 12월 9일 저축은행이 2억 원의 근저당권을 설정함
- 2021년 10월 7일 채권자 양○○가 1억 원의 가압류를 설정함

이 사례에서 말소기준권리가 될 수 있는 건 저축은행의 근저당권(2020년 12월 9일)과 양○○의 가압류(2021년 10월 7일)인데요. 이들 중에서 설정일이 빠른 근저당권이 말소기준권리가 됩니다.

말소기준권리인 근저당권보다 임차인 김○○가 먼저 전입신고를 하고 확정일자를 받았으므로 김○○는 대항력이 있습니다.

저축은행은 배당받고 말소기준권리인 근저당권이 지워집니다. 그러나 말소기준권리보다 뒤에 있는 채권자 양○○의 가압류는 배당을 받든 못 받든 지워집니다.

확정일자를 받은 임차인 김○○가 배당신청을 하였기에 해당 부동산의

낙찰자는 임차인 김○○의 보증금을 떠안지 않아도 됩니다. 임차인 김○○는 자신의 보증금 5억 원을 법원에서 배당받으니까요.

해당 아파트 낙찰가로 7억 원을 예상하므로 여기에 대행 수수료, 임차인 이사비용, 밀린 관리비, 수리비 등 약 2천만 원을 더하면 총 7억 2천만 원이 필요할 것으로 예상됩니다.

만약 해당 부동산을 7억 원에 낙찰받게 된다면 결국 시세보다 1억 8천만 원 저렴하게 아파트를 매수하는 것이니 경매나 공매에 시간과 노력을 투자할 만한 가치가 있습니다.

사례 시세 20억 원짜리 다가구주택의 낙찰가를 16억 원으로 예상함

- 2020년 7월 5일 우리은행이 14억 원의 근저당권을 설정함
- 2021년 3월 9일 임차인 이○○가 보증금 3억 원을 전입신고하고 확정일자 받음(배당신청함)
- 2022년 6월 3일 채권자 민○○가 1억 원으로 가압류를 설정함
- 2022년 6월 8일 채권자 공○○가 1억 원의 가압류를 설정함

이 사례에서 말소기준권리가 될 수 있는 것은 우리은행이 설정한 근저당권(2020년 7월 5일)과 민○○의 가압류(2022년 6월 3일), 공○○의 가압류(2022년 6월 8일)인데요. 이들 중에서 설정일이 빠른 근저당권이 말소기준권리가 됩니다.

임차인 이○○는 말소기준권리인 근저당권보다 나중에 전입신고를 했으므로 대항력이 없습니다.

우리은행은 배당받고 말소기준권리인 근저당권은 지워집니다. 하지만

말소기준권리보다 뒤에 있는 임차인 이○○, 채권자 민○○, 채권자 공○○ 는 배당을 받든 못 받든 그 권리가 지워집니다.

해당 부동산이 16억 원에 낙찰되면 임차인 이○○는 자신의 보증금 3억 원 중 2억 원만 배당받고 나가야 합니다.

해당 다가구주택의 낙찰가로 16억 원을 예상하므로 여기에 대행 수수료, 임차인 이사비용, 밀린 관리비, 소유권이전등기 비용, 수리비 등 약 5천만 원을 더해 총 16억 5천만 원이 필요할 것으로 예상됩니다.

해당 부동산을 16억 원에 낙찰받게 되면 결국 해당 부동산의 낙찰자는 시세보다 3억 5천만 원이나 저렴하게 다가구주택을 매수하게 되는 것이니 시간과 노력을 투자할 만한 가치가 있네요.

토막 상식

✎ **동주민센터에서 주민등록 전입세대 열람이 가능한 근거 조항**

경매나 공매 참여 시 '주민등록 전입세대 열람'을 신청하는 경우 해당 물건 소재지에 주민 등록이 되어 있는 세대주와 동일 세대별 주민등록표상의 동거인(말소된 사람 포함) 성명 과 전입일자만 열람할 수 있다. 다만, 동일 세대별 주민등록표상의 세대원이 세대주보다 전입일자가 빠른 경우에는 그 세대원의 성명과 전입일자를 열람할 수 있다(주민등록법 시행규칙 제14조).

전입신고 안 하면 어떻게 될까?

하나의 세대에 속하는 자의 전원 또는 그 일부가 거주지를 이동하면 신고 의무자가 신거주지에 전입한 날부터 14일 이내에 신거주지의 시장·군수·구청장에게 전입신고 를 하여야 한다(주민등록법 제16조 ①). 정당한 사유 없이 전입신고를 기간 내에 하 지 아니한 자에게는 5만 원 이하의 과태료를 부과한다(주민등록법 제40조).

공매재산이라고 해서 모두 소멸주의는 아니다!

• **압류재산**: 경매와 같은 매각방식으로 말소기준권리를 기준으로 선순위 권리는 인수하고 후순위 권리나 채권은 소멸(소멸주의)하게 되므로 입찰하기 전에 입찰자 책임하에 권리분석을 신중하게 해야 하며, 특히 주거용 건물과 상가건물은 임대차 현황 및 대항력 있는 임차인의 유무를 반드시 사전에 확인해야 합니다.

• **국유재산, 수탁재산, 유입자산, 이용기관재산, 신탁재산**: 이들 재산은 낙찰 후 일반 매매처럼 계약체결하는 방식을 택하고 있으므로 압류재산과 다르게 모든 권리를 그대로 인수(인수주의)합니다. 이들 재산은 압류재산보다는 안전하지만, 공매공고문과 공매담당자를 통해 매각조건을 꼼꼼하게 확인해 보세요.

신탁
이해하기

1. 신탁재산 권리분석, 왜 할까?

압류재산이 말소기준권리를 기준으로 선순위 권리는 인수하고 후순위 권리나 채권은 소멸하듯이, 신탁재산도 신탁등기를 기준으로 신탁등기 이전의 대항력을 갖춘 임차인이나 선순위 채권자의 권리는 인수하고 신탁등기 이후의 권리는 말소합니다.

사실 신탁재산은 우선수익자(금융기관)가 대출을 해주기 전에 위탁자(부동산 전 소유자 겸 채무자)의 부동산에 있는 선순위 채권 대부분을 소멸시키고 신탁등기를 하므로 낙찰자가 부담을 떠안는 경우는 많지 않습니다. 그러나 신탁등기 이전의 대항력을 갖춘 임차인이나 선순위 채권자의 권리가 있다면 이들은 대부분 낙찰자가 인수해야 합니다. 또한, 신탁등기 이후라도 수탁사와 계약하거나 수탁사와 우선수익자의 동의를 얻어 위탁자가 계약한 임대차계약이 있다면 해당 임차인의 보증금도 낙찰자가 부담해야 합니다.

그러므로 수탁재산에 입찰하고자 한다면 공고문과 공매 담당자를 통해 매각조건을 확인해야 하고, 확인한 결과 낙찰자가 인수해야 할 권리가 있다면 꼼꼼하게 권리분석을 해야 합니다.

2. 신탁재산 권리분석, 어떻게 하나?

신탁재산의 권리분석, 다음과 같이 해보세요.

등기사항전부증명서와 신탁원부를 발급받아 신탁등기일, 위탁자(부동산 전 소유자 겸 채무자), 우선수익자(금융기관) 등의 채권 금액과 이자 등을 확인해야 합니다.

동주민센터를 방문하여 해당 부동산의 점유자가 누구인지, 신탁등기 이전의 대항력을 갖춘 임차인이 있는지를 확인해야 합니다. 점유자가 위탁자 본인이거나 위탁자의 세대원이라면 대항력이 없습니다. 또한, 신탁등기 이후의 임차인도 대항력이 없습니다.

건축물관리대장, 건물 현황도, 건물 평면도 등을 발급받아 이행강제금이 부과될 수 있는 불법

건축물이 있는지를 확인해야 합니다. 또한 인수해야 할 권리가 있는지 매각조건을 공매 담당자와 우선수익자에게 반드시 확인해야 합니다.

참고로 신탁재산이 매각되면 신탁부동산 보전·관리 및 공매 비용이 0순위로 배당되고, 신탁등기 이전에 대항력을 갖춘 임차인의 소액보증금 중 일정액이 1순위로 배당되며, 신탁등기 전에 설정된 근저당권, 담보가등기, 전세권, 임대차보증금, 등기된 임차권이 2순위로 배당되고, 대항력을 갖춘 임차인의 보증금 중 1~2순위가 아닌 것이 3순위로 배당되며, 우선수익자(금융기관)의 채권이 4순위로 배당됩니다.

3. 신탁등기가 되어 있는 부동산에 임대차계약 하는 방법

임차하고자 하는 부동산의 등기사항전부증명서를 발급받아 살펴본 결과 해당 부동산에 신탁등기가 되어 있다면 등기소에서 신탁원부를 포함한 등기사항전부증명서를 발급받습니다.

수탁자(신탁회사), 위탁자(부동산 전 소유자 겸 채무자), 우선수익자(금융기관)가 누구인지 확인합니다.

수탁자와 임대차계약을 체결합니다. 만약에 위탁자와 임대차계약을 체결해야 한다면 수탁자와 우선수익자의 동의가 필요합니다. 그리고 임차보증금을 수탁자가 보관하는지, 임대차계약 종료 시 임차보증금 반환 방법은 어떠한지 확인해 봐야 합니다.

수탁자와 임대차계약을 체결하는 경우에는 수탁자가 임대인이므로 임차보증금을 안전하게 지킬 수 있으나, 위탁자가 임대인인 경우에는 임차보증금을 수탁자가 보관하는 게 비교적 안전합니다. 입찰자도 임차인의 보증금이 안전하게 보호받는 부동산이 덜 부담될 것입니다.

038 복잡한 임차인분석, 사례로 쉽게 이해하기

경매에 입찰하고자 한다면 그 전에 반드시 낙찰 후 떠안아야 할 임차인의 보증금이 있는지 분석해 봐야 합니다. 임차인분석을 잘못하면 임차인의 보증금을 떠안게 되어 시세보다 훨씬 비싼 값에 부동산을 매수할 수 있기 때문입니다.

임차인분석을 하려면 먼저 대항력, 확정일자, 우선변제권, 최우선변제권에 대해서 정확하게 알고 있어야 합니다.

대항력이란 임차인이 자신의 보증금을 모두 돌려받을 때까지 임차한 건물에서 나가지 않아도 되는 권리를 말하는데요. 임차인이 대항력을 갖기 위해서는 주택의 인도(이사)와 주민등록(전입신고)을 마쳐야 하며, 대항력은 전입신고 한 다음 날 0시부터 발생합니다(주택임대차보호법 제3조 ①항).

확정일자란, 증서가 언제 작성되었는지를 증명받는 것으로, 법률상 인정되는 일자를 말하며, 당사자가 나중에 변경하는 게 불가능한 확정된 일자를 말합니다(대법원 1988년 4월 12일 선고, 87다카2429 판결). 예를 들어 2023년 5월 9일에 임대차계약서에 확정일자를 받았다는 건 이날 임대차계약을 한 사실을 공적으로 증명받았다는 것입니다.

우선변제권이란, 임차인이 후순위권리자나 그 밖의 채권자보다 우선하여 자신의 보증금을 돌려받을 권리를 말하는데요. 임차인이 우선변제권을 갖기 위해서는 대항력과 확정일자를 모두 갖추어야 합니다(주택임대차보호법 제3조의 2 ②항). 전입신고 없이 확정일자만 미리 받아 놓는다고 해서 우선변제권이 발생하지는 않습니다.

최우선변제권이란, 임차인이 자신의 보증금 중 일정액을 다른 담보물권자보다 우선하여 돌려받을 권리를 말하는데요. 임차인이 최우선변제권을 갖기 위해서는 배당요구종기까지 배당신청을 해야 하며, 주택에 대한 경매신청의 등기 전에 대항력을 갖추고, 배당요구종기까지 대항력을 유지해야 합니다. 최우선변제권에 의한 보증금 일부는 주택 가액(대지의 가액 포함)의 1/2에 해당하는 금액 안에서만 받을 수 있습니다(주택임대차보호법 제8조). 참고로 최우선변제권은 확정일자를 받지 않았어도 주장할 수 있습니다.

그럼, 사례를 통해 임차권 분석을 한번 해볼까요?

사례 입주·전입신고 → 확정일자 → 근저당권 설정

- 입주와 전입신고: 2021년 3월 9일
- 확정일자: 2021년 5월 7일
- 근저당권 설정: 2021년 7월 15일

이 사례의 경우 임차인의 입주와 전입신고가 근저당권 설정일보다 빨라서 2021년 3월 10일 0시에 대항력이 발생합니다. 그리고 확정일자도 근저당권 설정일보다 빨라서 2021년 5월 7일에 우선변제권이 발생합니다. 그러

므로 임차인은 근저당권보다 먼저 배당받을 수 있습니다. 그런데도 만약에 임차인이 배당신청을 하지 않으면 낙찰자가 임차인의 보증금 전액을 떠안아야 합니다.

(사례) 입주·전입신고 → 확정일자·근저당권 설정

- 입주와 전입신고: 2021년 3월 9일
- 확정일자·근저당권 설정: 2021년 3월 10일

이 사례의 경우 임차인의 대항력은 2021년 3월 10일 0시에 발생하고, 근저당권의 효력은 2021년 3월 10일 9시에 발생합니다. 우선변제권도 2021년 3월 10일 9시에 발생합니다. 비록 대항력, 근저당권 효력, 우선변제권 효력 발생일이 모두 같더라도 대항력이 다른 권리보다 9시간 먼저 발생한 만큼 낙찰자는 임차인의 보증금을 부담해야 합니다(대법원 1999년 5월 25일 선고, 99다9981 판결).

근저당권 효력 발생일과 우선변제권 효력 발생일이 같으므로 배당순위가 같아 채권액에 비례하여 안분배당합니다. 그리고 그 결과 돌려받지 못한 임차인의 보증금이 있으면 이를 낙찰자가 떠안아야 합니다.

(사례) 입주·전입신고 → 근저당권 설정

- 입주와 전입신고: 2021년 3월 9일
- 근저당권 설정: 2021년 7월 15일

이 사례의 경우 임차인의 입주와 전입신고가 근저당권 설정일보다 빨라서 2021년 3월 10일 0시에 대항력이 발생합니다. 임차인이 대항력이 있으므로 낙찰자는 임차인의 보증금 전액을 떠안아야 합니다.

사례 입주·전입신고 → 근저당권 설정 → 확정일자

- 입주와 전입신고: 2021년 3월 9일
- 근저당권 설정: 2021년 5월 7일
- 확정일자: 2021년 7월 15일

이 사례의 경우 임차인의 입주와 전입신고가 근저당권 설정일보다 빨라서 2021년 3월 10일 0시에 대항력이 발생합니다. 그러나 확정일자는 근저당권 설정일보다 늦어서 2021년 7월 15일에나 우선변제권이 발생합니다. 그러므로 임차인은 근저당권 다음으로 배당받습니다. 혹여 임차인이 배당신청을 하였으나 보증금 전액을 돌려받지 못하면 낙찰자가 나머지 보증금을 떠안아야 합니다.

사례 확정일자 → 근저당권 설정 → 입주·전입신고

- 확정일자: 2021년 3월 9일
- 근저당권 설정: 2021년 5월 7일
- 입주와 전입신고: 2021년 7월 15일

이 사례의 경우 임차인의 입주와 전입신고가 근저당권 설정일보다 늦어서 임차인의 대항력은 발생하지 않습니다. 임차인의 확정일자가 근저당권 설정일보다 빠르긴 하지만 대항력이 없으므로 낙찰자가 임차인의 보증금을 떠안지 않아도 됩니다.

(사례) 처분금지가처분 → (국민은행) 근저당권 설정 → 압류 → (김○○) 임차인 입주·전입신고·확정일자 → (송○○) 임차인 입주·전입신고·확정일자 → (농협) 근저당권 설정

- 처분금지가처분: 2021년 1월 15일
- (국민은행) 근저당권 설정: 2021년 4월 5일
- 압류: 2021년 4월 25일, 법정기일 2021년 1월 5일
- (김○○) 임차인 입주·전입신고·확정일자 2021년 5월 5일 – 소액임차인
- (송○○) 임차인 입주·전입신고·확정일자 2021년 5월 25일 – 소액임차인
- (농협) 근저당권 설정: 2021년 5월 30일

이 사례의 경우 임차인 김○○와 송○○의 전입신고일이 말소기준권리인 국민은행 근저당권 설정일보다 늦어 대항력이 없으나, 두 명 모두 소액임차인이므로 최우선변제금을 각각 1순위로 배당받습니다. 다음으로 법정기일이 2021년 1월 5일로, 순위가 가장 빠른 압류권자가 2순위로 배당받습니다. 그리고 2021년 4월 5일에 근저당권이 설정된 국민은행과 2021년 5월 30일에 근저당권이 설정된 농협이 등기 순서대로 배당받습니다. 이들은 배당 후 소멸합니다.

그러나 말소기준권리인 국민은행의 근저당권 설정일보다 먼저 등기된 처분금지가처분은 말소되지 않고 낙찰자가 떠안아야 합니다. 이러한 경우

에는 낙찰자가 상당한 위험을 부담해야 하기 때문에 철저한 권리분석이 필요합니다.

토막상식

 임차인 이해하기

1. 주택의 종류에 따라 대항력 인정 조건이 달라요!
단독주택, 다가구주택, 상가주택에 세 든 임차인이 대항력을 가지려면 임대차계약서에 기재한 주소가 지번까지만 정확하면 되고 임대인이 마음대로 정한 호수까지 정확할 필요는 없습니다. 그러나 아파트, 연립주택, 다세대주택, 오피스텔 같은 집합건물은 공부에 등록된 호수까지 정확해야 합니다.

2. 건물 소유자였던 자가 같은 해당 건물의 임차인이 되면 대항력은 언제 생길까?
새로운 소유자에게 자신의 건물을 매도했음에도 불구하고 기존 소유자가 그 건물을 임차하여 계속해서 생활하는 경우가 있는데요. 이런 경우 기존 소유자의 임차인으로서 대항력은 해당 건물의 소유권이 새로운 소유자로 이전 완료된 다음 날부터 생깁니다. 기존 소유자가 처음 입주 시 했던 전입신고일이 아닙니다.

3. 무상임차인이라는 각서를 거짓으로 썼다면 대항력은 인정받을 수 있을까?
임차인이 세 든 건물은 담보대출이 어려운데요. 이에 임대인이 임차인에게 보증금 없이 무상으로 거주하는 임차인이라는 거짓 각서를 써달라고 요구하는 경우가 있습니다. 만약에 이 무상임차인각서가 은행에 제출되면 임차인은 낙찰자에게 대항력을 주장할 수 없습니다.

039

돈 받을 사람들이
얼마를 받는지도 중요하다!

경매나 공매에 입찰하기 전에 임차인이 얼마나 배당받는지도 살펴봐야 합니다. 배당분석을 소홀하게 하면 대항력이 있는 임차인의 보증금을 떠안을 수도 있고, 한 푼도 못 받고 나가야 하는 임차인에 대한 대비 부족으로 낙찰받은 부동산의 인도에 차질을 빚을 수 있기 때문입니다.

권리의 종류에 따라 배당 방법이 다르다!

경매로 나온 물건에 설정된 권리의 종류에 따라 배당하는 방법이 다른데요. 한번 살펴볼까요?

- **가압류**: 낙찰대금을 자신의 뒤에 오는 권리와 공평하게 나누어 갖습니다. 그리고 이를 '안분배당'이라고 합니다.
- **압류**: 자신이 받을 돈은 모두 받아내는데요. 만약 덜 받은 돈이 있다면 자신의 앞뒤에 있는 가압류의 돈을 빼앗는 '흡수배당'을 합니다.
- **근저당권**: 자신의 순서에 따라 돈을 받는데요. 만약 덜 받은 돈이 있다면 자신의 뒤에

있는 권리의 돈을 빼앗는 '흡수배당'을 합니다.

- **소액임차인의 최우선변제권**: 권리의 순서에 상관없이 자신의 보증금 일부를 가장 먼저 받습니다.

- **전입신고하고 확정일자를 받은 임차인의 우선변제권**: 자신의 순서에 따라 보증금을 받는데, 전입신고와 확정일자 중 늦은 날을 기준으로 우선변제권이 발생합니다. 2023년 3월 9일에 전입신고(다음 날 0시부터 효력 발생)를 하고 확정일자(당일 효력 발생)를 받았다면 2023년 3월 10일 0시부터 우선변제권이 발생합니다.

사례로 보는 배당분석

[사례] 입찰 가능 금액 5억 원, 경매 집행비용 500만 원, 서울특별시

- 2019년 7월 5일, 국민은행 3억 원 근저당권 설정
- 2020년 9월 13일, 임차인 이○○ 보증금 1억 원, 전입신고를 하고 확정일자 받음. 배당신청 함
- 2021년 3월 15일, 임차인 김○○ 보증금 2억 원, 전입신고를 하고 확정일자 받음. 배당신청 함

- 0순위: 경매 집행비용 500만 원 → 남은 금액 4억 9,500만 원
- 1순위: 임차인 이○○ 3,400만 원 배당 → 남은 금액 4억 6,100만 원
- 2순위: 국민은행 3억 원 배당 → 남은 금액 1억 6,100만 원
- 3순위: 임차인 이○○ 6,600만 원 배당 → 남은 금액 9,500원
- 4순위: 임차인 김○○ 9,500만 원 배당

배당은 경매 집행비용 500만 원을 가장 먼저 제하고 시작합니다. 경매 비용은 감정료, 현황조사 수수료, 신문공고료, 매각 수수료, 송달료 등으로,

경매로 나온 물건에 따라 비용이 다릅니다. 대략적인 경매비용은 법원경매 정보 사이트에서 계산해 확인해 볼 수 있습니다.

법원경매정보 홈페이지 상단의 '경매지식' → '경매비용' 경로로 들어가 보세요. 하지만 정확한 경매비용은 해당 경매계에 전화로 문의해 보는 것이 좋습니다.

국민은행의 근저당권 설성일이 2019년 7월 5일로 2018년 9월 18일부터 2021년 5월 11일 사이에 있기 때문에 보증금 1억 원 이하인 임차인 이○○가 최우선변제액 3,400만 원을 가장 먼저 배당받습니다(최우선변제액은 61쪽 참고). 다음으로 국민은행이 3억 원을 배당받습니다. 그리고 남은 금액 1억 6,100만 원 중 6,600만 원을 임차인 이○○가 배당받습니다. 이후 남은 금액 9,500만 원은 임차인 김○○가 배당받습니다. 결국 임차인 김○○는 자신의 보증금 2억 원 중에서 9,500만 원만 배당받고, 나머지 1억 500만 원은 배당받지 못합니다.

사례 입찰 가능 금액 5억 원, 경매 집행비용 500만 원

- 2019년 7월 5일, 채권자 고○○ 3억 원 가압류 설정
- 2020년 9월 13일, 국민은행 2억 원 근저당권 설정
- 2021년 3월 15일, 채권자 오○○ 1억 원 가압류 설정

- 0순위: 경매집행비용 500만 원 → 남은 금액 4억 9,500만 원
- 1순위: – 채권자 고○○ 2억 4,750만 원 배당
  – 국민은행 1억 6,500만 원 배당
  – 채권자 오○○ 8,250만 원 배낭
- 2순위: – 국민은행 2억 원 배당(가압류 채권자인 오○○의 8,250만 원 중 3,500만 원 흡수배당)
  – 채권자 오○○ 4,750만 원 배당

배딩은 경매 집행비용 500만 원을 가장 먼저 제하고 시작합니다.

채권자 고○○는 가압류권자이기에 뒤에 오는 국민은행, 채권자 오○○와 나머지 4억 9,500만 원을 공평하게 배당받습니다. 물론 각자의 채권비율에 따라서 말이지요.

- 4억 9,500만 원(남은 금액) × $\dfrac{3억\ 원(가압류\ 채권자\ 고○○가\ 받을\ 금액)}{6억\ 원(모두가\ 요구하는\ 금액의\ 합계)}$

  = 2억 4,750만 원(가압류 채권자 고○○가 배당받은 금액)

- 4억 9,500만 원(남은 금액) × $\dfrac{2억\ 원(저당권자\ 국민은행이\ 받을\ 돈)}{6억\ 원(모두가\ 요구하는\ 금액의\ 합계)}$

  = 1억 6,500만 원(저당권자 국민은행이 배당받은 금액)

- 4억 9,500만 원(남은 금액) × $\dfrac{\text{1억 원(가압류 채권자 오○○가 받을 돈)}}{\text{6억 원(모두가 요구하는 금액의 합계)}}$

= 8,250만 원(가압류 채권자 오○○가 배당받은 금액)

국민은행은 저당권자이기에 자신의 뒤에 설정된 가압류 채권자 오○○의 8,250만 원 중에서 3,500만 원을 흡수배당 합니다. 국민은행은 결국 자신이 받을 금액 2억 원을 모두 배당받습니다. 그리고 오○○는 4,750만 원만 배당받습니다.

(사례) 입찰 가능 금액 5억 원, 경매 집행비용 500만 원

- 2019년 3월 9일, 채권자 강○○ 3억 원 가압류 설정
- 2019년 8월 16일, 우리은행 2억 원 근저당권 설정
- 2020년 2월 18일, 국세청 2천만 원 압류(당해세)
- 2021년 3월 15일, 채권자 남○○ 1억 원 가압류 설정

- 0순위: 경매집행비용 500만 원 → 남은 금액 4억 9,500만 원
- 1순위: 국세청 압류 2천만 원 배당 → 남은 금액 4억 7,500만 원
- 2순위: − 채권자 강○○ 2억 3,750만 원 배당
         − 우리은행 1억 5,830만 원 배당
         − 채권자 남○○ 7,920만 원 배당
- 3순위: − 우리은행 2억 원 배당(가압류 채권자인 남○○의 7,920만 원 중 4,170만 원 흡수배당)
         − 채권자 남○○ 3,750만 원 배당

배당은 경매 집행비용 500만 원을 가장 먼저 제하고 시작합니다.

국세청은 가압류권자 강○○보다 설정일은 늦지만 당해세[1]이므로 먼저 2천만 원을 배당받습니다.

채권자 강○○는 가압류권자이기에 뒤에 오는 우리은행, 채권자 남○○와 나머지 4억 7,500만 원을 공평하게 배당받습니다. 물론 각자의 채권비율에 따라서 말이지요.

- 4억 7,500만 원(남은 금액) × $\dfrac{\text{3억 원(가압류 채권자 강○○가 받을 금액)}}{\text{6억 원(모두가 요구하는 금액의 합계)}}$

 = 2억 3,750만 원(가압류 채권자 강○○가 배당받은 금액)

- 4억 7,500만 원(남은 금액) × $\dfrac{\text{2억 원(저당권자 국민은행이 받을 돈)}}{\text{6억 원(모두가 요구하는 금액의 합계)}}$

 = 1억 5,830만 원(저당권자 국민은행이 배당받은 금액)

- 4억 7,500만 원(남은 금액) × $\dfrac{\text{1억 원(가압류 채권자 남○○가 받을 돈)}}{\text{6억 원(모두가 요구하는 금액의 합계)}}$

 = 7,920만 원(가압류 채권자 남○○가 배당받은 금액)

---

1 **당해세** 당해세란 해당 부동산 자체에 부과되는 세금으로 국세인 상속세, 증여세, 종합부동산세 등이 있으며, 지방세로는 재산세, 지방교육세, 도시계획세, 공동시설세 등이 있습니다. 당해세는 경매집행 비용, 최우선변제금 다음으로 다른 권리에 우선하여 배당받습니다.

우리은행은 저당권자이기에 자신의 뒤에 설정된 가압류 채권자 남○○의 7,920만 원 중에서 4,170만 원을 흡수배당 합니다. 우리은행은 결국 자신이 받을 금액 2억 원을 모두 배당받습니다. 그리고 남○○는 3,750만 원만 배당받습니다.

토막상식

✎ **왜 가장임차인이 될까? 가장임차인을 구분하는 방법은?**

일반적인 임차인이라면, 임대차계약서를 작성한 건물에 실제로 이사(인도)하고, 전입신고(주민등록)를 하고 계속해서 거주합니다. 그런데 가장임차인은 그러지 않으면서도 최우선변제금을 받을 수 있는 소액임차인임을 주장하거나, 이사비용을 청구하거나, 경매에 참여하여 저가에 해당 부동산을 낙찰받을 목적으로 실제 임차인임을 주장합니다. 그럼, 가장임차인은 어떻게 구분할까요? 매각물건명세서(공매는 '압류재산 공매재산 명세')에 임대차 기간, 보증금 및 차임, 전입신고 일자 또는 사업자등록 신청 일자, 확정일자 등이 없거나, 확정일자가 있어도 기입등기 전후로거나, 배당신청을 하지 않았다면 가장임차인일 가능성이 있는데요. 이외에도 임차인이라고 주장하는 사람이 채무자의 친인척은 아닌지, 채권은행에 무상거주확인서를 제출한 사실이 있는지, 전기와 가스를 사용한 흔적은 있는지 등도 현장답사를 통해 직접 확인해 봐야 합니다.

공매대행 수수료

1. 공매대행 수수료의 산정 기준금액

• 한국자산관리공사가 공매대행의 의뢰를 받은 후에 체납자 또는 제3자가 해당 체납액을 완납하여 압류가 해제되거나, 공매가 취소되거나, 매각결정이 취소된 경우의 완납 수수료: 해당 납부세액

• 한국자산관리공사가 공매대행의 의뢰를 받은 후에 관할 세무서장의 직권 또는 한국자산관리공사의 요구에 따라 공매대행의 의뢰가 해제된 경우의 해제 수수료: 해당 해제금액(체납액 또는 공매예정가격 중 직은 금액)

• 한국자산관리공사가 압류재산을 매각한 경우의 매각 수수료: 해당 건별 매각금액

• 매수인이 매수대금을 지정한 기한까지 납부하지 않아 매각결정이 취소된 경우의 매각결정 취소 수수료: 해당 매수대금

※ 기준금액이 12억 원을 초과하는 경우에는 12억 원

2. 공매대행 수수료

• 공매대행 수수료는 기준금액에 다음 3번 표에 따른 공매진행 단계에 따라 수수료율을 곱하여 계산한 금액과 공매진행 단계 등에 따른 최저수수료 중 큰 금액으로 한다. 이 경우 완납 수수료 및 해제 수수료를 산정할 때 동일한 체납자의 재산에 대하여 2건 이상의 공매 절차가 진행 중인 경우에는 각 재산의 공매진행 단계 등에 따른 수수료율 중 가장 높은 수수료율을 적용하며, 매각결정취소수수료는 건별 공매보증금액을 한도로 한다.

• 한국자산관리공사가 공매대행의 의뢰를 받은 날부터 10일 이내에 압류 해제 및 공매 취소되거나 매각결정이 취소된 경우, 또는 공매대행의 의뢰가 해제된 경우에 해당 수수료를 면제한다.

3. 공매대행 수수료율 및 최저수수료 기준(제78조 제2항 관련)

구분	공매진행 단계	수수료율	최저수수료
완납 수수료	공매공고 전	0.6%	12만 원
	공매공고 후 매각결정 전	0.9%	18만 원
	매각결정 후 대금납부 전	1.2%	24만 원
해제 수수료	곰매공고 전	0.6%	12만 원
	공매공고 후 매각결정 전	0.9%	18만 원
	매각결정 후 대금납부 전	1.2%	24만 원
매각 수수료	–	3.6%	36만 원
매각결정 취소 수수료	–	2.4%	36만 원

(2023년 3월 20일 기준)

물건의 현재 시세는
얼마일까?

경매나 공매에 입찰하기 전에 반드시 해당 부동산의 현재 시세가 얼마인지 확인해야 합니다. 그래야 입찰가격도 가늠해 볼 수 있고, 수익도 예상할 수 있기 때문이죠.

경매나 공매 초보자 중에는 물건의 시세를 확인하지 않고 입찰하기도 하는데요. 이런 경우 시세보다 비싸게 낙찰받고는 뒤늦은 후회를 할 수도 있습니다.

그럼, 부동산의 시세는 어떻게 확인할까요?

시세 확인방법 1. 부동산 앱(App)에서 확인한다!

현장답사를 하기 전에 해당 부동산의 시세를 먼저 확인해 봅니다. 부동산 시세를 확인해 볼 수 있는 부동산 앱과 사이트 주소는 다음과 같습니다.

- 네이버 부동산(land.naver.com)
- 부동산114(www.r114.com)
- 부동산뱅크(www.neonet.co.kr)
- 닥터아파트(www.drapt.com)
- 리브부동산(kbland.kr)
- 한방(www.karhanbang.com)
- 다방(www.dabangapp.com)
- 호갱노노(hogangnono.com)

네이버부동산(앱)   부동산114(앱)   부동산뱅크(앱)   닥터아파트(앱)

리브부동산(앱)   한방(앱)   다방(앱)   호갱노노(앱)

부동산 앱은 편리하게 가격정보를 확인할 수 있다는 장점이 있지만 주의해야 할 점도 있습니다. 부동산 매물을 올리는 공인중개사사무소의 관리 소홀로 변경된 가격이 수정되지 않거나 고객을 끌어들이기 위해 있지도 않은 허위 매물을 시세보다 싸게 올려놓는 경우가 있습니다. 그러므로 부동산 앱에 올라온 가격은 참고용으로 확인하세요.

시세 확인방법 2. 국토교통부 실거래가 공개시스템

부동산 앱에서 확인한 부동산가격을 좀 더 검증해 볼 수는 없을까요? 그렇다면 국토교통부의 실거래가 공개시스템(rt.molit.go.kr)을 이용해 보세요. '부동산거래신고제'를 통해 수집된 부동산의 실제 거래가격을 다음 날 바로 공개하고 있으니까요.

국토교통부의 실거래가 공개시스템에서는 아파트, 연립주택, 다세대주택, 단독주택, 다가구주택, 오피스텔, 분양권, 입주권, 상업용 건물, 업무용 건물, 공장, 창고, 토지 등 거래되는 거의 모든 부동산의 실질 거래가격을 바로바로 확인할 수 있습니다.

국토교통부 실거래가 공개시스템 사이트에서 지역별, 물건별 실거래가를 바로 조회할 수 있습니다.

시세 확인방법 3. 직접 중개업소를 방문해 물어본다!

부동산의 정확한 시세를 알아보는 가장 좋은 방법은 해당 부동산이 있는 지역의 공인중개사사무소를 직접 방문하는 것입니다. 공인중개사와 직접 대면하면서 실제 물건에 관해 이런저런 대화를 나누어 보는 것이지요.

공인중개사사무소를 방문할 때 경매나 공매로 나온 물건의 시세를 알아보러 왔다는 사실을 숨길 필요가 없습니다. 현명한 공인중개사라면 시세를 물어보러 방문한 고객이 나중엔 자신에게 부동산 거래를 의뢰할 수도 있다는 사실을 알기에 친절하고 정확하게 시세를 알려줄 것입니다. 오히려 생각지 못했던 함정 등 좋은 정보를 얻을 수도 있으니 공인중개사사무소를 적극적으로 활용해 보세요.

041

대출 조건, 대출계획서 간략하게 한 장으로 정리하자!

낙찰대금이 부족하면 대출이 필요한데요. 금융기관마다 대출한도, 금리, 상환조건 등이 달라 머릿속으로만 기억하면 잊어버리거나 헷갈릴 수 있습니다. 그러므로 대출받을 계획이 있다면 대출계획서를 작성해 보세요. 여러 대출상품을 한눈에 비교해 볼 수 있으니까요.

대출기관	대출한도 대출금액	금리 연이자	상환 방법	대출 기간	중도상환 수수료	기타비용
○○은행	감정가 60%	고정 연 7%	원리금균등 분할상환	10년	없음	없음
	3억 원	4,180만 원				

대출계획서를 작성할 때 가장 중요한 것은 금융기관별 대출한도입니다. 자신이 원하는 금액만큼 대출받을 수 없다면 대출받는 의미가 없으니까요. 그리고 다음으로 중요한 것은 금리, 대출 기간, 이자 총액, 상환 방법, 중도상환 수수료, 기타비용 등입니다. 대출금과 이자를 갚는 방법으로는 만기일시상환, 원금균등분할상환, 원리금균등분할상환 3가지가 있습니다.

상환 방법	특징
만기일시상환	대출받는 기간 동안 이자만 내다가 만기일에 원금을 모두 갚는 방식. 원금을 한 꺼번에 갚아야 하는 부담은 있으나, 투자수익이 대출이자보다 높다면 매우 유리한 방식
원금균등분할상환	대출한 원금을 매달 균등하게 나누어 내는 방식으로 원금을 갚아갈수록 매달 이자가 줄어드는 방식
원리금균등분할상환	대출한 원금과 만기까지의 이자를 미리 계산해 매달 원금과 이자를 일정한 금액으로 나눠 갚는 방식

원금과 이자를 언제 갚느냐에 따라 이자 부담이 달라진다

상환 방법에 따라 채무자가 부담하는 이자는 얼마나 차이가 날까요? 아파트를 경매로 낙찰받았으나 낙찰대금이 부족하여 은행에서 다음과 같은 조건으로 3억 원을 대출받았다고 가정해 보겠습니다.

대출금 3억 원, 대출금리 7%(고정금리), 대출 기간 10년

상환 방법에 따라 매월 부담해야 할 상환금액과 10년 동안의 총이자는 다음과 같습니다.

▼상환 방법에 따른 총이자, 매월 상환금액

상환 방법	총이자	매월 상환금액
만기일시상환	210,000,000원	만기일에 일시 상환
원금균등분할상환	105,875,000원	첫달 4,250,000원(원금+이자) 매달 0.34%씩 감소
원리금균등분할상환	117,990,525원	매달 3,483,254원(원금+이자)

만기일시상환은 다른 상환 방법에 비해서 총이자가 많은데요. 이유는 대출금과 이자를 매달 나누어 갚지 않고 대출금을 만기에 한꺼번에 상환하기 때문입니다.

원금균등분할상환과 원리금균등분할상환의 이자 부담은 만기일시상환보다 적은데요. 이들 모두 원금과 이자를 매달 갚아나가기 때문입니다. 그런데 이들 간에도 약간의 차이가 있습니다. 원금균등분할상환이 이자의 근원인 원금을 매달 균등하게 갚아나가는 방식이라면 원리금균등분할상환은 대출받는 기간의 총 원금과 이자를 매달 균등하게 갚아나가는 방식이라는 점입니다. 이러한 방식의 차이로 원금균등분할상환의 이자 부담이 원리금균등분할상환보다 적습니다.

만기일시상환 〉 원리금균등분할상환 〉 원금균등분할상환

✎ **복잡한 원금과 이자를 대신 계산해 주는 대출계산기!**

실제 대출을 받았을 때 원금과 이자가 어느 정도 필요한지 감이 안 잡힌다면 '네이버 대출 계산기'를 활용해 보세요. 대출금액, 대출기간, 연이자율, 상환 방법을 입력하면 월이자와 총이자가 자동으로 계산되어 대출 상환 계획을 세울 때 도움이 됩니다.

네이버 검색창에 '네이버 이자 계산기'를 입력하면 편리하게 이용할 수 있습니다.

Common Sense Dictionary of
Real Estate Auctions & Public Sales

3

셋째
마당

입찰, 낙찰,
소유권이전등기,
그리고 명도

042

경매
경매 절차가 이렇게 쉽다니!

경매로 매각할 수 있는 재산에는 토지나 건물과 같은 부동산도 있고, 자동차나 냉장고와 같은 동산도 있습니다. 이 책에서는 부동산 경매에 대해 살펴보겠는데요. 경매로 부동산을 매수하려면 먼저 경매 절차를 알아야 합니다. 그럼, 자세히 살펴볼까요?

다음 도표는 부동산 경매 과정을 5단계로 요약한 것입니다.

1단계. 경매 시작! 돈 받을 사람은 줄을 서시오!

빌려준 돈을 돌려받고자 하는 채권자가 빌려 간 돈을 갚아야 할 채무자의 부동산을 매각하여 자신이 빌려준 돈을 돌려달라고 법원에 경매를 신청합니다. 그 경매신청이 요건을 적법하게 갖추었으면 법원은 경매를 진행합니다. 그리고 언제까지 배당요구를 하라고 그 기한을 공고합니다.

부동산 경매 과정

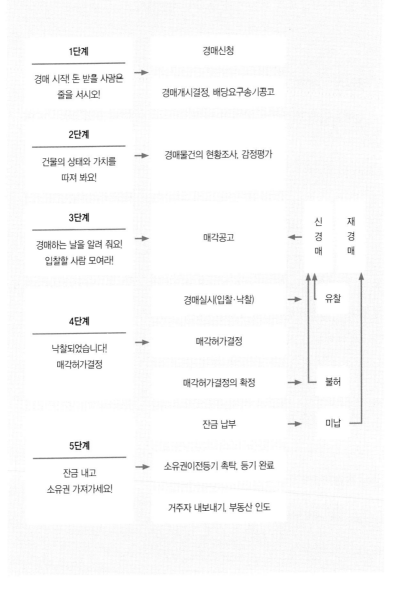

1단계

경매 시작! 돈 받을 사람은
줄을 서시오!

경매신청

경매개시결정, 배당요구종기공고

2단계

건물의 상태와 가치를
따져 봐요!

경매물건의 현황조사, 감정평가

3단계

경매하는 날을 알려 줘요!
입찰할 사람 모여라!

매각공고

신경매 재경매

경매실시(입찰·낙찰) → 유찰

4단계

낙찰되었습니다!
매각허가결정

매각허가결정

매각허가결정의 확정 → 불허

잔금 납부 → 미납

5단계

잔금 내고
소유권 가져가세요!

소유권이전등기 촉탁, 등기 완료

거주자 내보내기, 부동산 인도

2단계. 건물의 상태와 가치를 따져 봐요!

경매로 매각할 부동산의 상태와 현황 등을 조사하고 이를 바탕으로 경매물건의 가치를 따져 보는 경매 준비 단계입니다.

3단계. 경매하는 날을 알려 줘요! 입찰할 사람 모여라!

경매물건을 매각하는 날짜인 매각기일을 사람들에게 공고하는 단계입니다.

4단계. 낙찰되었습니다! 매각허가결정

경매에서 가장 높은 금액을 제시한 사람은 최고가매수신고인이 되는데요. 최고가매수신고인을 해당 경매물건의 낙찰자로 인정하기에 앞서 절차상 문제가 없는지를 판단하는 단계입니다. 문제가 없다면 최고가매수신고인에게 매각허가결정을 합니다.

5단계. 잔금 내고 소유권 가져가세요!

낙찰자가 매각대금을 완납하면 법원은 경매 수수료를 먼저 제하고 나머지를 채권자들에게 나누어 줍니다. 그리고 낙찰자는 낙찰받은 물건의 소유권을 가지게 됩니다.

어때요? 보기만 해도 머리가 아프죠? 경매에 참여하기 전에 기본 절차를 알아야 하는 것은 맞지만 억지로 외울 필요는 없습니다. '경매는 이런 순서대로 진행되는구나!' 정도만 알고 다음으로 넘어가세요. 앞으로 소개할 실제 경매 사례와 용어 설명을 하나씩 읽다 보면 경매 절차가 자연스럽게 머릿속에 그려질 겁니다.

**토막
상식**

✎ **경매, 부동산뿐만 아니라 동산 경매도 있다!**

부동산은 토지나 건물, 수목처럼 옮기기 힘든 재산을 의미하고, 동산은 형상이나 성질을 바꾸지 않아도 옮길 수 있는 자동차, 세탁기, 기계, 피아노, TV 따위의 재산을 의미합니다. 대한민국법원 법원경매정보 사이트에서 동산 경매 현황도 확인할 수 있습니다.

043

경매

경매 시작!
돈 받을 사람은 줄을 서시오!

부모와 자식 간에도 하지 말라는 게 돈거래인데요. 친구 박○○를 믿고 돈을 빌려준 홍○○는 아무리 기다려도 박○○가 빌려 간 돈을 갚지 않자, 결국 박○○ 소유의 아파트를 경매에 넘겨서라도 빌려준 논을 돌려받고자 합니다.

경매라는 게 결국 타인의 재산을 강제로 처리하는 법적 절차인 만큼, 그 과정도 법적 절차에 따라 진행되어야 합니다.

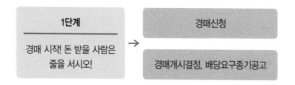

경매신청 – 경매에 넘기려면 어떻게 해야 하지?

홍○○는 경매를 신청하기 전에 먼저 채무자 박○○가 마음대로 아파트를 매도할 수 없도록 박○○의 아파트에 가압류를 설정해야 합니다. 그리고 빌려간 돈을 돌려달라는 대여금반환청구소송을 법원에 신청해야 합니다.

홍○○는 여기서 승소하면 경매를 신청할 수 있습니다.

만약 홍○○가 박○○에게 돈을 빌려줄 때 박○○ 소유의 재산에 근저당(48쪽 참고)을 설정했다면 홍○○는 소송 없이 경매를 신청할 수 있습니다. 소송을 거쳐 진행된 경매를 강제경매라 하고, 근저당권에 근거하여 진행된 경매를 임의경매라고 합니다(77쪽 참고).

| 11 | 가압류 | 2022년9월14일
제13▩▩▩호 | 2022년9월14일
서울중앙지방법
원의 가압류
결정(2022카단8
▩▩▩▩) | 청구금액 금7,186,053 원
채권자 신한카드 주식회사 110▩▩▩▩▩
서울 중구 을지로 100 에이동 (을지로2가,
파인에비뉴) |
| 12 | 압류 | 2022년11월8일
제15▩▩▩호 | 2022년11월7일
압류(세무관리
과-16981) | 권리자 서초구(서울특별시) ▩▩▩ |

가압류가 설정되면 부동산의 등기사항전부증명서에 설정 날짜와 청구금액, 가압류를 신청한 사람의 정보가 기재됩니다. 위 부동산은 '신한카드 주식회사'에서 가압류를 신청했군요.

대여금반환청구소송에서 승소한 홍○○는 승소 판결문과 그 밖의 필요한 서류 등을 준비하여 경매물건의 소재지를 관할하는 법원에 부동산강제경매신청서를 제출해야 합니다.

부동산강제경매신청서

수입인지
5000원

채 권 자   (이름)   (주민등록번호 또는 법인등록번호   ‑   )
          (주소)
          (연락처)

채 무 자   (이름)   (주민등록번호 또는 법인등록번호   ‑   )
          (주소)

청구금액   금   원 및 이에 대한 20 . . .부터 20 . . .까지 연   % 의
               비율에 의한 지연손해금
집행권원의 표시 채권자의 채무자에 대한   지방법원 20 . . . 선고 20 가단(합) 대여금
               청구사건의 집행력 있는 판결정본

신 청 취 지

별지 목록 기재 부동산에 대하여 경매절차를 개시하고 채권자를 위하여 이를 압류한다 라는 재판을 구
합니다.

신 청 이 유

채무자는 채권자에게 위 집행권원에 따라 위 청구금액을 변제하여야 하는데, 이를 이행하지 아니하므로
채무자 소유의 위 부동산에 대하여 강제경매를 신청합니다.

첨 부 서 류

1. 집행력 있는 정본   1통
2. 집행권원의 송달증명원(송달증명서) 1통
3. 부동산등기사항증명서 1통

20 . . .

채권자   (날인 또는 서명)

○○지방법원 귀중

◇ 유 의 사 항 ◇
1. 채권자는 연락처란에 언제든지 연락 가능한 전화번호나 휴대전화번호(팩스번호, 이메일 주소 등도 포
   함)를 기재하기 바랍니다.
2. **채무자가 개인이면 주민등록번호를, 법인이면 법인등록번호를 기재하시기 바랍니다.**
3. 이 신청서를 접수할 때에는 (신청서상의 이해관계인의 수 +3)×10회분의 송달료와 집행비용(구체적인
   액수는 접수담당자에게 확인바람)을 예납한 후 납부서 등을 첨부하시기 바랍니다.
4. 경매신청인은 채권금액의 1000분의2에 해당하는 등록면허세와 그 등록면허세의 100분의20에 해당
   하는 지방교육세 및 부동산 1필지당 3,000원 상당의 등기신청수수료를 납부한 후 납부영수증 등을
   첨부하시기 바랍니다.

<예시>   부동산의 표시

1. 서울특별시 종로구 ○○동 100
   대 100㎡
2. 위 지상
   시멘트블럭조 기와지붕 단층 주택
   50㎡. 끝.

부동산강제경매신청서

경매개시결정 – 경매 시작합시다!

경매신청을 받은 법원은 홍○○가 제출한 서류를 검토한 뒤 신청이 적법하다고 판단되면 박○○의 아파트를 경매로 매각하라는 경매개시결정이 내려집니다. 그리고 법원은 그 경매개시결정 사실을 박○○의 아파트 등기사항전부증명서에 등기하라고 등기관에게 촉탁(위임)하고 등기관은 법원의 촉탁에 따라 경매개시결정등기를 실행합니다. 그리고 박○○의 아파트가 경매로 넘어갔음을 알리는 문서인 경매개시결정 정본을 채무자 박○○에게 보냅니다.

배당요구종기공고 – 내 돈을 돌려주세요!

경매가 진행되면 배당요구를 해야만 배당을 받을 수 있는 채권자들에게 언제까지 배당요구를 하라는 배당요구종기일을 공고합니다. 배당요구종기일은 법원경매정보 사이트 '경매공고 → 배당요구종기공고'에서, 또는 '경매

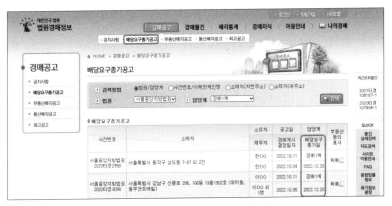

언제까지 배당요구를 하라고 알리는 배당요구종기공고는 법원경매정보 사이트의
'경매공고' → '배당요구종기공고' 경로로 들어가면 확인할 수 있습니다.

물건'의 '물건기본정보'에서 확인할 수 있습니다.

만약에 경매물건의 임차인이 자신의 보증금을 배당받고 싶다면 아래와 같은 '배당요구신청서'를 작성하여 사건을 관할하는 경매계에 제출해야 합니다. 이때 임대차계약서 사본과 주민등록등(초)본도 함께 제출해야 합니다.

배 당 요 구 신 청

사건번호

채 권 자

채 무 자

배당요구채권자

　　　○시　○구　○동　○번지

배당요구채권

1. 금 　　　　　원정

　　○ ○ 법원 　　가단(합) ○ ○호 　○ ○청구사건의 집행력 있는 판결정본에

　　기한 채권 금 　　　　원의 변제금

1. 위 원금에 대한 　　년 ○ 월 ○ 일 이후 완제일까지 연 ○ 푼의 지연손해금

신 청 원 인

　위 채권자 채무자 간의 귀원 　　타경 ○ ○ 호 부동산강제경매사건에 관하여

채권자는 채무자에 대하여 전기 집행력 있는 정본에 기한 채권을 가지고 있으므

로 위 매각대금에 관하여 배당요구를 합니다.

　　　　　　　　　년 　　　월 　　　일

　　　위 배당요구채권자 　　　　　　　(인)

　　　　　연락처(☎)

　　　　지방법원 　　　　　　귀중

☞유의사항

　실체법상 우선변제청구권이 있는 채권자, 집행력 있는 정본을 가진 채권자 및 경매신청의 등기 후 가압류한 채권자는 배당요구종기일까지 배당요구할 수 있으며, 배당요구는 채권의 원인과 수액을 기재한 서면으로 하여야 합니다.

배당요구신청서

경매개시결정에 대한 이의신청

경매 진행 과정에서 문제가 있으면 이해관계인(채무자, 소유자, 채권자, 임차인 등)은 이의신청을 할 수 있습니다.

강제경매는 경매신청서에 기재가 잘못되었거나, 경매를 신청한 사람이 자격이 없거나, 부동산 표시가 일치하지 않거나, 경매물건이 압류금지 대상 부동산이거나 하는 절차상 하자가 있으면 이의신청을 할 수 있는데요.

이와 달리 임의경매는 절차상 하자뿐만 아니라 근저당권이 존재하지 않거나 하는 실체적 하자에 대해서도 이의신청을 할 수 있습니다. 단, 낙찰자가 낙찰대금을 납부하기 전까지 해야 합니다. 신청서는 대한민국법원 법원경매정보 사이트의 '경매지식' → '경매서식' 메뉴에서 출력할 수 있습니다. 강제경매에 대한 이의신청은 '강제경매개시결정에 대한 이의신청' 양식을 사용하면 되고, 임의경매에 대한 이의신청은 '부동산경매개시결정에 대한 이의신청' 양식을 사용하면 됩니다.

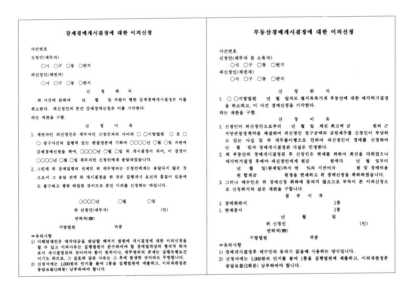

044

경매
건물의 상태와
가치를 따져 봐요!

경매개시결정이 내려지면 법원은 경매할 부동산을 입찰방식으로 매각하여 현금화하기 위한 준비를 합니다.

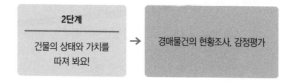

2단계	
건물의 상태와 가치를 따져 봐요!	→ 경매물건의 현황조사, 감정평가

경매물건에 어떤 부담사항이 있는지 알아보는 현황조사

법원이 경매개시결정을 내리면 법원에 소속된 집행관은 경매물건의 상태와 현황 등을 조사하여 기록하는데요. 이를 현황조사라고 합니다. 현황조사서에는 해당 경매물건에 거주자가 있는지, 있다면 그 사람이 소유자인지 아니면 임차인인지, 임차인이라면 그의 보증금과 월세는 얼마인지, '전입신고'는 했는지, '확정일자'를 받았는지 등의 내용이 담겨 있습니다.

법원에 소속된 집행관들이 경매물건을 조사해 작성한 현황조사서. 법원경매정보 사이트에서 확인할 수 있습니다.

경매물건의 가치를 알려주는 감정평가

법원은 경매물건의 가치를 평가하기 위해 감정평가법인에 감정평가를 의뢰하는데요. 법원의 의뢰를 받은 감정평가법인은 해당 경매물건의 위치, 주위 환경, 교통상황 등 여러 사항을 고려해 경매물건의 감정평가금액을 정합니다. 법원은 이를 토대로 경매물건의 최저매각가격을 결정합니다.

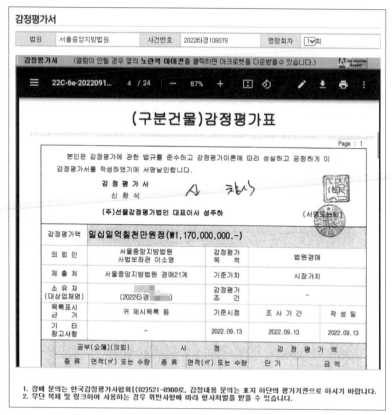

법원의 의뢰를 받은 감정평가법인이 경매물건의 가치를 평가한 감정평가서. 법원경매정보 사이트에서 확인할 수 있습니다.

집행관이 조사한 내용과 감정평가법인이 평가한 내용을 바탕으로 현황조사서, 감정평가서, 매각물건명세서가 각각 작성되는데요. 법원은 이것들을 누구나 볼 수 있도록 경매 시작 1주일 전까지 법원에 비치해 놓습니다.

참고로 매각물건명세서는 법원이 입찰 예정자들에게 제공할 목적으로 현황조사서와 감정평가서 등의 내용을 참조하여 매각 대상 물건의 현황과 권리관계, 감정평가액 등을 일목요연하게 정리·작성한 공식 문서입니다.

서 울 중 앙 지 방 법 원

매각물건명세서

사 건	2022타경 ▨▨▨ 부동산임의경매	매각 물건번호	1	작성 일자	2022.11.16	담임법관 (사법보좌관)	이소영	
부동산 및 감정평가액 최저매각가격의 표시	별지기재와 같음	최선순위 설정		2014.7.10. 근저당		배당요구종기	2022.11.08	

부동산의 점유자와 점유의 권원, 점유할 수 있는 기간, 차임 또는 보증금에 관한 관계인의 진술 및 임차인이 있는 경우 배당요구 여부와 그 일자, 전입신고일자 또는 사업자등록신청일자와 확정일자의 유무와 그 일자

점유자 성 명	점유 부분	정보출처 구 분	점유의 권원	임대차기간 (점유기간)	보 증 금	차 임	전입신고 일자, 사업자등록 신청일자	확정일자	배당 요구여부 (배당요구일자)
황▨▨	401호	현황조사	주거 임차인				2001.03.31	미상	
	401호 전부	권리신고	주거 임차인	2014.07.15.- 현재까지	300,000,000		2001.03.31.		2022.11.04

〈비고〉

※ 최선순위 설정일자보다 대항요건을 먼저 갖춘 주택·상가건물 임차인의 임차보증금은 매수인에게 인수되는 경우가 발생 할 수 있고, 대항력과 우선변제권이 있는 주택·상가건물 임차인이 배당요구를 하였으나 보증금 전액에 관하여 배당을 받지 아니한 경우에는 배당받지 못한 잔액이 매수인에게 인수되게 됨을 주의하시기 바랍니다.

등기된 부동산에 관한 권리 또는 가처분으로 매각으로 그 효력이 소멸되지 아니하는 것

매각에 따라 설정된 것으로 보는 지상권의 개요

비고란

주1 : 매각목적물에서 제외되는 미등기건물 등이 있을 경우에는 그 취지를 명확히 기재한다.
  2 : 매각으로 소멸되는 가등기담보권, 가압류, 전세권의 등기일자가 최선순위 저당권등기일자보다 빠른 경우에는 그 등기일자를 기재한다.

경매물건의 현황과 권리관계 등을 정리한 매각물건명세서. 법원경매정보 사이트에서 확인할 수 있습니다.

045

경매

경매 날을 알려 줘요!
입찰할 사람 모여라!

집행법원은 경매를 진행해도 경매신청자가 배당받을 돈이 없다는 등의 경매 취소 사유가 없다면 법원 직권으로 매각기일과 매각결정기일을 지정하고 이를 공고합니다. 통상 매각공고 14일 후 매각기일이, 매각기일 7일 후 매각결정기일이 정해집니다.

3단계		매각공고
경매하는 날을 알려 줘요! 입찰할 사람 모여라!	→	

매각공고 – 경매물건을 매각하는 날을 알려 줘요!

경매개시결정을 한 집행법원은 경매물건을 매각하는 날인 매각기일과 매각허가 여부를 결정하는 날인 매각결정기일을 정한 뒤 해당 부동산에 관한 정보와 함께 일간신문, 해당 법원 게시판, 그리고 법원경매정보 사이트에 공고합니다.

일간신문에 실린 부동산 매각공고

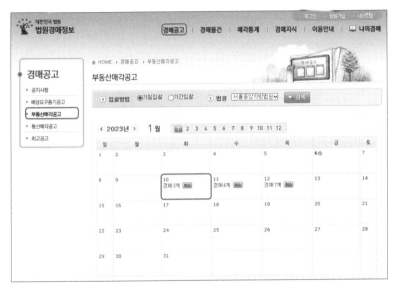

사건번호	매각물건			감정평가액 최저매각가격 (단위:원)	비고
	물건 번호	용도	소재지 및 상세내역		
2022타경	1	아파트	인천광역시 미추홀구 한나루로 ⬛⬛⬛⬛ [상세내역] 철근콘크리트구조 (철근)콘크리트지붕 지하2층, 지상14층 공동주택 및 업무시설 지하2층 209.51㎡ 지하1층 590.15㎡ 1층 158.23㎡ 2층 425.97㎡ 3층 4 25.97㎡ 4층 425.97㎡ 5층 425.97㎡ 6층 425.97㎡ 7 층 425.97㎡ 8층 425.97㎡ 9층 425.97㎡ 10층 425.9 7㎡ 11층 425.97㎡ 12층 425.97㎡ 13층 425.97㎡ 14 층 425.97㎡ 철근콘크리트구조 49.11㎡	169,000,000 Ⓗ 169,000,000 입찰시간(10:00)	

법원경매정보 사이트에서 '경매공고' → '부동산매각공고' → '경매계' 경로로 들어가면

경매로 매각하려는 부동산의 정보를 확인할 수 있습니다.

046

경매
경매장 가기 전에
꼭 확인해야 할 3가지

경매물건, 예정대로 나왔겠지?

대한민국법원 법원경매정보 사이트에서 자신이 바라던 부동산을 찾아서 시간과 경비를 들여 조사했는데, 막상 매각기일에 해당 물건이 사라진다면 기분이 어떨까요?

실제 경매장에서는 이런 상황들이 종종 발생해요.

예를 들어 채무자가 돈을 갚거나 돈을 갚겠다는 약속을 하면 채권자가 경매를 취하할 수 있습니다. 또한, 경매 진행 중에도 경매신청자가 배당받을 돈이 없거나 담보물권이 무효가 되거나 말소되어 법원이 경매를 취소할 수도 있습니다. 거래의 실상을 반영하거나 경매 절차를 효율적으로 진행하기 위해 법원이 배당요구의 종기까지 매각조건을 바꾸는 경우도 있습니다. 또한 경매사건 이해관계인의 신청으로 매각기일이 뒤로 미뤄질 수도 있습니다.

그렇다면 이러한 황당한 일을 겪지 않으려면 어떻게 해야 할까요?

첫째, 경매신청자가 청구한 금액이 얼마인지를 먼저 확인해 봐야 합니다. 예를 들어 경매물건의 시세가 12억 원인데 경매신청자가 청구한 금액이

2천만 원이라면 해당 부동산의 소유자는 수단과 방법을 가리지 않고 빚을 갚으려고 할 것입니다. 물론 그 빚마저 갚지 못해 경매가 진행될 수도 있겠지만, 이렇게 경매신청자가 청구한 금액이 아주 적은 금액이라면 해당 경매사건은 취하될 확률이 매우 높습니다.

둘째, 매각기일에 법원으로 출발하기 전 대한민국법원 법원경매정보 사이트에 접속하여 자신이 입찰하고지 하는 부동산이 취소, 취하, 변경, 연기가 되지 않았는지를 확인해야 합니다.

그동안 달라진 건 없겠지?

입찰하려는 경매물건이 사라지지 않은 것을 확인했다면, 이번에는 경매계를 방문해 매각물건명세서 내용을 확인해야 하는데요.

자신이 조사한 채권자나 임차인에 관한 내용이 매각물건명세서의 내용과 일치하는지는 반드시 확인해야 합니다. 만약 조사에서 미처 파악하지 못한 채권자나 임차인이 있다면 그 부담을 낙찰자가 떠안을 수도 있기 때문입니다.

사건번호는 확실한가?

간단한 것 같지만 경매 초보자들이 많이 하는 실수가 바로 입찰표나 매수신청보증금봉투나 입찰봉투에 사건번호나 물건번호를 잘못 기재하는 것입니다. 자신이 입찰하고자 하는 부동산이 아닌 엉뚱한 물건에 입찰하지 마세요. 돌다리도 두드려 보고 건넌다는 심정으로 꼭 확인 후 기재하세요.

토막
상식

경매신청인이 받을 돈이 한 푼도 없다면? 잉여의 가망이 없는 경우의 경매 취소

집행법원은 최저매각가격에서 경매신청인의 채권에 앞선 부동산상의 모든 부담과 경매 비용을 제하면 남는 게 없다고 인정된 때에는 이러한 사실을 경매신청자에게 통지합니다. 그리고 경매신청자에게 경매물건을 매수할 것을 요구하는데요. 이에 대해 경매신청자가 매수신청과 함께 보증을 제공하지 않으면 경매 절차를 법원이 직권으로 취소합니다(민사집행법 제102조).

법원 경매계에서 매각물건명세서 볼 때 주의사항

경매 당일 법원 경매계에 비치된 매각물건명세서를 보려면 먼저 신분증을 제시해야 합니다. 그리고 매각물건명세서의 내용을 따로 종이에 적으려면 반드시 연필을 사용해야 합니다. 볼펜이나 사인펜은 매각물건명세서를 위조할 수 있어 사용할 수 없습니다. 매각물건명세서는 매각기일 1주일 전에 법원에 비치됩니다.

047

경매
너 얼마면 되니?

경매로 부동산을 매수하는 목적이 무엇일까요? 아무래도 자신이 원하는 부동산을 저렴하게 매수할 수 있기 때문일 것입니다. 그런데 경쟁 분위기에 휩싸여 무조건 높은 가격을 제시한다면 저렴하게 구매하기는커녕 손해를 볼 수 있습니다. 그러므로 경매에 입찰하기 전에 계산하여 마지노선 (Maginot線) 위로는 입찰하지 않는 것이 좋습니다.

고가로 낙찰받는 경매 초보, 저가로 낙찰받는 경매 고수

경매에 참여하는 이유는 앞서 언급했듯이 투자가치가 있는 부동산을 시세보다 저렴하게 매수하기 위해서인데요. 경매 초보는 자신이 원하는 부동산을 낙찰받기 위해서 얼마나 높은 가격으로 입찰해야 할까를 고민한다면, 경매 고수는 얼마나 낮은 가격으로 입찰할까에 초점을 맞춥니다.

경매를 통해 부동산을 매수할 때는 공인중개사사무소를 통하여 매수할 때 치르지 않아도 되는 이사비용, 대행 수수료, 밀린 관리비 등 추가적인 비용이 들어갈 수 있습니다. 그러므로 경매로 원하는 부동산을 매수하고자 한다면 이러한 비용까지 감안하여 시세보다 더 저렴한 가격으로 낙찰받아야 합니다.

그럼, 사례를 통해 어떻게 입찰가격을 결정하는지 한번 알아볼까요?

(사례) 분양면적 59㎡의 아파트/시세 7억 원

일반 매매
- 매매가격: 7억 원
- 소유권이전 비용: 약 1,860만 원
- 중개수수료: 280만 원
- 수리비용: 약 3천만 원

→ 총비용: 7억 5,140만 원

경매
- 매매가격: 7억 원
- 소유권이전 비용: 약 1,860만 원
- 경매대행 수수료: 약 1천만 원
- 이사비용: 약 300만 원
- 수리비용: 약 3천만 원
- 밀린 관리비: 200만 원

→ 총비용: 7억 6,360만 원

시세 7억 원인 아파트를 경매로 7억 원에 사면 일반 매매보다 1,220만 원을 더 부담하게 됩니다. 경매 시에는 중개수수료보다 비싼 대행 수수료에 점유자 이사비용과 밀린 관리비까지 부담해야 하기 때문입니다.

그러므로 해당 아파트를 경매로 매수하고자 한다면 최대 6억 8,780만 원에 낙찰받아야 공인중개사를 통해 매수하는 것과 같다는 계산이 나옵니다. 시세보다 저렴하게 부동산을 매수하고 싶다면 입찰가가 최대한 6억 8,780만 원을 넘지는 말아야 합니다.

그런데 경매물건은 매각기일에 매각되지 않으면 20~30%씩 가격이 할인되어 다시 경매장에 나옵니다. 매각되지 않은 것을 '유찰'이라 하고, 유찰되어 다시 경매장에 나오는 것을 '새매각'이라 합니다.

최초 최저매각가격 7억 원의 아파트가 유찰될 경우

- 최초 경매: 최저매각가격 7억 원
- 새매각: 최저매각가격 5억 6천만 원(7억 원의 20%인 1억 4천만 원 할인)
  ← 1회 유찰
- 새매각: 최저매각가격 4억 4,800만 원(5억 6천만 원의 20%인 1억 1,200만 원 할인) ← 2회 유찰
- 새매각: 최저매각가격 3억 5,840만 원(4억 4,800만 원의 20%인 8,960만 원 할인)
  ← 3회 유찰

하자가 없는 물건이라면 보통 1~2회 정도 유찰되었을 때 낙찰되는데요. 1회 유찰되었을 때 입찰한다면 입찰가는 얼마로 정하면 될까요?

- 사려는 사람이 별로 없는 경우: 법원이 제시하는 최저매각가격에 100만 원 미만의 금액을 더하여 제시하면 낙찰 가능
- 경쟁이 심한 경우: 유찰되기 전의 가격보다 높은 가격을 제시해야 낙찰 가능. 7억 원의 아파트라면 1회 유찰되었을 때 5억 6천만 원보다 높은 가격을 제시해야 함

일반 매매보다 저렴하게 매수하려면 6억 8,780만 원에서 5억 6천만 원 사이로 입찰해야 합니다. 두 가격의 차이가 1억 2,780만 원으로 너무나 커서 입찰가격을 결정하기 힘들다면 범위를 조금 좁혀 볼까요?

경매로 부동산을 매수할 때는 시세보다 최소한 10%는 저렴하게 매수해야 경매에 참여한 의미가 있습니다. 물론, 더 저렴하게 매수하면 좋겠지만 경매 초보라면 욕심을 버리고 시세보다 10% 저렴하게 매수하는 걸로 목표를 삼아 보세요. 사실, 이것도 쉽지 않지만요.

시세의 10%라면 7억 원의 아파트는 7천만 원이 저렴한 6억 3천만 원에 매수해야 합니다. 그런데 경매 시에는 매매 때보다 1,220만 원 정도의 비용이 추가로 들어가므로 1,220만 원을 뺀 6억 1,780만 원에는 낙찰받아야 합니다. 결국 입찰가격의 범위는 6억 1,780만 원부터 5억 6천만 원 사이가 되겠네요.

시세 7억 원의 부동산을 매수하는 경우

- 시세로 매수하는 것과 같은 최소 입찰가격: 6억 8,780만 원(경매는 일반 매매보다 기타비용으로 1,220만 원이 더 들어감)
- 10% 저렴하게 살 때의 입찰가격: 6억 1,780만 원(7억 원 × 90% − 1,220만 원)
- 최소로 제시할 수 있는 입찰가격: 5억 6천만 원(1회 유찰 가격)

일반 매매보다 저렴하게 부동산을 매수할 수 있다는 것이 경매의 진정한 묘미입니다. 다음 체크리스트를 이용해 일반 매매로 매수할 때와 경매로 매수할 때를 비교해 보세요.

▼경매비용 및 입찰가격 체크리스트

시세대로 매수할 때 비용		경매로 매수할 때 비용	
소유권이전비용	원	소유권이전비용	원
중개수수료	원	경매대행 수수료	원
수리비용	원	수리비용	원
기타비용	원	이사비용	원
합계	원	밀린 관리비	원
		기타비용	원
		합계	원
차액(경매로 매수할 때의 비용 - 시세대로 매수할 때의 비용)			원
마지노선 가격(시세 - 차액)			원
10% 저렴한 가격(시세×90% - 차액)			원
최소 입찰가격(1회 유찰 가격)			원

토막상식

✎ **조급함은 경매 최대의 적!**

경매물건에 입찰할 때 해당 부동산을 꼭 낙찰받아야 한다는 마음에 조급함이 앞서면 너무 높은 가격을 제시하거나 숨어 있는 무서운 권리를 발견하지 못해 손해를 볼 수 있습니다. 경매로 나오는 부동산은 무수히 많으므로 이번에 기회를 놓친다 해도 다음에 더 좋은 부동산이 나올 것이라는 마음으로 여유를 가지고 경매에 참여하세요. 그래야 손해를 줄이고 더 나은 기회를 잡을 수 있습니다.

048

경매
입찰가 쓰고,
보증금 내면 드디어 입찰!

매각기일에 자신이 원하는 부동산에 입찰하려면 입찰표와 매수신청보증금봉투, 그리고 입찰봉투를 작성할 줄 알아야 합니다.

하나씩 살펴볼까요?

기일입찰표

입찰표의 정식명칭은 '기일입찰표'인데요. 법원이 정한 날, 즉 기일에 경매를 진행하기 때문에 그렇게 부릅니다. 그러나 보통은 기일을 생략하고 입찰표라 칭하므로 여기에서도 그냥 입찰표라고 하겠습니다.

입찰표는 사건번호, 물건번호, 입찰자, 입찰가격, 보증금액, 보증의 제공방법, 보증금 반환 확인란 등 7가지 항목으로 구성되어 있습니다.

❶ **사건번호**: 입찰하려는 해당 부동산의 매각물건명세서에 기재된 사건번호를 적습니다. 사건번호를 적지 않으면 입찰은 무효가 됩니다. 단, 입찰표에 적지 않았어도 매수신청보증금봉투나 입찰봉투에 적었다면 입찰로 인정합니다. 대리인이 대신 경매에 참여

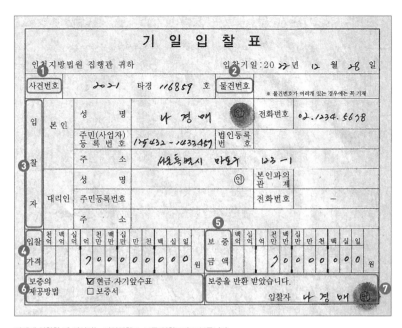

기 일 입 찰 표

인천지방법원 집행관 귀하

입찰기일 : 20 22 년 12 월 28 일

① 사건번호	2021 타경 116859 호	② 물건번호	※ 물건번호가 여러개 있는 경우에는 꼭 기재

③ 입찰자	본인	성 명	나 경 매 ㉰	전화번호	02.1234.5678
		주민(사업자) 등 록 번 호	125432 - 1433457	법인등록 번 호	
		주 소	서울특별시 마포구 123-1		
	대리인	성 명	㉰	본인과의 관 계	
		주민등록번호		전화번호	-
		주 소			

④ 입찰 가격	천억 백억 십억 억 천만 백만 십만 만 천 백 십 일	⑤ 보증 금액	백억 십억 억 천만 백만 십만 만 천 백 십 일
	7 0 0 0 0 0 0 0 원		7 0 0 0 0 0 0 원

⑥ 보증의 제공방법	☑ 현금·자기앞수표 ☐ 보증서	보증을 반환 받았습니다. 입찰자 나 경 매 ㉰ ⑦

경매에 입찰할 때 작성하는 기일입찰표. 보통 입찰표라고 부릅니다.

서 울 남 부 지 방 법 원

2021타경116849

매각물건명세서

① 사건	2021타경11○○ 부동산강제경매	② 매각 물건번호	1	작성 일자	2022.09.27	담임법관 (사법보좌관)	권오경	印
부동산 및 감정평가액 최저매각가격의 표시	별지기재와 같음		최선순위 설정	2021.06.15. 압류		배당요구종기	2022.03.28	

부동산의 점유자와 점유의 권원, 점유할 수 있는 기간, 차임 또는 보증금에 관한 관계인의 진술 및 임차인이 있는 경우 배당요구 여부와 그 일자, 전입신고일자 또는 사업자등록신청일자와 확정일자의 유무와 그 일자

점유자 성 명	점유 부분	정보출처 구 분	점유의 권 원	임대차기간 (점유기간)	보 증 금	차 임	전입신고 일자, 사업자등록 신청일자	확정일자	배당 요구여부 (배당요구일자)
박○○	건물 전부	등기사항 전부증명서	주거 임차권자	2019.05.25.-	145,000,000		2019.05.28.	2019.05.13.	
주택도시 보증공사	402호 전부	권리신고	주거 임차권자	2019.05.25.-	145,000,000		2019.05.28.	2019.05.13.	2022.03.28

매각물건명세서에 적힌 사건번호와 물건번호를 각각 입찰표에 적어 넣습니다.

한 경우, 위임장에만 사건번호를 적어도 입찰로 인정합니다. 하지만 집행법원마다 입찰로 인정하는 기준이 다를 수 있으니 가능하면 꼼꼼히 원칙대로 작성합니다.

❷ **물건번호**: 경매 대상 물건의 매각물건명세서에 기재된 물건번호를 적습니다. 물건번호가 있는 경우에만 적고 없으면 비워 둡니다.

❸ **입찰자**: 경매에 참여하는 자신의 이름, 주민등록번호, 주소, 전화번호 등을 적습니다. 대리인이 대신 참여한다면 대리인의 이름, 입찰을 대신 부탁한 사람과의 관계, 주민등록번호, 주소, 전화번호를 적어 넣습니다. 이름을 적지 않으면 입찰은 무효가 됩니다. 난, 노상의 글씨가 선명해서 이름을 쉽게 알 수 있거나, 대리인의 이름만 있고 입찰을 부탁한 사람의 이름은 없지만, 위임장이나 인감증명서에 입찰을 부탁한 사람의 이름이 적혀 있다면 입찰로 인정합니다. 주소는 현재 거주하고 있는 주소가 아니라 주민등록상의 주소를 적어야 합니다.

❹ **입찰가격**: 원하는 입찰가를 적습니다. 가격을 잘못 적었다면 새로운 입찰표를 가져와 다시 적어야 합니다.

❺ **보증금액**: 법원에서 정한 최저매각가격의 10%에 해당하는 금액을 적습니다. 입찰가의 10%를 적지 않도록 주의하세요. 가격을 잘못 적었다면 역시 새로운 입찰표를 가져와 다시 적어야 합니다.

❻ **보증의 제공방법**: 매수보증금봉투 안에 넣을 매수보증금이 현금인지, 자기앞수표인지, 보증서인지를 표시합니다.

❼ **보증금 반환 확인란**: 입찰자가 경매물건을 낙찰받지 못해 매수보증금을 반환받은 경우 이러한 사실을 확인하는 것입니다.

✎ 입찰표 작성할 때 자주 하는 실수는?

① 입찰표에 매각기일을 적지 않았거나 잘못 적으면 입찰을 인정하지 않습니다. 단, 입찰봉투에 기록되어 있다면 입찰을 인정합니다.

② 대리인이 경매에 참여하는 경우, 입찰표와 위임장에 적힌 내용이 다르면 입찰을 인정하지 않습니다.

③ 입찰가격과 보증금액에 '0'을 하나 더 쓰거나 덜 쓰지 않도록 주의합니다. 0을 덜 쓴 경우에는 금액이 터무니없이 모자라므로 낙찰받을 수 없겠죠? 그러니 0을 더 쓴 경우에는 당연히 최고가매수신고인이 됩니다. 최저매각가격보다 10배가 넘는 금액을 써냈으니까요. 이런 경우 해당 부동산을 낙찰받으려면 자신이 적어낸 금액을 그대로 법원에 납부해야 하는데, 그럼 10배나 비싸게 매수하는 셈이니 이럴 땐 매수보증금을 포기하고 낙찰받지 않는 것이 좋습니다. 간혹 실수를 인정하여 매수보증금을 돌려주는 경우가 있긴 하지만, 그런 경우는 흔치 않습니다. 그러므로 입찰표에 입찰가격을 쓸 때는 조심해야 합니다.

매수신청보증금봉투

입찰표를 작성했다면 매수신청보증금봉투를 작성한 뒤 매수보증금을 넣어야 합니다. 매수신청보증금봉투는 사건번호, 물건번호, 본인의 이름 또는 대리인의 이름을 적는 부분, 도장 찍는 부분으로 구성되어 있습니다.

매수보증금을 넣는 매수신청보증금봉투의 앞면

매수보증금을 넣는 매수신청보증금봉투의 뒷면

❶ 매각물건명세서에 기재된 사건번호를 적습니다.

❷ 매각물건명세서에 기재된 물건번호가 있는 경우 그 번호를 적습니다.

❸ 경매에 참여하는 사람이 본인이면 본인의 이름을 적고 대리인이면 대리인의 이름을 적습니다. 그리고 이름 옆에 도장을 찍습니다.

❹ 경매에 참여한 사람의 도장을 세 곳 모두에 빠짐없이 찍습니다.

이렇게 매수신청보증금봉투를 작성했다면 법원에서 정한 최저매각가격의 10%에 해당하는 매수보증금을 넣고 봉투를 봉합니다.

참고로 매수보증금으로 현금이나 자기앞수표를 제공한 낙찰자는 매수보증금을 제외한 나머지 금액만 집행법원에 내면 되지만, 보증서를 제공한 낙찰자는 매각대금 전액을 집행법원에 내야 합니다.

입찰봉투

매수신청보증금봉투 안에 매수보증금을 넣고 기재 사항을 작성하였다면 입찰표와 매수신청보증금봉투를 넣을 입찰봉투를 작성해야 합니다. 입찰봉투는 입찰자용 수취증, 스테이플러 찍는 부분, 사건번호와 물건번호 그리고 경매에 참여한 사람의 이름을 적는 부분으로 구성되어 있습니다.

❶ **입찰자용 수취증**: 입찰봉투에 입찰표와 매수신청보증금봉투를 넣고 나서 집행관의 도장(❶-1)을 받은 뒤 이 부분을 잘라서 잘 보관해야 합니다. 낙찰받지 못한 경우 이 수취증을 제출해야만 매수보증금을 돌려받을 수 있습니다. 집행관의 도장이 없으면 인정받지 못하므로 꼭 도장을 받도록 합니다.

입찰봉투의 앞면

입찰봉투의 뒷면

❷ ⬜ 부분: 입찰봉투를 봉하기 위해 스테이플러를 찍는 부분입니다.

❸ 입찰자 이름: 매수신청보증금봉투에 작성한 것과 똑같이 입찰자의 이름을 적습니다. 대리인이 입찰했다면 대리인의 이름을 적습니다.

❹ 사건번호, 물건번호: 매각물건명세서상의 사건번호와 물건번호를 적습니다.

❺ 도장: 입찰자란에 입찰자나 대리인의 도장을 찍습니다.

이제 입찰봉투에 입찰표와 매수신청보증금봉투를 넣고 봉한 뒤 입찰함에 넣으면 됩니다. 보통 1시간 남짓 기다리면 낙찰자 이름을 부릅니다. 집행법원마다 입찰로 인정하는 기준이 다를 수 있으니 원칙대로 하세요.

049

경매

낙찰받아도
소유자가 될 수 없는 경우

최고가매수신고인이라고 해서 바로 낙찰받은 부동산의 소유자가 되지는 않습니다. 법원은 매각기일로부터 1주일 후 매각결정기일에 이해관계인의 의견을 듣는 등 매각불허가 사유가 있는지를 조사한 다음 직권으로 매각허가결정 또는 매각불허가결정을 선고합니다. 그렇다면 매각불허가결정이 내려질 수 있는 사유로는 어떠한 것들이 있을까요?

법원의 실수

❶ 경매로 나온 부동산과 관계가 있는 이해관계인(압류채권자, 집행력 있는 정본에 의하여 배당을 요구한 채권자, 채무자, 소유자, 등기사항전부증명서에 기입된 부동산 위의 권리자, 부동산 위의 권리자로서 그 권리를 증명한 사람)에게 경매 관련 사항을 올바르게 알려주지 않은 경우

❷ 감정평가액이 현재 시세와 상당한 차이가 나서 재감정이 필요한 경우

❸ 경매물건에 딸린 부속물이 감정평가에서 빠진 경우

❹ 해당 부동산의 면적이 실제와 매우 다르게 공고되었거나 부동산 일부가 아예 빠진

경우

❺ 해당 물건의 경제적 가치를 볼 때 개별 경매 또는 일괄경매로 진행해야 하는데 그 반대로 진행된 경우

❻ 감정평가를 할 당시에는 멀쩡하던 부동산이 심하게 훼손되어 본래의 가치를 상실한 경우

❼ 말소기준권리보다 앞에 있는 선순위임차인을 공고하지 않아 해당 부동산을 사는 사람이 임차인의 보증금을 떠안게 된 경우

❽ 경매를 진행하는 매각기일이 잘못 공고되거나 아예 빠진 경우

최고가매수인의 실수

❶ 채무자가 최고가매수신고인이 된 경우

❷ 이전 경매에서 낙찰자로 정해졌으나 잔금을 치르지 않은 자가 다시 입찰해 최고가 매수신고인이 된 경우

❸ 재경매로 나온 물건의 매수보증금은 최저매각가격의 20%임에도 10%만 낸 경우

❹ 미성년자, 금치산자, 한정치산자와 같은 사람이 최고가매수신고인이 된 경우

❺ 입찰표를 잘못 작성한 경우

❻ 농지취득자격증명원을 매각결정기일까지 제출하지 않은 경우

법원의 실수는 참고사항으로만 알아 두고 낙찰자 스스로의 실수로 인한 매각불허가 사유를 제대로 숙지해서 원하는 부동산을 놓치지 않도록 하세요.

토막 상식

✎ 공매에서 최고가매수신청인 결정

일반경쟁입찰(단독입찰 포함)로서 공매예정가격의 100분의 10 이상의 공매보증을 제공하고, 공매물건별 공매예정가격 이상의 매수신청가격 중 최고가격을 신청한 자를 최고가매수신청인으로 결정합니다.

최고가매수신청가격이 둘 이상이면 즉시 온비드에 의한 무작위 추첨 방법으로 최고가매수신청인을 정합니다.

공매에서 매각결정이 취소되는 경우

매각결정기일에 매각결정을 한 후 매수인이 매매대금(매수대금)을 납부하기 전에 체납자가 압류와 관련된 체납액을 납부하고 매각결정의 취소를 신청하는 경우(체납자는 매수인의 동의를 받아야 함), 공매보증은 매수인에게 반환됩니다.

경매에서 먼저 매각이 완료되어 매수인이 소유권을 취득할 수 없는 경우, 공매보증은 매수인에게 반환됩니다.

매수인의 귀책이 아닌, 공매 진행을 할 수 없는 중대한 사유가 발생한 경우, 공매보증은 매수인에게 반환됩니다.

매매대금 납부의 촉구를 하여도 매수인이 매매대금을 지정된 기한까지 납부하지 않은 경우(국세징수법 제85조), 공매보증은 매수인에게 반환되지 않습니다. 단, 공매보증을 초과하여 납부한 금액은 매수인에게 반환됩니다.

매각결정기일 전에 압류와 관계되는 체납액 전부가 납부 또는 충당되는 등 압류 해제의 사유 및 그 밖에 매각결정을 할 수 없는 중요한 사유가 발생하여 공매 대행 의뢰기관에서 공매의 취소를 요청하는 경우 또는 그러한 사실이 추후 확인될 경우 매각결정이 취소될 수 있습니다.

050

경매

경매가 중단되는 경우

경매에 참여하다 보면 경매가 순조롭게 진행되지 못하고 중간에 멈추기도 하는데요. 어떤 경우에 그런지 한 번 살펴볼까요?

매각허가결정에 이의 있습니다!

이해관계인은 법원의 매각허가결정 또는 매각불허가결정으로 손해를 보게 되면 그 결정에 대하여 즉시항고를 할 수 있습니다. 매각허가에 정당한 이유가 없거나 결정에 적은 것 외의 조건으로 허가하여야 한다고 주장하는 매수인 또는 매각허가를 주장하는 매수신고인도 즉시항고를 할 수 있습니다.

즉시항고를 하려는 자는 매각허가결정 또는 매각불허가결정을 선고한 날부터 1주일 안에 항고장을 원심법원에 제출해야 합니다. 만약 항고장에 항고 이유를 적지 아니한 때에는 항고인은 항고장을 제출한 날부터 10일 이내에 항고 이유서를 원심법원에 제출해야 합니다.

매각허가결정에 대하여 항고하고자 하는 자는 보증으로 매각대금의

10분의 1에 해당하는 금전 또는 법원이 인정한 유가증권을 공탁하여야 합니다.

항고하면서 항고장에 보증을 제공하였음을 증명하는 서류를 붙이지 아니한 때에는 항고장을 받은 날부터 1주 이내에 원심법원의 결정으로 즉시 항고를 각하한 다음 경매 절차를 계속 진행합니다.

채무자나 소유자의 항고가 기각된 때에는 항고인은 보증으로 제공한 금전이나 유가증권을 돌려받을 수 없습니다.

채무자나 소유지의 항고가 기각될 경우, 항고인은 보증으로 제공한 금전이나 유가증권을 돌려받을 수 없습니다. 그러나 채무자나 소유자가 아닌 다른 사람의 항고가 기각되면, 항고인은 항고한 날부터 항고 기각 결정이 확정된 날까지의 매각대금에 대한 연 12%에 해당하는 금액은 빼고 나머지는 돌려받을 수 있습니다. 이때 유가증권은 현금화하는데요. 단, 항고인이 보증으로 제공한 유가증권을 현금화하기 전에 위에서 설명한 빼는 금액을 지급한 때에는 그 유가증권은 현금화하지 않고 그대로 돌려받을 수 있습니다.

051

경매

내야 할 마지막 돈, 잔금

매각허가결정이 확정되면 최고가매수신고인은 낙찰자(매수인)가 되고 차순위매수신고인과 함께 법원으로부터 언제까지 잔금을 납부하라고 통보받습니다. 매수인이 매각대금을 납부하면 소유권이전등기를 하기 전이라도 해당 부동산의 소유권을 가지게 됩니다. 그리고 차순위매수신고인은 그제야 입찰 시 법원에 냈던 매수보증금을 찾아갈 수 있습니다.

대출을 받아야 한다면 철저한 계획이 필요하다!

낙찰 후 납부해야 하는 매각대금은 경매에 참여할 때부터 철저한 계획을 세워 준비해야 합니다. 시간적으로나 금전적으로나 여유 있게 말이죠.

대부분의 경매 참여자는 지렛대 효과를 보기 위해 대출을 활용하는데요. 이런 경우 얼마까지 대출이 가능한지 정확하게 확인해 봐야 합니다.

아파트의 경우에는 매각대금에 대한 대출이 쉬운 편이지만, 단독주택이나 다가구주택, 그리고 상가는 아파트에 비해 담보물 대비 대출이 많이 되지 않습니다. 토지도 마찬가지고요.

또한 낙찰받은 건물에 대항력을 가진 임차인이 거주하고 있거나 공사비 등과 관련하여 유치권이 성립하거나, 낙찰받은 토지에 법정지상권이 설정되어 있으면 담보로서의 가치가 없어 대출이 나오지 않을 수 있습니다. 부동산의 일부인 지분도 대출이 나오지 않습니다.

이 세상에 공짜는 없다! 은행 수수료도 생각하자!

매각대금을 치르기 위헤 은행에 대출 신청을 하면 은행에서 지정한 법무사가 대금납부부터 소유권이전등기, 근저당권설정등기, 말소권리의 말소등기까지 모두 알아서 해결해 줍니다. 그 대신 수수료가 추가로 들어갈 수 있는데요. 은행 수수료에 포함되는 법무사 비용은 소유권이전등기를 하는 부동산의 가격에 따라 차이가 있으므로 자신이 경매로 매수한 부동산의 가격이 아주 비싸다면 그 비용도 상당히 부담될 수 있습니다.

토막상식

✎ **차순위매수신고인에게도 대금납부 기한을 알려주는 이유는?**

대금납부 기한이 정해지면 법원은 최고가매수신고인과 차순위매수신고인 모두에게 대금납부 기한을 알려줍니다. 왜 그럴까요? 그 이유는 2가지입니다.

첫째, 최고가매수신고인이 대금납부 기한 안에 대금을 납부하게 되면 차순위매수신고인이 그동안 법원에 묶여 있던 매수신청보증금을 바로 찾아갈 수 있도록 하기 위해서입니다. 만약에 차순위매수신고인에게 대금납부 기한을 알려주지 않는다면 차순위매수신고인은 자신의 매수신청보증금을 언제 찾아가야 할지를 알 수 없겠지요.

둘째, 최고가매수신고인이 대금납부 기한 안에 대금을 납부하지 않으면 차순위매수신고인에게 기회를 줌으로써 경매를 빠르게 종결하기 위해서입니다.

052

경매

나도 이제 집주인!
소유권이전하기

집행법원으로부터 대금납부통지서를 받은 매수인은 매각대금의 납부와 더불어 소유권이전등기까지 한꺼번에 처리하는 게 좋습니다. 이는 해당 부동산에 임차인을 들이거나 매도하는 걸 수월하게 하기 위해서입니다.

대출받는 경우

일반적으로 낙찰자는 매각대금 일부를 대출받아 납부하는 경우가 많은데요. 필요한 서류를 낙찰자가 잘 갖추어 은행에 제출하면 은행이 소유권이전등기뿐만 아니라 말소등기, 근저당권설정등기까지 모두 처리해 줍니다. 즉 낙찰자가 셀프등기를 하지 않아도 됩니다.

대출받지 않는 경우

은행에서 매각대금 일부를 대출받지 않는 경우라도 대출받는 경우처럼 법무사에게 수수료를 주고 소유권이전등기를 의뢰할 수 있습니다. 그러나 낙찰자가 매각대금 일부를 대출받지 않는다면 셀프등기도 할 수 있는데요. 셀프등기를 하면 법무사 수수료를 아낄 수 있습니다. 그럼, 셀프등기는 어떻게 하는지 알아볼까요?

셀프등기는 이렇게 해요!

스스로 소유권이전등기 촉탁을 하면 비용을 아낄 수는 있으나 혹시 잘못될까 봐 신경이 무척 쓰입니다. 그래도 시간이 있다면 직접 해보는 게 좋습니다.

셀프등기 순서는 다음 표와 같습니다.

순서대로 진행한 후 마지막으로 법원 경매계를 방문할 때는 각종 서류를 순서대로 정리하여 제출하세요. 참고로, 각종 서류는 미리 필요한 만큼 발급받거나 복사해 놓으세요. 낙찰자의 주민등록등본과 초본, 건축물대장, 토지대장, 건물 등기사항전부증명서, 토지 등기사항전부증명서, 매각허가결정 정본(매각허가결정문), 말소할 목록, 부동산 목록은 미리 필요한 만큼 발급받거나 복사해 놓으면 편리합니다.

1. 집
① 등기사항전부증명서
② 토지대장(대지권등록부)
③ 건축물관리대장(집합건물의 경우 전유부)
④ 주민등록등본, 초본
⑤ 가족관계증명서(상세본)
⑥ 말소목록 작성(4부 복사) ※형식 따로 없음. 깔끔하게만 정리
⑦ 국민주택채권 매입금액 확인(1544-0773)
⑧ 신분증, 대금납부통지서 ※대리인 경우: 대리인 신분증, 위임장, 임감증명, 관계를 확인할 수 있는 서류

5. 시·군·구청(물건지 관할)
① 취득세·등록면허세(말소등록세) 신고서 작성
② 취득세·등록면허세(말소등록세) 납부서 수령

6. 은행
① 취득세·등록면허세 납부
② 등기신청 수수료 납부(경매계에서 관할 등기소 미리 확인)
③ 국민주택채권 매입

7. 우체국
① 등기우편 수수료 납부(5,500원)
② 우표·대봉투 수령

2. 법원 경매계
① 신분증, 대금납부통지서 제출
② 법원보관금납부명령서 수령

3. 법원 내 은행
① 법원보관금납부명령서 제출, 잔금 납부
② 법원보관금 영수필통지서 수령
③ 전자수입인지 구입(법원에 따라 다름)

4. 법원 경매계
① 매각대금완납증명원 신청서 작성
② 법원보관금 영수필통지서, 전자수입인지 제출
③ 매각대금완납증명원 수령
④ 부동산 목록(매각대금완납증명원 후면의 '부동산의 표시') 4부 복사

8. 법원(제출)
• 부동산 소유권이전등기 촉탁신청서 • 매각허가결정정본(매각허가결정문) 1통 • 말소할 목록 4부 • 부동산목록 4부 • 토지대장(대지권등록부) • 건축물관리대장(집합건물의 경우 전유부) • 주민등록등본(매각기일 후 주소 변경이 있으면 초본 제출) • 우표(5,500원) • 취득세 납부서 겸 영수증 • 등록세 납부서 겸 영수증 • 수입증지(1건당 1만 5천 원, 말소 1건당 3천 원) • 국민주택채권 매입확인서

053

공매
압류재산 매각 절차

국세, 지방세, 공과금의 체납으로 압류된 재산을 압류재산이라 하는데
요. 한국자산관리공사가 세무서 등을 대신해 진행하는 압류재산 매각 절차
는 다음과 같습니다.

세무서장, 지방자치단체장, 각종 공과금 기관장 등이 체납자의 부동산
을 압류한 후 한국자산관리공사에 공매 대행을 의뢰합니다.

공매 대행 의뢰를 받은 한국자산관리공사는 체납자와 이해관계인에게
해당 부동산이 공매에 넘어갔다는 사실을 알립니다. 이때 체납자가 체납액
을 납부하면 공매는 취소됩니다.

권리분석 등 공매 진행이 가능한지를 분석한 후 공매 진행이 어렵다고
판단되면 공매재산을 공매를 의뢰한 기관에 반려합니다.

공매 진행이 가능한 공매재산은 감정평가하여 매각예정가격(최저매각가
격)을 결정합니다.

일간신문, 온비드 등에 해당 공매재산에 관한 공매공고를 합니다. 이때
한국자산관리공사는 체납자와 이해관계인에게 해당 부동산에 대한 공매공
고 사실을 알립니다.

압류재산 매각 절차

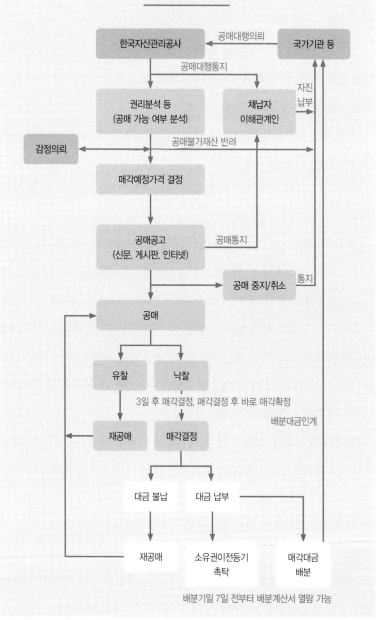

한국자산관리공사 ← 공매대행의뢰 ← 국가기관 등

↓ 공매대행통지

권리분석 등
(공매 가능 여부 분석)

채납자
이해관계인

자진
납부

감정의뢰 ← 공매불가재산 반려

매각예정가격 결정

공매공고
(신문, 게시판, 인터넷)

공매통지

공매 중지/취소 ← 통지

공매

유찰   낙찰

3일 후 매각결정, 매각결정 후 바로 매각확정

배분대금인계

재공매   매각결정

대금 불납   대금 납부

재공매   소유권이전등기
촉탁   매각대금
배분

배분기일 7일 전부터 배분계산서 열람 가능

공매공고 후에라도 공매가 취소되거나 정지되면 공매를 의뢰한 기관에 알립니다.

공매는 경매처럼 지정된 날에 진행하는 기일입찰이 아니라 일정한 기간 안에 입찰하는 기간입찰인데요. 압류재산의 경우 월요일 오전 10시부터 수요일 오후 5시까지, 3일간이 입찰 기간입니다.

입찰자가 입찰표를 작성하여 제출하면 수요일 다음 날인 목요일 오전 11시에서 11시 30분 사이에 최고가매수신청인(최고가매수신고인)을 공표합니다. 이때 입찰자가 없어 유찰되면 해당 공매재산은 재공매 절차를 밟게 됩니다.

최고가매수신청인(최고가매수신고인) 공표 후 3일이 지난 다음 주 월요일 오전 10시에 매각허가결정이나 매각불허가결정을 합니다. 매각결정을 한 경우 바로 매각결정이 확정됩니다. 이러한 점은 매각결정 7일 후 매각결정이 확정되는 경매와 차이가 있습니다. 매각확정 전까지 체납자는 '최고가매수신청인'의 동의 없이 공매를 취소할 수 있습니다. 그러나 매각확정 후에는 '최고가매수신청인'의 동의가 필요합니다. 지분권자의 공유자우선매수신청은 매각확정 전까지 가능합니다.

매각이 확정되면 30일 이내로 대금납부 기간이 정해집니다. 잔대금을 납부하지 않으면 지연이자 없이 최고기간 10일이 추가로 주어지며 이 기간 경과 후에는 공매가 취소되고 재공매 절차를 밟게 됩니다.

잔대금을 납부하면 한국자산관리공사가 낙찰자를 대신하여 등기소에 소유권이전등기 촉탁을 하게 됩니다.

잔대금 납부 후 30일 이내에 배분기일이 지정되고 공매 의뢰인은 체납액의 일부 또는 전부를 배분받습니다.

경매 절차

경매 절차와 공매의 압류재산 매각 절차는 다릅니다. 공매는 낙찰 3일 후에 매각허가결정이나 매가분허가결정이 납니다. 그리고 매각결정을 한 경우 바로 매각결정이 확정됩니다. 또한, 배분기일 7일 전부터 배분계산서를 열람할 수 있습니다. 그런데 경매는 낙찰 7일 후에 매각허가결정이나 매각불허가결정이 나고 매각허가결정 7일 후에나 매각허가결정이 확정되며, 배당기일 3일 전에서야 배당표 원안을 열람할 수 있습니다.

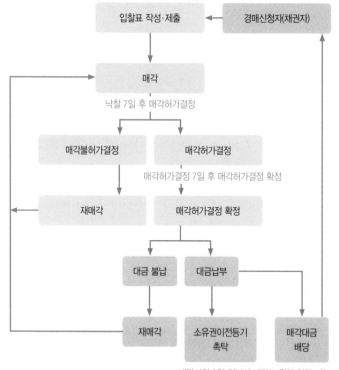

054

공매

국유재산 매각 절차

국가의 부담, 기부채납이나 법령 또는 조약에 따라 국가 소유로 된 부동산, 지상권, 지역권, 전세권, 광업권 등의 재산을 '국유재산'이라고 하는데요(국유재산법 제2조 1호). 국유재산은 행정재산과 일반재산(행정재산 외의 재산)으로 크게 나누어 볼 수 있으며, 행정재산은 다시 **공용재산**[국가가 직접 사무용·사업용 또는 공무원의 주거용으로 사용하는 재산(예: 청사, 관사, 학교 등)], **공공용재산**[국가가 직접 공공용으로 사용하는 재산(예: 도로, 제방, 하천, 구거, 유지, 항만 등)], **기업용재산**[정부기업이 직접 사무용·사업용 또는 그 기업에 종사하는 직원의 주거용으로 사용하는 재산(예: 우편, 우체국, 양곡, 조달 등)], **보존용재산**[법령이나 그 밖의 필요에 따라 국가가 보존하는 재산(예: 문화재, 사적지 등)]으로 나누어 볼 수 있습니다(국유재산법 제6조).

국유재산 대부(임대)

민원인이 국유재산(일반재산)에 대하여 대부신청을 하면 한국자산관리공사는 해당 재산을 경쟁입찰을 통해 대부할 것인지, 수의계약을 통해 대부할 것인지, 대부 방법을 결정합니다. 한국자산관리공사가 입찰하기 15일 전

국유재산 대부 절차

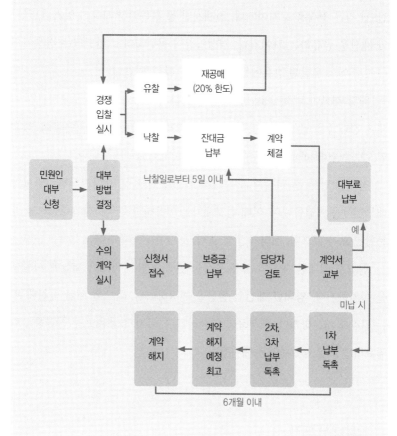

에 온비드에 공매공고를 하면 입찰자는 공인인증서로 실명을 확인하고 경쟁입찰에 참여합니다. 이때 대부(임대) 예정가격 이상을 제시한 자 중에서 최고액 입찰자를 낙찰자로 선정합니다. 국유재산 대부는 주거용 건물이거나, 전·답 같은 경작용 토지이거나, 천재지변 등 부득이한 사유가 있거나, 국가와 재산을 공유하는 자이거나, 경쟁입찰이 곤란하다고 판단되는 경우이거나, 2회 이상 유찰된 경우에는 수의계약을 할 수 있습니다.

해당 재산이 낙찰(신청)되면 낙찰일 또는 수의계약 신청일로부터 5일 이내에 잔대금을 납부해야 합니다. 미납 시 낙찰 또는 수의계약은 취소되며, 입찰보증금(대부하고자 하는 금액의 10% 이상)은 국고로 귀속됩니다.

잔대금 납부 후 낙찰자 또는 수의계약을 한 자는 한국자산관리공사와 대부계약을 체결합니다. 이때 전자계약을 이용하면 한국자산관리공사를 방문할 필요가 없으며, 계약체결 및 출력·보관이 가능합니다.

참고로 임대한 재산의 사용 목적을 변경하거나, 임대한 재산에 시설물을 설치하거나, 임대한 재산의 원상을 변경하거나, 임대한 재산의 전대 또는 권리를 처분하거나, 대부료를 연체하거나, 국가가 공용 또는 공공용으로 필요하면 대부(임대)계약은 해지됩니다.

국유재산 매각

민원인이 매수신청을 하면 한국자산관리공사가 매각심의위원회의 관리계획 심의를 거쳐 매각 대상 여부를 종합적으로 판단합니다. 매각 대상으로 결정되면 한국자산관리공사는 해당 재산을 감정평가(약 20일 소요)하여 매각재산의 가격을 결정합니다.

국유재산 매각 절차

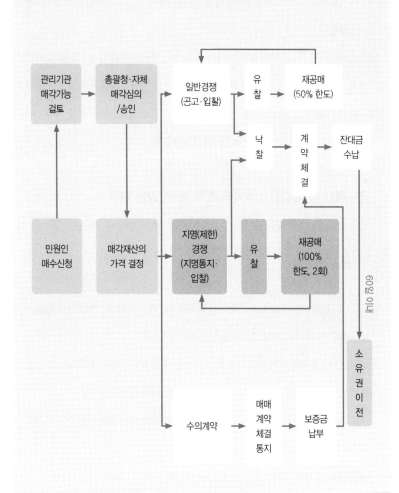

한국자산관리공사가 입찰하기 15일 전에 온비드에 공매공고를 하면 입찰자는 공인인증서로 실명을 확인하고 경쟁입찰에 참여합니다. 이때 매각예정가격(최저매각가격) 이상을 제시한 자 중에서 최고가매수신청인을 낙찰자로 선정합니다.

매각하는 국유재산이 농경지인 경우에는 특별자치시장·특별자치도지사·시장·군수 또는 구청장이 인정하는 실경작자를 지명하거나, 지명받은 자들끼리만 경쟁입찰(지명경쟁입찰)을 하거나, 일정한 자격요건을 갖춘 자들끼리만 경쟁입찰(제한경쟁입찰)을 할 수 있습니다.

국유재산 중 매각물건을 수의계약 할 수 있는 경우

국유재산은 수의계약도 할 수 있는데요. 수의계약이 가능한 경우는 다음과 같습니다.

- 국가가 각종 사업의 시행과 관련하여 이주대책의 목적으로 조성하였거나 조성할 예정인 이주단지의 국유지를 그 이주민에게 매각하는 경우
- 2012년 12월 31일 이전부터 국가 외의 자 소유의 건물로 점유된 국유지를 그 건물 바닥 면적의 두 배 이내의 범위에서 그 건물의 소유자에게 매각하는 경우
- 토지 소유자와 건물 소유자가 동일하였으나 판결 등에 따라 토지 소유권이 국가로 이전된 국유지를 그 건물의 소유자에게 매각하는 경우
- 사유지에 설치된 국가 소유의 건물이나 공작물로서 그 건물이나 공작물의 위치, 규모, 형태 및 용도 등을 고려하여 해당 재산을 그 사유지의 소유자에게 매각하는 경우
- 국유지의 위치, 규모, 형태 및 용도 등을 고려할 때 국유지만으로는 이용가치가 없는 경우로서 그 국유지와 서로 맞닿은 사유토지의 소유자에게 그 국유지를 매각하는 경우

- 1987년 12월 31일 이전부터 사실상 농경지로서 시 지역에서는 1,000㎡, 시 외의 지역에서는 3,000㎡ 범위에서 계속하여 경작한 그 실경작자에게 그 국유지를 매각하는 경우
- 국유지를 대부받아 직접 5년 이상 계속하여 경작하고 있는 자에게 그 국유지를 매각하는 경우
- 개설되는 사도에 편입되는 국유지를 그 사도를 개설하는 자에게 매각하는 경우
- 2회 이상 유효한 입찰이 성립되지 아니하거나 뚜렷하게 국가에 유리한 가격으로 계약할 수 있는 경우
- 재산의 위치·형태·용도 등이나 계약의 목적·성질 등을 보아 경쟁입찰이 곤란한 경우

경쟁입찰에 부쳤으나 유찰되면 재공매에 부칩니다. 일반경쟁입찰은 1차 공매예정가격의 50%가 될 때까지 재공매를 진행하고 '지명경쟁입찰'이나 '제한경쟁입찰'의 경우에는 1차 공매예정가격의 100%로 2회까지만 재공매를 진행합니다. 잔대금이 1천만 원 이하면 매매계약 체결일로부터 60일 이내에 전부를 납부해야 하고, 잔대금이 1천만 원을 초과하면 3년 이내 분할납부가 가능합니다.

토막상식

✎ **매각재산 종류에 따른 국유재산의 분할납부 기간**
- 20년 분할납부: 사업시행인가 당시 점유·사용자에게 매각한 국유재산
- 10년 분할납부: 「농지법」에 따른 농지로서 실경작자에게 매각한 국유재산
- 5년 분할납부: 2012년 12월 31일 이전부터 국가 외의 자 소유의 건물로 점유된 국유지를 그 건물의 소유자에게 매각하는 경우

055 ^{공매} 수탁재산·유입자산 매각 절차

금융기관이나 기업체가 의뢰한 수탁재산 매각 절차

금융기관 또는 공공기관 자신이 소유하고 있는, 또는 일시적 1세대 2주택자와 비사업용으로 전환 예정인 토지 소유자가 양도소득세의 비과세 또는 중과 제외 혜택을 받기 위해 한국자산관리공사에 매각 의뢰한 재산을 '수탁재산'이라 합니다.

그리고 한국자산관리공사가 금융기관의 구조개선을 위하여 부실채권 정리기금으로 경매를 통해 매입한 재산이나 부실 징후가 보이는 기업을 지원하기 위해 기업체로부터 취득한 재산을 '유입자산'이라고 하는데요. 수탁재산과 유입자산의 매각 절차를 살펴보도록 하겠습니다.

금융기관이나 공공기관이 매각을 위임(의뢰)하면 한국자산관리공사는 위임기관과 매각조건을 협의한 후 입찰하기 10일 전에 온비드에 공매공고를 합니다. 그러면 입찰자는 공인인증서로 실명을 확인하고 경쟁입찰에 참여합니다. 이때 매각예정가격(최저매각가격) 이상을 제시한 자 중에서 최고가 매수신청인을 낙찰자로 선정합니다.

입찰보증금이 1천만 원 이상이면 인터넷 입찰 마감 전까지 여러 번 나

금융기관이나 기업체가 의뢰한 수탁재산 매각 절차

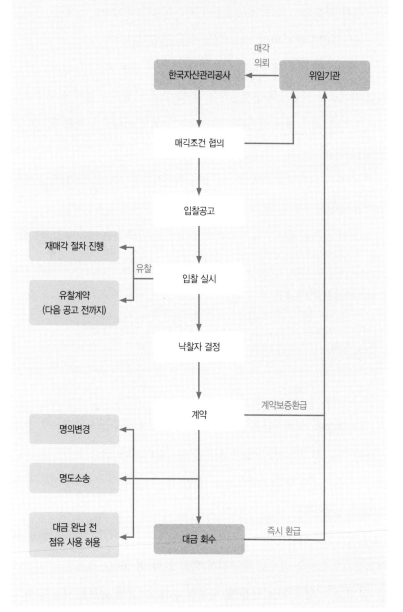

누어 납부가 가능합니다.

2회차 이후로는 최초 매각예정가격의 10%에 해당하는 금액을 저감합니다. 단, 위임기관에 따라 5%로 정할 수도 있습니다.

입찰을 진행해도 매각되지 않으면 입찰 절차 종료 후 다음 공매 전까지 직전 공매조건 이상으로 수의계약을 할 수 있고, 낙찰자가 계약을 체결하지 않으면 낙찰 취소 후 다음 공매 전까지 낙찰조건 이상으로 수의계약을 할 수 있습니다.

낙찰자는 낙찰일로부터 5일 이내에 매매계약을 체결해야 하며, 그러지 못하면 낙찰은 무효로 하고 입찰보증금은 매도자에게 귀속됩니다.

매매대금은 분할납부가 가능한데요. 분할납부 조건은 다음과 같습니다.

수탁재산 분할납부 조건
- 5억 원 미만: 주택·임야 2년 이내, 상가·빌딩 3년 이내
- 5억 원 이상~30억 원 미만: 주택·임야 3년 이내, 상가·빌딩 5년 이내
- 30억 원 이상: 주택·임야 5년 이내, 상가·빌딩 7년 이내

수탁재산은 매매대금의 1/3 이상을 선납하면 대금납부 전에라도 점유 사용이 가능합니다. 단, 기업이 소유한 부동산이거나, 금융기관이 현재 임대 중이거나, 점유자를 상대로 소송 중인 경우에는 대금 완납 전 점유 사용을 할 수 없습니다.

수탁재산은 금융기관의 지급보증서, 예금·적금증서, 국공채·금융채 이행보증보험증권을 담보로 제공하면 대금 완납 전이라도 소유권을 이전받을 수 있고, 이를 근거로 사용 및 처분할 수 있고, 은행 담보로 제공할 수도

있습니다.

수탁재산은 대금 완납 전이라도 매수자 명의를 변경할 수 있습니다. 그러나 모든 수탁재산이 그런 건 아니며 위임기관에 따라 명의변경이 되지 않을 수도 있습니다.

수탁재산은 대금을 선납하면 정기예금 이자에 상당한 대금감면을 받을 수 있습니다. 수탁재산의 명도책임은 특별한 경우가 아니면 위임기관이 부담합니다.

1세대 2주택자가 의뢰한 수탁재산 매각 절차

일시적 1세대 2주택자와 비사업용으로 전환 예정인 토지 소유자가 재산의 매각을 위임하면 매각을 위임한 날에 해당 부동산을 양도한 것으로 인정되어 양도소득세 비과세 또는 중과 제외 혜택을 볼 수 있습니다.

한국자산관리공사는 해당 재산에 대한 매각 의뢰를 받으면 먼저 해당 재산을 감정평가하고 의뢰인과 매각조건을 협의합니다.

한국자산관리공사가 입찰하기 10일 전에 온비드에 공매공고를 하면 입찰자는 공인인증서로 실명을 확인하고 경쟁입찰에 참여합니다. 이때 매각예정가격(최저매각가격) 이상을 제시한 자 중에서 최고가매수신청인을 낙찰자로 선정합니다.

입찰보증금이 1천만 원 이상이면 인터넷 입찰 마감 전까지 여러 번 나누어 납부가 가능합니다.

2회 차 이후로는 최초 매각예정가격의 10%에 해당하는 금액을 저감합니다. 단, 위임기관에 따라 5%로 정할 수도 있습니다.

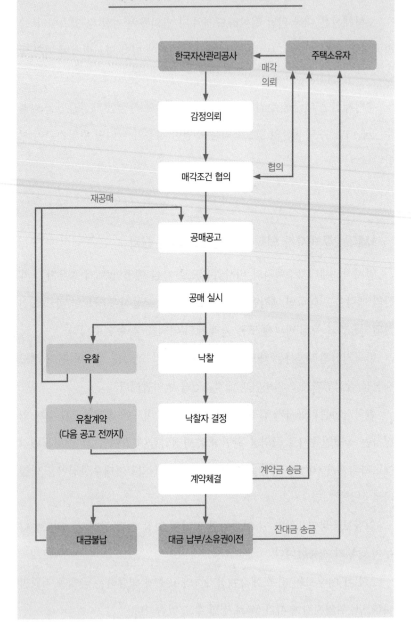

1세대 2주택자가 의뢰한 수탁재산 매각 절차

입찰을 진행해도 매각되지 않으면 입찰 절차 종료 후 다음 공매 전까지 직전 공매조건 이상으로 수의계약을 할 수 있고, 낙찰자가 계약을 체결하지 않으면 낙찰 취소 후 다음 공매 전까지 낙찰조건 이상으로 수의계약을 할 수 있습니다.

낙찰자는 낙찰일로부터 5일 이내에 매매계약을 체결해야 하며, 그러지 못하면 낙찰은 무효로 하고 입찰보증금은 매도자에게 귀속됩니다.

매매대금은 3개월 이내에 전액을 한꺼번에 납부해야 하며, 대금 완납 후 소유권이전이 가능합니다. 수탁재산의 명도책임은 특별한 경우가 아니면 위임기관이 부담합니다.

유입자산 매각 절차

한국자산관리공사는 매각재산의 소유자로서 공개경쟁 입찰방식으로 공매를 진행합니다.

한국자산관리공사가 입찰하기 15일 전에 온비드에 공매공고를 하면 입찰자는 공인인증서로 실명확인을 하고 경쟁입찰에 참여합니다. 이때 매각 예정가격(최저매각가격) 이상을 제시한 자 중에서 최고가매수신청인을 낙찰자로 선정합니다.

입찰보증금이 1천만 원 이상이면 인터넷 입찰 마감 전까지 여러 번 나누어 납부가 가능합니다.

2회 차 이후로는 최초 매각예정가격의 10%에 해당하는 금액을 저감합니다. 단, 위임기관에 따라 5%로 정할 수도 있습니다.

연고자로부터 계약요청이 있으면 공사가 정한 조건 이상으로, 유찰된 물건에 매수요청이 있으면 공고된 최저매각가격 이상으로, 낙찰이 취소된 재산에 매수요청이 있으면 낙찰조건 이상으로 수의계약을 할 수 있습니다.

낙찰자는 낙찰일로부터 5일 이내에 매매계약을 체결해야 하며, 그러지 못하면 낙찰은 무효로 하고 입찰보증금은 매도자에게 귀속됩니다.

매매대금은 계약일로부터 1개월 이내에 전액을 한꺼번에 납부해야 하지만, 분할납부도 가능합니다. 매수인의 자금 사정 등으로 대금납부 기한의 연장이 필요한 경우에는 기존 납부 기한까지 포함하여 1년까지 연장할 수 있습니다.

유입자산은 매매대금의 1/3 이상 선납하거나 대금 완납 전 소유권이전을 위한 담보를 제공하면 대금납부 전이라도 점유하여 사용할 수 있습니다.

매수인이 매매대금의 1/2 이상을 납부하고 또한 해당 재산에 매매대금의 130%에 해당하는 근저당권을 1순위로 설정하면 대금 완납 전이라도 소유권을 이전하여 매수자 명의를 변경할 수 있습니다.

유입자산은 대금을 선납하면 정기예금 이자에 상당한 대금감면을 받을 수 있습니다. 유입자산의 명도책임은 원칙적으로 한국자산관리공사이지만, 어떠한 경우에는 매수자가 명도책임을 부담할 수 있으므로 공매공고를 꼼꼼하게 살펴봐야 합니다.

유입자산 매각 절차

```
                         매입
  한국자산관리공사  ◄────────  법원, 기업
        │
        ▼
    입찰공고
        │
        ▼
  재매각 절차 진행  ◄──┐
                    │유찰
   유찰계약      ◄──┘
 (다음 공고 전까지)
        │
   입찰 실시
        │
        ▼
   낙찰자 결정
        │
        ▼
  대금 완납 전  ◄──┐
   소유권이전      │
                 계약
  대금 완납 전  ◄──┘
  점유 사용 허용
        │
        ▼
    대금 회수
```

056

공매
이용기관재산 공매 절차

행정안전부, 기획재정부, 과학기술정보통신부, 국방부, 경찰청 등의 중앙행정기관, 서울특별시 등의 지방자치단체, 대학교 등의 교육기관, 서울교통공사, 서울시설공단, 서울주택도시공사, 부산교통공사, 부산시설공단, 한국공항공사, 한국전력공사, 한국철도공사, 경상북도개발공사 등은 온비드에 회원가입하고 자신들이 소유하고 있는 재산을 매각하거나 임대하는데요. 이러한 재산을 '이용기관재산'이라고 합니다.

이용기관 물건은 온비드 홈페이지에서 '부동산' → '공고' 경로로 들어가 '공공기관 임대물건'과 '기관별전용관'에서 확인할 수 있습니다. 공공기관이 온비드에 이용기관으로 회원가입을 하려면 온비드 맨 오른쪽 상단의 '이용기관 전용 홈페이지'를 이용해야 합니다.

온비드의 '공공기관 임대물건'이나 '기관별 전용관'에서 검색할 수 있는 재산은 한국자산관리공사가 아닌 공공기관이 공매를 직접 집행합니다. 이는 공공기관이 한국자산관리공사에 공매 대행을 위임한 게 아니라 온비드를 단지 공매 집행 장소로만 활용하기 때문입니다. 그리고 그 활용 대가로 온비드에 입찰등록 수수료와 낙찰 수수료를 지급합니다. 낙찰 수수료를 지

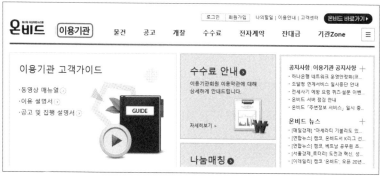

급한 이용기관은 매각 절차까지만 온비드를 활용하고 그 후 모든 절차는 이용기관 내에서 직접 진행합니다.

이용기관재산의 대부(임대) 공매

이용기관재산의 대부(임대)는 민원인의 대부신청이 있거나 이용기관이 대부가 필요하다고 판단되면 대부 계획을 수립하고 대부 심사를 거쳐 대부료의 산정 및 납부시기를 결정합니다.

사전에 온비드에 이용기관 회원가입을 하고 공인인증서를 등록한 담당자가 대부할 재산을 온비드에 등록하고 공고합니다.

입찰기간은 이용기관에 따라 7~30일 이내로, 개찰일시는 입찰 기간 종료일 다음 날 또는 일정 기일 이후로, 개찰 장소는 이용기관의 회계과 입찰집행관 PC로 정합니다.

입찰보증금은 통상 입찰금액의 10%로 하되 이용기관에 따라 다를 수 있으며, 입찰보증금이 1천만 원을 초과하는 경우에는 인터넷 입찰 마감 전까지 분할납부가 가능합니다.

대부(임대) 예정가격 이상을 제시한 자 중 최고액 입찰자를 낙찰자로 결정하는데요. 이용기관에 따라 차이는 있지만 2회 이상 유찰되면 다음 공매 공고 전까지 직전 최저대부금액 이상으로 수의계약이 가능합니다.

낙찰자는 낙찰일로부터 5~10일 이내에 이용기관의 회계과에서 계약체결을 해야 합니다. 그렇지 않으면 낙찰은 무효로 하고 입찰보증금은 이용기관에 귀속됩니다.

대부(임대) 기간은 이용기관에 따라 1~5년으로 다양한데요. 보통은 2년이 많습니다. 2년 대부(임대) 기간이 만료되면 다시 입찰하여 낙찰받아야 합니다.

이용기관재산의 매각 공매

이용기관은 온비드에 자신의 정보를 제공하고 매각할 재산을 공고하기 위해 이용기관 회원가입을 합니다. 그리고 한국자산관리공사를 이용하기

이용기관재산 대부 절차

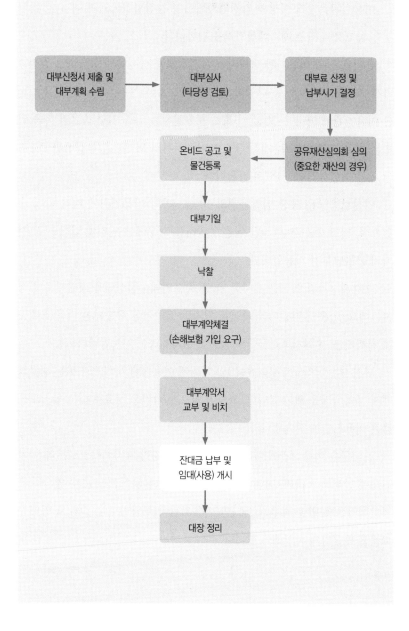

대부신청서 제출 및
대부계획 수립

→

대부심사
(타당성 검토)

→

대부료 산정 및
납부시기 결정

↓

온비드 공고 및
물건등록

←

공유재산심의회 심의
(중요한 재산의 경우)

↓

대부기일

↓

낙찰

↓

대부계약체결
(손해보험 가입 요구)

↓

대부계약서
교부 및 비치

↓

잔대금 납부 및
임대(사용) 개시

↓

대장 정리

위해 공인인증서를 등록합니다.

이용기관은 2개 이상의 감정평가법인의 감정평가금액과 여러 가지 사정을 참고하여 최초 매각예정가격을 정합니다.

온비드 상의 이용기관 담당자가 물건정보를 상세하게 등록하고 감정평가서, 위치도, 지적도 등 다양한 참고자료를 첨부합니다. 그리고 입찰 기간은 이용기관에 따라 7~30일 이내로, 개찰일시는 입찰 기간 종료일 다음 날 또는 일정 기일 이후로, 개찰 장소는 이용기관의 회계과 입찰집행관 PC 또는 재무과 입찰집행관 PC로 정합니다.

입찰보증금은 통상 입찰금액의 10%로 하되 이용기관에 따라 다를 수 있으며, 입찰보증금이 1천만 원을 초과하는 경우에는 인터넷 입찰 마감 전까지 분할납부가 가능합니다.

매각예정가격 이상을 제시한 자 중 최고가매수신청인을 낙찰자로 결정하는데요. 이용기관에 따라 차이는 있지만 2회 이상 유찰되면 다음 공매공고 전까지 직전 최저매각금액 이상으로 수의계약이 가능합니다.

낙찰자는 낙찰일로부터 5~10일 이내에 이용기관의 회계과 또는 재무과에서 계약체결을 해야 합니다. 그렇지 않으면 낙찰은 무효로 하고 입찰보증금은 이용기관에 귀속됩니다.

잔대금은 이용기관에 따라 차이가 있긴 하지만 계약체결일로부터 60일 이내에 납부해야 하며, 매매대금을 완납해야 소유권이전을 할 수 있습니다. 명도책임은 특별한 경우가 아니면 이용기관이 부담합니다. 그래도 공매공고문은 꼼꼼하게 확인해야 합니다.

이용기관재산 매각 절차

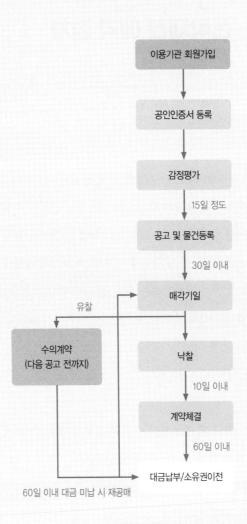

이용기관 회원가입

↓

공인인증서 등록

↓

감정평가

↓ 15일 정도

공고 및 물건등록

↓ 30일 이내

매각기일

↓

낙찰

↓ 10일 이내

계약체결

↓ 60일 이내

대금납부/소유권이전

유찰

수의계약
(다음 공고 전까지)

60일 이내 대금 미납 시 재공매

057

공매
신탁재산 매각 절차

위탁자(남에게 물건 따위를 맡기는 사람)와 수탁자(남의 물건 따위를 맡는 사람) 사이의 일정한 계약을 통하여 위탁자가 수탁자에게 금전이나 부동산 등을 이전하거나 담보권 설정 등을 하고, 특정의 목적을 위하여 수탁자가 그 재산의 관리, 처분, 운용, 개발 등의 행위를 하도록 하는 법률관계를 '신탁'이라 하는데요. 신탁업을 하는 기관으로는 금전 등을 수탁받는 은행이나 증권사가 있고, 부동산을 전문으로 수탁받는 부동산신탁회사가 있습니다.

부동산신탁

부동산신탁이란, 위탁자에게서 수탁받은 부동산을 관리·개발·처분한 후, 발생한 수익 또는 잔존 부동산을 위탁자나 위탁자가 지정한 수익자에게 넘겨주는 제도를 말합니다. 다양한 부동산신탁 중에서 공매와 관련된 신탁으로는 '담보신탁', '분양관리신탁', '토지신탁', '처분신탁' 등이 있습니다.

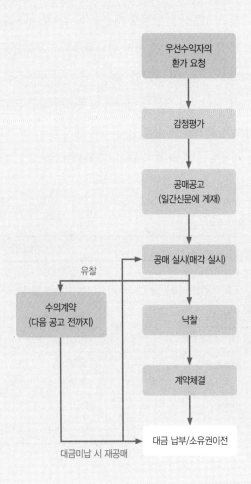

신탁재산 매각 절차(담보신탁 기준)

우선수익자의
환가 요청

↓

감정평가

↓

공매공고
(일간신문에 게재)

↓

공매 실시(매각 실시)

유찰

수의계약
(다음 공고 전까지)

낙찰

↓

계약체결

↓

대금 납부/소유권이전

대금미납 시 재공매

담보신탁

'담보신탁'이란, 위탁자(부동산 소유자)가 자신 또는 다른 사람의 채무를 보장하기 위하여 자신의 부동산을 담보로 제공할 목적으로 이용하는 신탁을 말하는데요. 신탁회사는 신탁계약을 통해 위탁자로부터 부동산을 수탁하여 일정 기간 관리하다가 위탁자가 채무를 상환하면 해당 부동산을 위탁자에게 반환하고, 만약에 위탁자가 채무를 상환하지 못하면 해당 부동산을 공매로 처분합니다. 담보신탁을 하면 압류 등의 각종 권리설정으로부터 해당 부동산의 소유권을 보호할 수 있어 채권 관리가 수월합니다.

▼근저당과 담보신탁과의 비교

구분	근저당	담보신탁
담보권 설정 방식	• 근저당권 설정 • 등기사항전부증명서 '을구'에 표시	• 신탁등기(소유권이전) • 등기사항전부증명서 '갑구'에 표시
채권회수 방법	법원경매	신탁회사 공매
파산재단 구성 여부	파산재단에 포함	파산재단에서 제외
신규 임대차, 후순위권리 설정 등	배제 불가	• 배제 가능 • 담보가치 유지에 유리
추가대출 실행	가능	불가능
소요경비	담보신탁보다 비쌈	근저당권 설정 비용보다 저렴

분양관리신탁

'분양관리신탁'이란, 공동주택을 제외한 오피스텔, 상가 등의 건축물을 선분양받는 피분양자의 안전을 위해 위탁자(분양사업자)가 신탁회사와 맺어야 하는 신탁계약을 말하는데요. 분양사업자는 분양에 앞서 반드시 신탁회사와 분양관리신탁 및 자금관리대리사무계약을 체결해야 합니다. 신탁회사와 분양관리신탁을 체결하면 위탁자의 사업부지를 각종 권리로부터 안전하게 보호할 수 있습니다. 그리고 신탁회사와 자금관리대리사무계약을 체결하면 분양수입금의 수납 및 사업비의 집행 등 자금관리업무를 투명하게 할 수 있어 피분양자에게 신뢰받을 수 있습니다.

토시신탁

'토지신탁'이란, 신탁회사가 신탁받은 토지를 위탁자가 원하는 형태로 개발하기 위해 자금조달, 분양, 유지·관리 등을 한 후, 이를 통해 발생한 수익을 위탁자에게 지급하는 신탁제도를 말합니다.

'분양관리신탁', '토지신탁'에서 공매로 나오는 물건은 신탁회사의 분양관리에서 발생한 미분양물건입니다.

처분신탁

'처분신탁'이란, 처분 방법이나 절차에 어려움이 있는 부동산을 신탁회사에 매각의뢰 하는 신탁제도를 말합니다. 처분신탁이 이루어지면 해당 부동산을 가압류나 압류 등 각종 권리로부터 안전하게 보호할 수 있습니다.

신탁재산 공매에는 공매 방법에 따라 온비드에서 진행하는 인터넷 공매와 집행기관 본사 회의실에서 진행하는 현장 공매가 있습니다.

온비드에서 진행하는 인터넷 공매

위탁자(부동산 소유자)가 채무를 상환하지 못하면 우선수익자(대출금융기관)는 수탁자에게 위탁자 부동산의 처분을 통한 채무 반환을 요청합니다.

신탁회사는 일반적으로 감정평가법인의 감정평가금액을 최초 매각예정가격으로 정합니다. 온비드에만 공고하는 신탁회사가 대부분이나 일간신문이나 자체 홈페이지에도 공고하는 신탁회사도 있습니다. 공고 내용으로는 공매 부동산에 관한 내용, 입찰 방법, 일찰시 제출서류, 계약체결 방법, 유의사항 등이 있습니다.

입찰자는 공인인증서로 실명 확인 후 경쟁입찰에 참여합니다. 입찰보증금은 통상 입찰금액의 10%이지만 이용기관에 따라 다를 수 있습니다.

매각 방법은 1일 2회 이상으로 2~3시간 시차를 두고 매각하기도 하고 1일 1회, 2일 1회, 주 1회, 월 1회 매각하는 등 다양한데요. 인터넷 공매에서 개찰이 매각 다음 날에나 가능하므로 1일 2회 이상으로 2~3시간 시차를 두고 매각하는 경우 1일 1차에 낙찰자가 있더라도 1일 2차수 공매는 자동으로 진행됩니다. 그리고 다음 날 개찰 결과 1차에 낙찰자가 있으므로 다음 차수 응찰자는 응찰이 자동으로 취소됩니다.

최저매각예정가격 이상을 제시한 자 중에서 최고가매수신청인을 낙찰자로 선정합니다. 이때 최고가매수신고인이 2인 이상일 때에는 온비드가 무작위 추첨하여 낙찰자를 선정합니다. 유찰되면 입찰 당시의 최저매각예정가격으로 수의계약이 가능합니다.

낙찰자는 낙찰일로부터 5일 이내에 신탁회사의 본사 사무실에서 공매 담당자와 계약을 체결하면 됩니다. 그렇지 않으면 낙찰은 무효로 하고 입찰보증금은 신탁회사에 귀속됩니다.

잔대금은 계약체결일로부터 30일 이내에 납부해야 하며, 매매대금을 완납해야 소유권이전을 할 수 있습니다. 명도책임은 매수자 책임으로 되어 있는 경우가 대부분이니 권리분석, 임차인분석, 배당분석을 꼼꼼하게 해야 합니다.

집행기관 본사 사무실에서 진행하는 현장 공매

위탁자(부동산 소유자)가 채무를 상환하지 못하면 우선수익자(대출금융기관)는 수탁자에게 위탁자 부동산의 처분을 통한 채무 반환을 요청합니다.

신탁회사는 일반적으로 감정평가법인의 감정평가금액을 최초 매각예정가격으로 정합니다.

신탁회사에 따라 차이가 있으나 일반적으로 신문이나 자체 홈페이지에 공고합니다. 공고 내용으로는 공매 부동산에 관한 내용, 입찰 방법, 일찰 시 제출서류, 계약체결 방법, 유의사항 등입니다.

입찰자는 공인인증서로 실명을 확인하고 경쟁입찰에 참여합니다. 입찰보증금은 통상 입찰금액의 10%이지만, 이용기관에 따라 다를 수 있습니다.

매각 방법은 1일

신탁회사나 개인기업 등은 자체적으로 공매 진행을 하기도 함

2회 이상으로 2~3시간 시차를 두고 매각하는 방법과 1일 1회, 2일 1회, 주 1회, 월 1회 등 매각하는 방법이 다양한데요. 현장 공매에서는 정해진 시간에 입찰을 시작하겠다는 선언을 한 다음 매각물건의 공고문과 별도매각조건 등을 입찰자 등에게 주지시키고 입찰 절차를 진행합니다.

최저매각예정가격 이상을 제시한 자 중에서 최고가매수신청인을 낙찰자로 선정합니다. 이때 최고가매수신청인이 2인 이상일 때에는 재입찰 방식으로 낙찰자를 선정합니다. 유찰되면 입찰 당시의 최저매각예정가격으로 수의계약이 가능합니다.

낙찰자는 낙찰일로부터 5일 이내에 신탁회사의 본사 사무실에서 공매담당자와 계약을 체결하면 됩니다. 그렇지 않으면 낙찰은 무효로 하고 입찰보증금은 신탁회사에 귀속됩니다.

잔대금은 계약체결일로부터 30일 이내에 납부해야 하며, 매매대금을 완납해야 소유권이전을 할 수 있습니다. 명도책임은 매수자 책임으로 되어 있는 경우가 대부분이니 권리분석, 임차인분석, 배당분석을 꼼꼼하게 해야 합니다.

058

공매
공매 입찰 절차가
이렇게 쉽다니!

먼저 온비드 메인 화면 상단 중앙의 회원가입 코너를 통해 회원가입을 합니다. 네이버 아이디로 '간편회원가입'도 할 수 있는데 매우 편리합니다.

공동인증서는 온라인상 인감과 같은 것으로 공동인증서가 없으면 인터넷 입찰에 참여할 수가 없습니다. 그러므로 입찰 전에 공인인증서를 등록해야 하는데요. 공인인증서가 있는 경우에는 온비드 메인 화면 상단 중앙의 '나의 온비드' → '인증서관리'에서 보유하고 있는 공인인증서를 등록하면 됩니다. 참고로 '네이버 인증서'는 등록 절차 없이 사용할 수 있습니다.

공인인증서가 없는 경우에는 공인인증서를 발급받아야 하는데요. 온비드 메인 화면 상단 중앙의 '입찰/이용안내' → '공동인증서 등록안내' → '공동인증서안내/신청' 경로로 들어가 '온비드전용인증서'나 '전자거래범용인증서'를 저렴하게 발급받아 보세요.

공인인증서를 등록했다면, 온비드 메인 화면 상단 왼쪽의 '부동산'에서 '부동산 HOME'이나 '물건', '공고', '테마물건'으로 들어가 인터넷 입찰이 가능한 물건을 검색합니다. 참고로 '공고'와 '물건정보'를 '관심리스트'로 등록해 두면 '나의 온비드' → '관심리스트'에서 해당 물건에 대한 입찰 진행 정보를 편리하게 확인할 수 있습니다.

　그다음, 입찰하고자 하는 물건의 '입찰' 버튼을 클릭합니다. 임찰보증금율, 최저입찰가, 입찰마감일 등 매각물건에 관한 정보를 확인합니다. '입찰자 정보'에서 수정사항이 있으면 수정하고 '수정사항을 개인정보에 반영합니다'를 클릭합니다. 그리고 '개인정보 수집 및 이용 동의'의 '동의함'을 클릭한 후 '주의사항'을 확인합니다. 입찰에 실패하지 않으려면 '공고내용 확인'에서 '공고문 확인'을 클릭하고 공고문 내용을 반드시 반복하여 꼼꼼하게 확인한 후 '위 내용을 확인하였습니다'를 클릭합니다. '입찰참가자준수규칙 동의'에서 입찰참가자준수규칙 전문을 꼼꼼하게 살펴봐야 입찰 실수를 하지 않습니다.

　'입찰금액 및 보증금 납부 방식 선택'에서 최저매각(대부)예정가격 이상의 '입찰금액'을 입력합니다.

　'보증금액'도 입력합니다. '보증금 납부방식'을 '현금'으로 할지 '전자보증서'로 할지를 선택합니다. 물건에 따라서는 '전자보증서'는 불허하기도 합니다. 보증금액이 1천만 원 이하이면 반드시 한꺼번에 모두 입금하여야 하고, 1천만 원을 초과하면 분할납부가 가능합니다. '보증금 납부계좌 은행선택'에서 보증금을 납부할 은행을 선택합니다. 이때 '입찰참가 수수료'가 있는 경우 수수료까지 포함한 금액을 입찰마감일까지 납부해야 유효한 입찰로 성립됩니다. 보증금 입금상태는 '나의 온비드' → '입찰관리' → '입찰진행내역' 경로로 들어가 확인할 수 있습니다.

　입찰참가 후 낙찰받지 못한 경우 환불받을 계좌번호를 입력합니다. '주의사항'을 꼼꼼하게 확인한 후 '각 항목의 모든 주의사항을 숙지하였으며, 입찰서를 최종 제출하는 것에 동의합니다'를 클릭합니다.

공매 입찰 절차

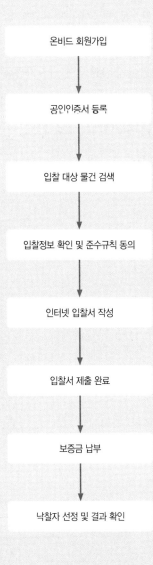

온비드 회원가입

공인인증서 등록

입찰 대상 물건 검색

입찰정보 확인 및 준수규칙 동의

인터넷 입찰서 작성

입찰서 제출 완료

보증금 납부

낙찰자 선정 및 결과 확인

최종적으로 '입찰서 제출' 버튼을 클릭합니다. 참고로 공동입찰, 대리입찰, 미성년자입찰(민법상 만 19세 미만)의 경우에는 정해진 기한까지 관련 서류를 공고기관의 담당자 앞으로 제출하여야 유효한 입찰로 처리되는데요. 자세한 내용은 반드시 공고문을 확인해야 합니다.

해당 물건의 공고기관이 공지된 날에 낙찰자를 선정합니다. 입찰결과는 '나의 온비드' → '입찰관리' → '입찰결과내역' 경로로 들어가 확인할 수 있습니다. 서비스를 신청한 회원에게는 입찰결과를 이메일이나 휴대폰 문자 메시지(SMS)로 보내줍니다.

059

공매

공매 낙찰 후 절차는 이렇게!

공매는 재산 종류에 따라 낙찰 후 절차가 다른데요. 재산별로 어떠한 차이가 있는지 한번 살펴보도록 하겠습니다.

압류재산 낙찰 후 절차

매각결정통지서 수령

낙찰자 본인이 신분증과 도장을 지참한 후 물건의 해당부점을 직접 방문하여 담당자로부터 매각결정통지서를 받아야 합니다. 만약에 대리인이 방문하려면 방문 전에 담당자와 통화하고 인감증명서를 첨부한 위임장을 지참해야 합니다.

전자교부를 신청한 낙찰자는 '나의 온비드' → '입찰관리' → '입찰결과내역'에서 매각결정통지서를 발급받을 수 있습니다.

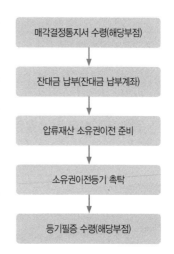

매각결정통지서 수령(해당부점)

↓

잔대금 납부(잔대금 납부계좌)

↓

압류재산 소유권이전 준비

↓

소유권이전등기 촉탁

↓

등기필증 수령(해당부점)

매각결정기일 전에 압류와 관계되는 체납액의 전부가 납부 또는 충당 되는 등 압류 해제의 사유 및 그 밖에 매각결정을 할 수 없는 중요한 사유가 발생하여 공매대행의뢰기관에서 공매의 취소(중지)를 요청하는 경우 또는 그러한 사실이 추후 확인되면 매각결정이 취소될 수 있습니다.

잔대금 입금

매각결정통지서에 표시된 납부기한까지 잔대금납부계좌로 잔대금을 입금해야 합니다. 잔대금을 납부하지 않으면 지연이자 없이 최고기간 10일 이 추가로 주어지며, 이 기간 경과 후에는 공매가 취소되고 입찰보증금은 의뢰기관에 귀속됩니다.

「국세징수법」 개정에 의거 공매공고 시점에 따라 잔대금 납부기한이 상 이하므로 입찰 전 물건정보에서 확인해야 합니다.

최초 공고 일자	납부기한 기준금액	기준금액 미만	기준금액 이상
2012년 1월 이전	1천만 원	7일	60일
2012년 1월 1일~12월 31일	1천만 원	7일	30일
2013년 1월 이후	3천만 원	7일	30일

준비서류 발급 및 소유권이전등기 촉탁

준비서류 발급 방법은 다음과 같습니다.

• 한국자산관리공사나 온비드 홈페이지에서 매각결정통지서 원본(1부), 보증금납입영 수증 원본(1부), 잔대금납입영수증(1부), 등기청구서(1부), 등기필증수령요청서(1부)를 발

급받아야 합니다.

- 인터넷등기소에서 토지 등기사항전부증명서, 건물 등기사항전부증명서를 제출용으로 발급받아야 합니다.

- 정부24 사이트에서 공유자연명부, 전유부, 대지권등록부가 포함된 토지(임야)대장·건축물대장을 발급받아야 합니다.

- 관할시·군·구청 세무 및 재무과에서 취득세 및 등록면허세 영수증을 발급받아야 합니다. 이때 매각결정서, 보증금납입영수증·잔대금납입영수증 사본을 지참해야 하고, 국민주택채권 매입액 계산 시 필요하므로 취득세영수증에 과세시가표준액을 기재받아야 합니다.

- 정부24 홈페이지 또는 물건소재지 관할 동주민센터에서 매수자의 주민등록초본 또는 등본(1통)을 발급받아야 합니다. 농지를 매수하는 경우에는 농업경영계획서를 제출하고 농지취득자격증명을 발급받아야 합니다. 농지대장이 있는 농민이 농지를 매수하더라도 농지취득자격증명은 필요한데요. 물건소재지 관할 동주민센터에서 농지취득자격증명이 필요 없는 대상으로 확인되면 한국자산관리공사에 농지취득자격증명 반려문 또는 토지이용계획확인서를 제출해야 합니다.

- 금융기관을 방문하여 국민주택채권을 매입한 후 국민주택채권 매입필영수증을 발급받아야 합니다. 그리고 등기신청 수수료를 납부합니다. 등기신청 수수료는 인터넷등기소 홈페이지에서 전자납부할 수 있습니다.

- 등기(등록)청구서 및 등기필증수령요청서를 작성합니다. 등기필증 발송용 우표도 준비해야 하는데 종별, 중량, 지역 등에 따라 우편료가 다르므로 담당자에게 별도 문의 후 우체국에서 반드시 발송비용만큼 구매합니다.

앞서 준비한 모든 서류를 구비하여 해당 물건의 한국자산관리공사 담당 부점에 우편 제출 또는 방문 제출하여 소유권이전등기 촉탁을 의뢰합니다.

한국자산관리공사는 등기소로부터 등기필증을 접수하여 매수자에게 교부합니다.

국유재산(대부) 낙찰 후 절차

낙찰 이후 물건담당자와 협의하여 대부료 납부에 관한 사항 및 계약체결 일자를 결정해야 하는데요. 낙찰일로부터 5일 이내에 한국자산관리공사의 지정 계좌로 잔대금을 납부해야 합니다. 미납 시 낙찰

또는 수의계약은 취소되며, 입찰보증금(대부하고자 하는 금액의 10% 이상)은 국고로 귀속됩니다.

잔대금 납부 후 낙찰일로부터 5일 이내에 대부계약을 체결해야 합니다. 점유자가 있는 물건은 명도 기간이 다소 소요될 수 있으며 대부계약 체결은 명도 집행 완료일 이후 진행합니다.

대부계약 승인 완료 후 한국자산관리공사가 보관용 대부계약서와 회송용 대부계약서 각각 1부씩을 낙찰자에게 우편으로 보내면 이것을 받은 낙찰자는 계약서의 특약사항을 확인하고 도장을 찍어야 합니다. 그리고 도장을 찍은 회송용 대부계약서를 한국자산관리공사에 다시 보내야 합니다.

국유재산(매각) 낙찰 후 절차

낙찰일로부터 5일 이내에 주민등록초
본, 신분증, 도장을 지참하여 한국자산관
리공사와 매매계약을 체결합니다. 그리고
한국자산관리공사 담당부점에서 단독으로
실시한 부동산거래신고가 완료되면 신고

필증이 매수인에게 교부됩니다. 입찰보증금(계약보증금) 납부일로부터 60일
이내에 국유재산 소재지 시·군·구에 취득세를 신고·납부해야 합니다.

그리고 매매계약체결일로부터 60일 이내에 잔대금 전액을 납부해야 합
니다. 잔대금 미납 시 매매계약은 해제되고 입찰보증금(계약보증금)은 국고로
귀속됩니다.

잔대금 완납 후 해당부점에 방문하여 소유권이전에 필요한 서류(매도인
인감증명서, 위임장 등 소유권이전 서류는 잔대금 완납 후 약 1주일 소요)를 준비해 매수
자가 직접 소유권이전 절차를 진행해야 합니다. 만약에 한국자산관리공사
방문이 어려운 경우에는 매매계약서 작성, 소유권이전 필요서류 수령 등을
우편으로 진행할 수도 있으니, 물건 담당자와 협의하세요.

수탁재산·유입자산 낙찰 후 절차

낙찰자는 낙찰일부터 5일(공휴일 포함) 이내에 개인이면 주민등록초본 또
는 등본 1통, 신분증, 도장을 준비하여 매매계약을 체결해야 합니다. 법인
이면 법인등기사항전부증명서, 법인인감증명서, 사업자등록증 사본, 도장
을 준비하여 매매계약을 체결해야 합니다. 만약에 대리인이 방문하고자 한

다면 인감증명서를 첨부한 위임장 및 신분 증을 지참해야 합니다.

체결한 매매계약서에 명시된 납부기일 까지 중도금 및 잔대금을 납부계좌로 입금 해야 합니다. 그러지 못하면 낙찰은 무효가 되고 입찰보증금은 매도자에게 귀속됩니다.

소유권이전에 필요한 서류(매도용 인감증 명, 등기권리증, 위임장 등)는 위임기관에 직접 방문하여 수령한 후 소유권이전 등기를 신청해야 합니다. 만약에 대리인이 방문하고자 한다면 인감증명서 를 첨부한 위임장 및 신분증을 지참해야 합니다.

이용기관재산 낙찰 후 절차

낙찰 후 계약체결 및 대금납부 등과 관련된 제반 절차는 이용기관별로 지정·운영되므로 각 입찰의 공고문을 참고하고, 자세한 사항은 기관의 공 고(물건) 담당자에게 문의해야 합니다. 낙찰받은 부동산의 등기신청을 하고 자 하는 경우 법무사합동사무소와 연계된 등기대행서비스를 이용할 수 있 습니다.

060

이상한, 수상한, 괘씸한 임차인 대처하기

경매나 공매로 매수한 부동산을 인도받으려 하다 보면 종종 엉뚱한 임차인을 만나기도 하는데요. 어떠한 경우일까요?

가짜 계약서 내미는 이상한 임차인

해당 부동산의 '매각물건명세서(공매재산 명세목록)'에는 임차인이 전입신고를 하고 거주하고 있다고 기재되어 있으나 그의 임대보증금을 확인할 수 없을 때가 있는데요. 해당 임차인이 후순위 임차인이라면 소멸하니 별로 문제 되지는 않으나, 해당 임차인이 선순위임차인이라면 문제가 복잡해집니다. 만약에 선순위임차인이 배당신청을 하지 않으면 낙찰자가 임차인의 보증금을 무조건 떠안아야 하는데, 이때 해당 부동산의 전 소유자와 임차인이 짜고 가짜 계약서를 만든 다음 이를 근거로 낙찰자에게 시세보다 터무니없이 높은 보증금을 요구할 수 있습니다. 전 소유자는 자신의 손해를 조금이나마 만회할 수도 있어서 좋고 임차인은 좀 더 많은 보증금을 돌려받을 수 있어서 좋은 것이지요. 해당 부동산이 임차인의 보증금이 확인되지 않는 부동산이라면 혹시 가짜 계약서를 내미는 이상한 임차인은 아닌지 의심해 보세요.

실제 거주하고 있지 않은 수상한 임차인

전입신고는 되어 있으나 개인적인 사정으로 해당 부동산에 거주하지 않는 수상한 임차인이 있는데요. 이런 경우 새로운 임차인의 전입신고가 되지 않을 수 있으니, 농주민센터를 방문하여 '전입세대 직권말소 신청'을 해야 합니다.

동주민센터에 비치되어있는 양식을 작성하여 접수하면 담당 공무원과의 현장 조사 일정이 잡히는데요. 현장 조사 날에 담당 공무원이 방문하여 수상한 임차인의 거주 불명 사실을 확인합니다. 이때 담당 공무원에게 새로운 임차인의 전입신고 가능일과 전입세대 직권말소 처리 절차 등에 대해서 자세하게 물어보세요.

명도확인서 받고 집 안 비워주는 괘씸한 임차인

경매나 공매를 진행하다 보면 자신의 보증금 전부나 일부를 배당받을 수 있는 임차인이 있는데요. 이러한 임차인은 법원에 '명도확인서'를 제출해야만 자신의 보증금을 돌려받을 수 있습니다.

'명도확인서'란, 낙찰자가 낙찰된 건물에 거주하는 점유자로부터 해당 건물을 넘겨받았다는 걸 확인해 주는 확인서인데요. 낙찰자는 "명도확인서를 받은 임차인이 법원에서 자신의 보증금만 배당받고 정작 이사를 나가지 않으면 어떻게 하지!"라고 걱정할 수 있어요. 이에 반해 임차인은 "보증금을 법원에서 배당받아야만 그 돈으로 이사를 나갈 수 있는데, 낙찰자가 임차인이 먼저 이사 가야 명도확인서를 써주겠다고 우기면 어떻게 하지!"라고 걱정할 수 있습니다. 특히, 낙찰자가 은행에서 잔금대출을 받고자 한다면 일은 더 복잡해지는데요. 대부분의 은행은 "잔금대출 실행 후 정해진 기간 안에 낙찰자를 제외한 모든 가구가 해당 부동산에서 나가야 한다!"라는 조건으로 대출을 실행하기 때문입니다.

낙찰자는 대출이 필요하다고 하고, 임차인은 보증금을 배당받아야만 이사 갈 수 있다고 하는 상황이라면 낙찰자는 임차인의 이삿날, 이사업체와의 계약서, 이사 갈 건물주와의 계약서, 계약금 입금 내역 등 임차인이 이사를 나간다는 확실한 증거를 확인한 후에 임차인에게 명도확인서를 발부해 주면 됩니다.

임차인이 이사했는데도 불구하고 낙찰자가 명도확인서를 발부해 주지 않는다면 임차인은 통장이나 반장이나 관리소장에게 '불거주확인서'를 발부받아 이를 집행법원에 제출하면 됩니다. 만약에 본인이 이사 나갔음을 증명해 줄 통장이나 반장 또는 관리소장이 없다면 해당 부동산에 대한 경매를 진행한 집행법원에 '사실조회 신청'을 하세요.

061

'내 집에서 나가주세요!' 거주자 내보내고 부동산 넘겨받기

일반매매와 달리 경매나 공매는 해당 부동산의 점유자로부터 부동산을 넘겨받는 일이 좀 복잡할 수 있는데요. 특히 보증금을 모두 돌려받지 못하는 임차인을 내보내려면 힘이 들 수 있습니다. 그럼, 낙찰받은 부동산에서 점유자를 내보내는 방법에 대해서 순서대로 알아볼까요?

먼저 인도명령과 점유이전금지가처분을 신청한다!

매수인은 자신이 낙찰받은 부동산에 거주하고 있는 점유자를 만나기 전에 대금을 납부하는 동시에 법원에 인도명령과 점유이전금지가처분을 신청합니다.

보통 인도명령은 배당받을 권리가 있는 임차인에게는 배당기일(통상 잔금일로부터 1달 후) 후에나 인용되므로 너무 빨리 신청할 필요는 없지만, 채무자 겸 소유자는 특별한 쟁점이 없으면 신청일 다음 날 바로 인용되므로 빨리 신청할수록 좋습니다.

인도명령과 함께 반드시 점유이전금지가처분도 신청해야 하는데요. 점유이전금지가처분이란, 낙찰받은 부동산의 점유를 다른 사람에게 넘기는 걸 금지하는 가처분으로, 이를 어기고 해당 부동산의 점유자를 변경하더라도 인도명령이나 명도소송의 효력은 새로운 점유자에게 미칩니다. 그러므로 점유이전금지가처분은 경매뿐만 아니라 인도명령이 없는 공매에서도 아주 유용한 부동산 인도 방법입니다.

인도명령과 점유이전금지가처분은 대법원 전자소송(https://ccfs.scourt.go.kr)에서 편리하게 신청할 수 있습니다. 나의 사건검색(www.scourt.go.kr)에서 진행 과정을 조회하는 것도 가능합니다.

대한민국 전자소송 홈페이지 검색창에 인도명령을 입력한 후 부동산인도명령을 클릭해 보세요.

'대한민국법원 전자소송 → 서류제출 → 민사서류 → 민사신청 → 민사가처분신청' 경로로 들어가
점유이전금지가처분을 신청해 보세요.

가장 좋은 인도 방법은 협상이다!

낙찰받은 부동산을 점유자에게서 인도받는 가장 이상적인 방법은 대화
로 해결하는 것입니다. 점유자와 대화할 때는 매수인 자신의 요구조건부터
말하지 말고 점유자의 말을 먼저 들어주세요. 그것이 신세 한탄이든, 말도
안 되는 요구든 일단 듣기만 합니다. 그리고 점유자의 이야기를 다 들었다
면 지나친 요구에 대해서는 분명하게 거절하도록 하세요. 단순히 상황을 모
면하려고 애매모호하게 말했다가는 점유자에게 괜한 기대감을 주게 되고
차후 지루한 다툼으로 이어질 수도 있으니까요.

인도명령 인용과 점유이전금지가처분 강제집행

낙찰받은 부동산의 점유자와 대화를 진행하는 과정 중에 앞서 낙찰대금 납부와 동시에 법원에 신청한 인도명령이 인용되면 '부동산인도명령 결정문'이 점유자와 매수인에게 송달됩니다. 이렇게 되면 부동산 인도 강제집행을 위한 준비는 다 된 것입니다. 협상 과정 중에 부동산인도명령 결정문을 받게 되면 점유자는 강한 압박을 받습니다.

인도명령 결정문과 함께 신청한 점유이전금지가처분에 관한 결정문도 매수인에게 송달되는데요. 매수인은 결정문을 송달받은 날로부터 7일 이내에 점유이전금지가처분에 관한 강제집행에 착수해야 합니다. 이는 증인 두 명의 입회하에 진행되는데요. 열쇠공이 낙찰받은 부동산의 문을 강제로 열면 집행관이 점유이전금지에 관한 내용이 담긴 고시문을 부착합니다. 이렇게까지 되면 점유자는 버티기 매우 힘듭니다.

이처럼 인도명령과 점유이전금지가처분만 잘 활용해도 매수인은 낙찰받은 부동산을 수월하게 인도받을 수 있습니다. 그러므로 매수인은 부동산을 인도받는 것에 대한 부담감으로 점유자에게 끌려다니는 협상을 할 필요가 없습니다.

부동산 인도를 위한 강제집행

인도명령 신청 및 처리 절차

인도명령 신청

조정(심문)

인도명령 결정

송달증명

인도명령 집행 접수

강제집행 접수

강제집행 위임서 제출

집행비용 예납

집행관 사전협의

강제집행 실행·종료

인도명령과 점유이전금지가처분에도 불구하고 점유자가 무작정 더 거주할 수 있게 해달라고 요구하거나, 무리한 이사비용을 청구하면서 부동산을 인도해 주지 않는다면 「민사집행법」에서 정한 대로 부동산 인도를 위한 강제집행을 할 수밖에 없습니다. 점유자가 '인도명령 결정문'을 송달받았음을 확인했다면 법원에서 송달증명원과 집행문을 받아 집행관실에 강제집행을 신청하면 됩니다. 강제집행은 "언제까지 부동산을 인도해 주지 않으면 강제집행에 들어갑니다."라고 강제집행 사실을 미리 알려주는 집행예고를 한 후에 실행되는데요. 이 단계까지 오면 대부분 부동산의 인도가 이루어집니다.

앞서 언급했듯이 인도명령은 채무자 겸 소유자, 대항력이 없는 임차인을 대상으로 법원에 신청하는 것입니다. 인도명령은 매각대금을 납부한 날로부터 6개월 안에 신청해야 하며 이 기간을 넘기면 인도명령 대상자라도 명도소송을 해야 합니다. 인도명령을 신청할 때 점유이전금지가처분도 함께 신청해야 한다는 사실을 잊지 마세요. 인도명령의 절차는 앞의 도표와 같습니다.

인도명령 대상임에도 불구하고 매각대금(매매대금) 납부일로부터 6개월이 지나도록 인도명령을 신청하지 않았거나, 아예 처음부터 인도명령 대상이 아니라면 명도소송을 해야 합니다. 명도소송 접수를 할 때도 반드시 점유이전금지가처분을 함께 신청해야 합니다. 명도소송의 절차는 다음과 같습니다.

명도소송 신청 및 처리 절차

```
명도소송 접수
    ↓
심리 및 결심
    ↓
승소판결
    ↓
집행문 부여
    ↓
송달증명
    ↓
인도소송 집행 접수
    ↓
강제집행 접수
    ↓
강제집행 위임서 제출
    ↓
집행비용 예납
    ↓
집행관 사전협의
    ↓
강제집행 실행·종료
```

▼ 인도명령과 명도소송의 차이점

구분	인도명령	명도소송
신청 시기	매각대금 후 6개월 이내	매각대금(매매대금) 납부 후 (기간의 제한이 없음)
신청 대상	채무자, 소유자, 대항력 없는 임차인	대항력 있는 임차인, 매각대금 납부 후 6개월이 지난 인도명령 대상자
신청 방법	담당 경매계에 신청 '점유이전금지가처분'도 함께 신청	관할 법원에 소송 제기 '점유이전금지가처분'도 함께 신청
처리 기간	신청 후 2~3주	통상 3~6개월
집행 과정	별다른 심리 없음 임차인, 유치권자는 심리 후 명령	소 제기에 대한 심문 후 판결
강제집행	결정문과 송달확정증명원	집행력 있는 정본
주문형식	"피신청인은 신청인에게 별지 목록 기재 부동산을 인도하라."	"피고는 원고에게 피고가 점유하고 있는 별지 목록 기재 부동산을 명도하라."(임대료 청구 가능)
비용	인지대, 송달료, 수수료 및 공식 경비 소요	인지대, 송달료, 소송경비 및 비공식 경비 소요

토막 상식

✎ **임차인이 많은 다가구주택을 경매로 매수했다면?**

경매나 공매로 낙찰받을 수 있는 주택 중 인도받기가 가장 까다로운 주택은 임차인이 많이 거주하고 있는 다가구주택일 것입니다. 그러나 이러한 주택이라도 수월하게 인도받는 방법이 있는데요. 그 방법은 다음과 같습니다. 먼저 여러 임차인 중에 자신의 보증금을 모두 배당받는 임차인을 먼저 설득해서 내보내는 것입니다. 일단 여러 임차인 중 한 사람이라도 먼저 이사를 나가면 다른 임차인들은 심리적으로 위축되기 때문입니다. 또한, 다른 임차인보다 먼저 이사 나가면 이사비용을 더 많이 받을 수 있다고 여러 임차인에게 제안하는 것입니다. 처음에는 임차인들끼리 서로 똘똘 뭉쳐 있지만 다른 임차인보다 조금이라도 더 많은 이사비용을 받을 수 있다면 그 길을 택하는 것이 인지상정입니다.

062

경매와 공매의 복병, 관리비 정산하기

경매나 공매를 통해 원하던 부동산을 점유자에게서 인도받았다 하더라도 끝까지 안심하면 안 되는 것이 있는데 이는 바로 점유자가 밀린 관리비입니다. 그럼, 체납된 관리비에 관해 어떠한 내용이 있는지 살펴볼까요?

낙찰자는 체납된 관리비 부담을 예상해야

아파트나 상가를 경매나 공매로 매수할 때 보이지 않는 복병이 있으니, 바로 전 소유자나 임차인이 제때 납부하지 않아 체납된 관리비입니다. 그 체납금액이 얼마 되지 않는다면 낙찰자에게 큰 부담이 되지 않겠지만 만약에 그것이 몇천만 원이라면 큰 부담이 됩니다. 그러므로 경매나 공매에 참여하기 전에 반드시 아파트나 상가의 관리사무소를 방문해 밀린 관리비가 얼마인지 확인해 봐야 합니다.

그런데 체납된 관리비는 낙찰자(매수인)가 모두 부담해야 할까요? 결론부터 말하자면 그렇진 않습니다. 대법원 판례에 따르면 낙찰자는 모든 사람이 공동으로 이용하는 공용부분(복도, 계단, 승강기, 주차장, 놀이터, 경로당, 경비실 등)의 관리비만 부담하면 되고, 거주자만 이용하는 공간인 전용 부분의 관리비는 낙찰자가 부담하지 않아도 됩니다.

참고로 세대수가 적은 아파트나 오피스텔은 세대수가 많은 아파트나 오피스텔보다 관리비가 더 많을 수 있습니다.

낙찰자가 부담한 관리비, 이사비용에서 공제하세요!

낙찰자는 전용부분의 관리비는 부담하지 않더라도 공용부분의 관리비는 부담해야 하는데요. 낙찰자는 자신이 이용하지 않은 부동산의 관리비를 부담해야 한다는 점이 억울할 수 있습니다. 그러므로 이사 나가는 조건으로 거주자에게 이사비용을 줄 계획이었다면 주려고 했던 이사비용에서 체납된 관리비를 제하고 주세요.

관리비 때문에 이사 방해하는 관리사무소 해결하는 방법

아파트나 상가의 관리사무소 입장은 어떨까요? 해당 부동산의 매수자가 체납된 관리비 중에서 공용부분의 관리비만 내겠다고 하면 좋아할까요? 관리사무소는 체납된 관리비 모두를 받으려고 단전, 단수하거나 매수자가 해당 부동산에 이사하는 걸 방해하기도 하는데요. 단전, 단수하는 행위는 엄연한 불법행위로 추후 손해배상을 청구할 수 있습니다(대법원 2006년 6월 29일 선고, 2004다3598, 3604 판결). 또한, 이사를 방해하는 행위는 '부동산강제집행효용침해죄'에 해당할 수 있습니다(형법 제140조의 2).

참고로 관리비 채권의 소멸시효는 3년입니다. 그러므로 매수인은 매각대금(매매대금) 납부 시점을 기준으로 3년이 지난 관리비는 부담하지 않아도 됩니다. 단, 체납된 관리비에 시효를 중단하는 가압류가 설정되어 있지 않아야 합니다.

토막상식

✎ **밀린 관리비 연체료까지 물어줘야 하나요?**

낙찰자(매수인)는 낙찰받은 부동산에 체납된 관리비 중 공용부분의 관리비는 부담해야 하는데요. 그렇다면 관리비 체납으로 인한 연체료도 낙찰자가 부담해야 할까요? 그건 아닙니다. 연체료는 낙찰받은 부동산의 거주자가 관리비를 체납해서 발생한 것이기에 낙찰자가 부담할 필요가 없다는 것이 대법원의 판례입니다(대법원 2006년 6월 29일 선고, 2004다3598, 3604 판결).

063

드디어 넘겨받은 내 집,
어떻게 할까?

부동산을 낙찰받으면 앞으로 어떻게 할 것인지를 생각하면서 현장답사를 하는 것이 좋습니다.

내 것이 된 부동산, 꽃단장은 기본

경매로 낙찰(매수)받은 부동산은 관리를 잘 하지 않아 손볼 부분이 많을 수 있는데요. 도배나 장판은 기본이고 싱크대, 보일러, 창문, 방문, 조명 등을 수리하거나 교체해야 할 수도 있습니다. 세를 주든 매도하든 부동산의 가치를 높이려면 꽃단장은 필수입니다. 그러므로 경매 비용을 산출할 때 수리 비용도 감안해야 합니다.

세놓기

부동산을 낙찰받아 세놓을 계획이라면 입찰하기 전에 해당 부동산 주변의 공인중개사사무소를 방문하여 해당 부동산의 전·월세 시세를 미리 알아

봐야 합니다. 임대료가 생각한 것보다 적을 수도 있기 때문입니다.

해당 부동산을 낙찰받았다면 수리한 후 미리 알아본 시세대로 세를 놓습니다. 현장답사를 할 때 매매 시세, 전·월세 시세, 건축 연도, 건물구조, 층수, 지하철역과의 도보거리, 거주자 배당신청 여부 등 해당 부동산에 관한 다양한 정보를 꼼꼼하게 알아 두면 낙찰 후 세를 놓기가 수월합니다.

되팔아 시세차익 보기

부동산을 낙찰받은 후 매도할 계획이라면 양도소득세 문제를 고려해야 봐야 하는데요. 양도소득세를 감안하더라도 많은 시세차익을 볼 수 있다면 매수 후 바로 매도해도 괜찮을 수 있습니다. 하지만 경매시장이나 공매시장이 과열된 때에는 낙찰가격이 높아서 많은 시세차익을 보기가 어려울 수 있으므로 이러한 때에는 중·장기적 투자계획을 세운 후 경매나 공매에 참여하는 것이 좋습니다.

064

월세 편하게 받는
임대소득자가 되고 싶다면?

지금까지 경매와 공매의 모든 과정과 주의할 점들을 알아보았는데요. 사람들은 이렇게 복잡하고 어려운 경매와 공매를 왜 하는 걸까요? 아마도 그 이유는 자신이 원하는 부동산을 시세보다 저렴하게 장만하여 수익률을 높일 수 있다고 기대하기 때문일 것입니다. 그렇다면 수익률 높은 임대는 말처럼 쉬울까요?

임차인이 끊이지 않는 특급 비밀

임대인은 임차인에게서 매월 정해진 날에 월세를 꾸준하게 받는 게 중요한데요. 이와 더불어 임차인이 끊이지 않고 세 드는 것도 중요합니다. 공실이 발생하지 않아야 임대료를 계속해서 받을 수 있을 테니까요. 그렇다면 임차인이 계속해서 찾는 건물은 어떠한 건물이어야 할까요?

매수할 건물이 주택이라면 무조건 가격이 저렴한 주택보다는 임대인 자신이 거주해도 불편함이 없을 만한 주택을 낙찰받아야 합니다. 임대인이든 임차인이든 삶의 질에 대한 욕망은 같으니까요. 그러므로 모든 조건을 만족

할 순 없지만 가능하면 주변 환경이 좋고 병원, 약국, 미용실, 제과점, 슈퍼마켓 등 근린생활시설과 지하철역 등이 가까이 있으면서 해당 지역의 임차인들이 선호하는 면적의 주택을 매수해야 합니다. 참고로 지역에 따라 임차인들이 선호하는 주택의 면적이 다르므로, 현장답사를 할 때 주변 공인중개사사무소에 방문하여 해당 지역의 임차인들이 가장 선호하는 면적에 대해 물어보세요.

매수할 건물이 상가라면 상가의 가격보다 먼저 상가의 입지를 봐야 하는데요. 가능하면 해당 상가 주변의 상권을 분석하여 해당 입지에 적합한 업종이 무엇인지, 그런 업종이 경쟁력이 있을지를 확인해 봐야 합니다. 상가의 입지에 적합한 업종이 없거나 적합한 업종이 있어도 경쟁력이 없다면 아무리 상가의 가격이 저렴하더라도 세를 제때 놓지 못하거나 세를 놓아도 장사가 잘되지 않아 꾸준하게 세를 받기 어려울 수 있습니다.

또한 주택이든 상가든 임차인을 가려서 받는 게 중요합니다. 직업이 일정하지 않거나 누가 봐도 경쟁력이 없는 업종으로 장사를 하고자 한다면 세가 밀릴 수 있기 때문입니다.

계약서 작성만 잘해도 월세 받기 쉽다

세를 들어올 임차인을 구했다면 다음으로 임대차계약서를 작성해야 합니다. 이때 보증금은 월세의 24개월에 해당하는 금액으로 넉넉하게 받는 것이 좋습니다. 임차인이 세가 밀려 명도소송을 하는 경우 기간이 6개월 이상 걸릴 수 있는데요. 임차인에게 받아둔 보증금의 액수가 적으면 소송에서 이기더라도 밀린 월세가 보증금의 액수를 훌쩍 넘어버려 손해를 볼 수 있습니다.

임차인이 월세를 밀리기 시작하면 재빠르게 명도소송 준비하는 게 좋은 데요. 만약에 임차인이 2기(상가는 3기)의 차임액에 해당하는 금액에 이르도록 차임을 연체(주택임대차보호법 제6조의 3 ①항 1호, 상가건물임대차보호법 제10조 ①항 1호)하면 임대인은 바로 명도소송 절차를 준비하는 게 좋습니다. 여기에서 2기(상가 3기)의 차임액에 해당하는 금액이란, 임대차 기간 중 임차인이 2회(상가 3회) 연체하거나, 임차인이 계속해서 월세 일부만 지불하여 임대인이 덜 받은 금액의 합계액이 2개월(상가 3개월)분에 해당하는 걸 말합니다.

임차인이 월세를 연체하여 명도소송이 진행되면 기간이 오래 걸립니다. 이에 임차인이 월세를 체납하면 소송 없이 바로 강제집행을 할 수 있는 제도가 있는데요. 이는 '소송 전 당사자 간에 화해가 이뤄졌다.'라는 뜻의 '제소전화해조서(提訴前和解調書)'입니다. '제소전화해조서'의 효력은 법원의 '화해 성립 결정' 직후부터 발생하여 임대차계약이 끝날 때까지 유지됩니다(계약갱신 기간 포함).

만약 임차인에게 공동사업자가 생겼거나 임차인이 다른 사람으로 변경되면 이들은 제소전화해를 맺은 당사자가 아니기에 나중에 강제집행을 할 수 없습니다. 그러므로 이러한 경우에는 반드시 재신청 절차를 통해 조서의 내용을 알맞게 갱신해야 합니다.

그러나 임대차 기간 중 임대인이 변경되면 재신청을 하지 않더라도 '승계집행문 부여 신청'을 통해 강제집행 절차를 진행할 수 있습니다. 또한 계약 당사자는 그대로인데 계약 사항이 변경된 경우에도 강제집행을 할 수 있습니다.

제소전화해 신청 절차는 다음과 같습니다.

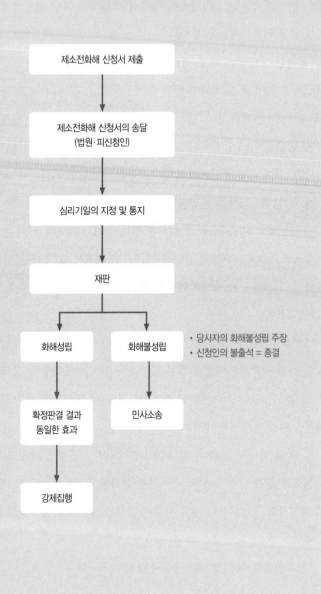

제소전화해 신청 절차

제소전화해 신청서 제출

↓

제소전화해 신청서의 송달
(법원·피신청인)

↓

심리기일의 지정 및 통지

↓

재판

화해성립   화해불성립   • 당사자의 화해불성립 주장
                                • 신청인의 불출석 = 종결

확정판결 결과   민사소송
동일한 효과

↓

강제집행

계약서 작성 전에 이것을 해야 한다

임차인이 임차한 건물에 거주하면서 유리창이나 방문, 세면대 등 각종 시설들을 파손하는 경우가 있는데요. 임차인 중에는 자신이 파손한 걸 수리하지 않고 그대로 이사 가기도 합니다. 그러므로 임대인은 이삿날 임차인이 입주하기 전에 해당 건물을 방문하여 시설상태를 확인하고 이들의 사진을 찍어둬야 합니다. 그리고 임차인이 이사 나갈 때도 해당 건물을 방문하여 입주 당시 찍어둔 사진과 현 시설상태를 비교하여 파손된 부분이 있는지를 확인해야 합니다. 이래야 임차인이 이사 가기 전에 수리비를 받을 수 있습니다.

임대차 기간 중 발생한 수리비, 이 사람이 내야 한다

새로 건축한 건물이라도 수리가 필요한 곳은 있습니다. 하물며 건축한 지 오래된 건물이라면 말할 나위 없겠죠. 그렇다면 임차인이 거주하는 동안에 고장 난 시설의 수리비는 누가 부담해야 할까요?

시설의 고장이 임차인의 과실로 인한 것인지 아니면 시설의 노후나 시설 자체의 문제로 발생한 것인지를 수리기사에게 물어보고 임차인의 과실 때문이라면 임차인이, 시설의 노후나 시설 자체의 문제 때문이라면 임대인이 수리비를 부담해야 합니다.

계약갱신 여부는 미리미리 통보해야!

임대인이든 임차인이든 해당 부동산에 더 이상 거주하기 싫으면 임대차계약이 만료되기 전에 미리미리 상대방에게 계약갱신 거절의 의사를 통보해야 하는데요. 통보 조건은 주택과 상가가 조금 다릅니다.

주택은 임대인이 임대차 기간이 끝나기 6개월 전부터 2개월 전까지의 기간에 임차인에게 갱신거절(更新拒絶)의 통지를 해야 하고요. 임차인은 임대차 기간이 끝나기 2개월 전까지 임대인에게 계약 갱신거절의 의사를 통보해야 합니다(주택임대차보호법 제6조 ①항).

상가는 임대인이나 임차인이나 임대차 기간이 만료되기 6개월 전부터 1개월 전까지 상대방에게 계약갱신서절의 의사를 통보해야 합니다(상가건물임대차보호법 제10조 ①항, ④항).

임대차 3법이란?

임대차 3법은 계약갱신청구권, 전월세상한제, 전월세신고제, 이 3가지를 말합니다.

- **계약갱신청구권**: 임차인이 세 든 집에서 1회에 한정하여 2년을 더 살 수 있는 권리를 말하는데요. 임차인이 임대차계약을 2년으로 했다면 임차인은 계약갱신청구권을 활용하여 해당 주택에서 최대 4년간 살 수 있습니다. 임차인은 계약갱신청구권으로 연장된 계약기간 중에는 언제든지 임대인에게 계약의 해지를 요구할 수 있고 이를 통보한 날로부터 3개월이 지나면 임대인에게는 임차보증금을 임차인에게 돌려줘야 할 의무가 발생합니다.
- **전월세상한제**: 임차인의 계약갱신청구권으로 임대차 기간이 연장될 때 기존 임대료의 5% 이내에서만 올려 받을 수 있도록 한 제도입니다.

• **전월세신고제**: 특별자치시·특별자치도·시·군(광역시 및 경기도의 관할구역에 있는 군)·구(자치구) 내 임대차계약 시 보증금이 6천만 원을 넘거나, 월세가 30만 원을 넘는 경우 임대인과 임차인이 30일 이내에 동주민센터나 부동산거래관리시스템(rtms.molit. go.kr)에 신고해야 하는 제도인데요. 만약 30일 이내에 신고하지 않으면 최대 100만 원의 과태료 처분을 받을 수 있습니다. 참고로 계약을 갱신하는 경우로서 보증금 및 차임의 증감 없이 임대차 기간만 연장하는 계약은 신고하지 않아도 됩니다.

**토막
상식**

 아파트 장기수선충당금은 계약 종료 시 꼭 받아 가세요!

건물은 시간이 지날수록 수리가 필요합니다. 이에 대비해서 아파트 관리단은 각 세대 소유자들에게 매달 수리 비용을 걷어 적립해 두는데 이를 장기수선충당금이라고 합니다. 보통은 관리비에 포함되어서 청구되기 때문에 임차인이 소유자를 대신해 장기수선충당금을 납부하는데요. 그러므로 이사 갈 때는 반드시 소유자를 대신해 납부한 장기수선충당금을 정산해 관리사무소나 소유자에게서 되돌려 받아야 합니다.

Common Sense Dictionary of
Real Estate Auctions & Public Sales

4

넷째
마당

돈 되는
부동산 공략법

가장 무난한 물건, 아파트

065

경매나 공매에서 가장 선호하는 부동산 중 하나는 아파트인데요. 아파트에 대해서 한번 살펴볼까요?

왜 아파트는 인기가 많을까?

경매나 공매에서 연립주택이나 다세대주택에 비해서 유독 아파트의 인기가 높은데요. 이유가 뭘까요? 일단 많은 세대가 모여 살다 보니 관리하기가 쉽고 비용도 저렴합니다. 또한, 근처에 병원, 약국, 마트 등 편의시설이 잘 갖추어져 있습니다. 그리고 대규모 단지는 그 안에 초등학교가 있어 안전하기까지 합니다. 그래서 직접 거주하기도 편하고 세를 주기도 쉽지요.

이러한 이유로 많은 사람이 아파트를 선호하고 경매나 공매에서도 아파트의 인기가 높습니다. 그렇다 보니 부작용도 있는데요. 수요가 많아 경쟁이 치열한 경우 낙찰가격이 일반 매매가격과 별 차이가 없거나 오히려 더 비싸기도 합니다.

경매나 공매로 아파트를 매수할 때 고려해야 할 사항은?

경매나 공매로 아파트를 낙찰받고자 할 때는 가장 먼저 아파트의 브랜드를 확인해야 합니다. 아파트 가격은 해당 아파트의 구조나 편의성보다는 브랜드에 큰 영향을 받기 때문입니다.

다음으로는 교통의 편의성을 살펴봐야 합니다. 아파트 주변에 지하철역이나 버스정류장이 가까이 있어야 거주하기도 편하고 세입자도 잘 들어옵니다. 대단지의 경우에는 동의 위치에 따라 지하철역이나 버스정류장까지 걸리는 시간에 상당한 차이가 있을 수 있으므로 반드시 걸어서 측정해야 합니다.

또한, 주변의 편의시설을 잘 살펴봐야 합니다. 아파트 단지 가까운 곳에 대형병원, 공원, 대형할인점 등이 있어서 생활하기 안전하고 편리해야 합니다.

가장 좋은 평형은?

아파트에서 가장 좋은 평형은 무엇일까요? 정답은 '가장 좋은 평형은 없다.'입니다. 이유는 지역에 따라 거주하는 사람들이 선호하는 평형이 다르기 때문입니다. 그러므로 인기가 높은 평형의 아파트를 낙찰받고 싶다면 해당 지역의 거주자들이 가장 선호하는 평형이 무엇인지부터 파악해야 합니다.

일반적으로 연령대별로 선호하는 아파트 평형을 살펴보면 다음과 같습니다.

20~30대 신혼부부나 아이가 어린 가정은 20평형도 괜찮습니다. 매입비용도 적게 들고 관리비도 저렴하기 때문입니다. 경우에 따라서는 세금이나 대출 혜택도 볼 수 있습니다.

40~50대로 자녀가 두 명 이상이라면 30평형이 괜찮습니다. 자녀가 학

교에 다니면 자기만의 독립된 공간(방)이 필요하기 때문입니다. 그리고 이 시기에 살림살이가 가장 많기도 하지요.

60대 이상이라면 20평형 같은 소형도 괜찮을 수 있으나, 경제적인 여유가 있다면 오히려 40평형도 괜찮습니다. 건강관리나 취미생활을 위해서 운동기구나 여러 가지 물건들을 들여놓아야 하기 때문입니다. 거주 공간이 너무나 좁으면 오히려 답답하고 우울해질 수도 있습니다.

임대가 목적이라면 일반적으로 20평형에서 30평형이 적당합니다.

토막상식

✏️ **공매물건에 관한 등기사항전부증명서는 있는데 건축물대장이 없다고?**

건축 도중에 건축주 또는 시공사의 부도 등으로 인하여 공사가 완료되지 못한 건물이거나, 기타 사유로 건축주가 시장·군수·구청장 등에게 사용승인을 받지 못한 건물은 건축물대장과 건물 등기사항전부증명서를 만들 수 없는데요. 하지만 건축주나 시공사의 부도나, 분양과 관련한 소송에서 입주예정자(채권자)들이 승소한 경우 집행력이 있는 공정증서 또는 확정판결문을 통해 건축주나 시공사(채무자)를 대신하여 건물 등기사항전부증명서를 만들 수 있습니다.

▼ 아파트 체크리스트

순번	체크 사항	YES	NO
1	브랜드명은 무엇인가?		
2	지하철역이나 버스정류장이 5~10분 거리에 있는가?	☐	☐
3	주변에 대형병원이 있는가?	☐	☐
4	주변에 공원·체육시설이 있는가?	☐	☐
5	수변에 대형 할인매장이나 시장이 있는가?	☐	☐
6	주변에 혐오시설(고물상, 소각장, 교도소 등)이 있는가?	☐	☐
7	주변에 초·중·고교, 대형학원이 있는가?	☐	☐
8	학군은 좋은가?	상, 중, 하	
9	단지가 500세대 이상인가?	☐	☐
10	리모델링, 재개발, 재건축 등 개발 호재가 있는가?	☐	☐
11	주변 시세는 얼마인가?		원
12	예상 임대가는 얼마인가?		원
12	예상 낙찰가는 얼마인가?		원
13	리모델링, 재개발, 재건축 비용은 얼마인가?		원
14	대출 가능 금액은 얼마인가?		원

수익률 따져 보기

1. 예상 임대가는 얼마인가? ·보증금_____원 ·월세_____원

2. 예상 수익률은 얼마인가?

$$\frac{\text{연월세액} - \text{연이자}}{(\text{낙찰가} + \text{리모델링비 또는 재건축비}) - (\text{보증금} + \text{대출금})} \times 100 = \qquad \%$$

066

적은 돈으로 임대사업 하기
딱 좋은 다세대주택

아파트보다 다세대주택이 좋은 이유는?

「건축법」에 따르면 주택으로 쓰는 1개 동의 바닥면적 합계가 660㎡ 이하이고, 주거용으로 쓰이는 층수가 4개 층 이하인 주택을 '다세대주택'이라고 하는데요. 경매나 공매에서 아파트가 아닌 다세대주택을 선호하는 이유는 뭘까요? 그 이유는 다세대주택이 아파트에 비해 초기 매입비용과 관리비가 적게 들기 때문입니다. 물론, 아파트보다 훨씬 비싼 고급빌라도 있지만 일반적으로 다세대주택은 아파트보다 저렴합니다.

상황이 이렇다 보니 내 집을 마련하고 싶으나 자금이 부족한 사람들이 다세대주택을 많이 선호하는 편입니다.

임대사업을 하는 경우에도 아파트보다 다세대주택을 더 선호하기도 하는데요. 아파트보다 초기 매입비용이 적게 들어가는 다세대주택의 수익률이 높을 수 있기 때문입니다. 물론, 매입 후 시세차익은 일반적으로 아파트가 다세대주택보다 클 수 있지만요.

경매로 다세대주택을 매수할 때 고려해야 할 사항은?

다세대주택은 대단지인 아파트보다 동네 안쪽에 자리하고 있어 교통의 편의성이 떨어질 수 있습니다. 그러므로 관심 있는 다세대주택에서 지하철역이나 버스정류장까지 걸어서 5~10분 이내에 도착할 수 있는지를 직접 걸어서 확인해야 합니다. 교통이 편해야 하니까요.

다세대주택은 건축비를 절약하기 위해 도시 중심지에서 조금 떨어진 곳에 짓기도 하는데요. 이러한 이유로 대형병원, 약국, 대형할인점, 공원 등의 편의시설을 이용하기 불편할 수도 있습니다. 그러므로 생활 편의시설과 가까운 다세대주택을 선택해야 합니다. 생활하기 편리해야 하니까요.

가능하면 너무 낡은 다세대주택보다는 건축한 지 10년이 되지 않은 다세대주택을 낙찰받는 게 좋습니다. 재개발을 기대하고 낡은 다세대주택을 선택하기도 하는데 다세대주택이 계속 건축되고 있는 지역은 노후도(노후·불량건축물의 수가 건축물 전체의 3분의 2 이상인 지역) 조건을 맞추지 못해 재개발사업이 어려울 수 있습니다(도시 및 주거환경정비법 시행령 별표 1). 그리고 너무 낡은 다세대주택은 거래가 쉽지 않아 환금성이 떨어지고 세도 잘 나가지 않습니다.

다세대주택은 층마다 구조가 다를 수 있다는 사실을 아시나요? 다세대주택은 주변 도로나 건물과의 마찰을 피해 짓다 보니 층마다 구조가 다를 수도 있는데요. 위층의 주방 자리가 아래층에서는 화장실일 수도 있습니다. 그러므로 현장답사 시 윗집이나 아랫집이 아닌 바로 해당 호수의 내부를 봐야 합니다. 만약에 해당 호수의 내부를 볼 수 없다면 해당 다세대주택 감정평가서의 '내부구조도'를 반드시 참고해야 합니다.

참고로 거실은 넓은 게 좋습니다. 주로 생활하는 공간이기도 하고 전용면적이 적어도 거실이 넓으면 주택 전체가 넓어 보이는 효과가 있기 때문입니다. 주차시설도 확인해야 하는데, 공간이 좁아 앞뒤로 길게 주차하는 '一자' 형태의 주차장이 있는 다세대주택은 피하는 것이 좋습니다.

지역마다 선호하는 다세대주택이 다르다?

거주 목적이 아닌 주택임대사업을 하려는 게 목적이라면 해당 지역에서 임차인들이 가장 선호하는 형태의 다세대주택을 낙찰받아야 합니다. 원룸을 가장 선호하는 지역이라면 주로 원룸으로 구성된 다세대주택을 낙찰받아야 하고, 투룸을 가장 선호하는 지역이라면 투룸 위주로 구성된 다세대주택을 낙찰받아야 합니다. 투룸을 원하는 지역에서 무조건 원룸형 다세대주택을 낙찰받게 되면 공실이 발생할 수 있습니다. 그러므로 눈여겨본 다세대주택 경매 물건이 있다면 입찰하기 전에 그 지역의 공인중개사사무소를 방문하여 임차인들이 가장 선호하는 다세대주택을 확인해 보세요.

토막 상식

✎ **신축 다세대주택이라고 다 좋은 건 아니에요!**

무조건 신축 다세대주택이 좋고, 오래된 다세대주택이 나쁜 건 아닙니다. 등기사항전부증명서의 면적이 같아도 오래전에 지은 다세대주택이 신축 다세대주택보다 넓어 보일 때가 있는데요. 이는 베란다 같은 서비스 공간이 신축 다세대주택에 비해 더 넓고 많기 때문입니다. 그리고 대지 지분 또한 신축 다세대주택보다 더 넓을 수도 있으니, 재개발을 염두에 두고 다세대주택을 매수하려는 경우, 이런 점도 고려해 보세요.

▼ 다세대주택 체크리스트

순번	체크 사항	YES	NO
1	지하철역이나 버스정류장이 5~10분 거리에 있는가?	☐	☐
2	주변에 대형병원이 있는가?	☐	☐
3	주변에 공원·체육시설이 있는가?	☐	☐
4	주변에 대형할인매장이나 시장이 있는가?	☐	☐
5	주변에 혐오시설(고물상, 소각장, 교도소 등)이 있는가?	☐	☐
6	주변에 초·중·고교, 대형학원이 있는가?	☐	☐
7	학군은 좋은가?	상, 중, 하	
8	리모델링, 재개발, 재건축 등 개발 호재가 있는가?	☐	☐
9	많이 낡았는가?	상, 중, 하	
10	주차하기가 편리한가? 주차가 가능한가?	☐	☐
11	예상 임대가는 얼마인가?		원
12	시세는 얼마인가?		원
12	예상 낙찰가는 얼마인가?		원
13	리모델링, 재개발, 재건축 비용은 얼마인가?		원
14	대출 가능 금액은 얼마인가?		원

수익률 따져 보기

1. 예상 임대가는 얼마인가? ·보증금_____원 ·월세_____원

2. 예상 수익률은 얼마인가?

$$\frac{\text{연월세액} - \text{연이자}}{(\text{낙찰가} + \text{리모델링비 또는 재건축비}) - (\text{보증금} + \text{대출금})} \times 100 = \quad \%$$

067

임대수익의 대명사
오피스텔

경매나 공매에서 가장 인기 있는 부동산 중의 하나가 오피스텔인데요. 오피스텔에 대해서 한번 살펴볼까요?

오피스텔 경매·공매, 분양보다 저렴하게 매수할 수 있는 기회

오피스텔(Officetel)은 'Office'와 'Hotel'의 합성어로 사무 기능과 주거 기능을 함께 갖춘 건물입니다. 그리고 이러한 특성 때문에 일반 사무실로 사용하면 상가로 취급받고, 임차인이 전입신고를 하고 주거용으로 사용하면 주택으로 취급받습니다.

오피스텔은 실거주 목적보다 주로 임대수익을 목적으로 매수하는 만큼 대형 오피스텔보다는 소액투자로 수익률을 극대화할 수 있는 소형 오피스텔이 더 적합한 투자 대상이 될 수도 있습니다.

분양 시 오피스텔 분양가격에는 때때로 과도한 분양 프리미엄이 얹어지기도 합니다. 경매나 공매를 이용하면 어느 정도 분양 프리미엄이 제거된 가격에 오피스텔을 매수할 수도 있습니다.

2011년 8월 18일 임대사업 활성화를 목표로 한 부동산 대책으로 오피스텔도 주택임대사업을 할 수 있게 되었는데요. 이로 인해 취득세나 재산세 등 세제 혜택을 볼 수 있습니다.

오피스텔을 낙찰받을 때 고려해야 할 사항은?

오피스텔을 주로 이용하는 사람들은 직장인입니다. 그들은 지하철역까지 걸어서 5분 안에 갈 수 있어 출퇴근이 빠르고 편리한 오피스텔을 선호합니다. 특히, 여성에게 지하철역까지의 거리는 밤길 안전하고도 관계가 깊어 중요합니다. 이러한 이유로 지하철역에서 5분 이상 걸리는 오피스텔은 임대가 잘되지 않으며 임대료도 낮습니다. 가능하면 지하철 출입구 쪽에 있는 오피스텔을 선택하세요. 반대 방향에 있는 오피스텔은 돌아가야 해서 동선이 자연스럽지 않고 불편하기 때문입니다.

앞서 언급했듯이 오피스텔은 주로 직장인들이 이용합니다. 그러므로 주변에 사무실이 많아야 합니다. 직장인들은 가능하면 직장과 가까운, 즉 직주근접을 갖춘 곳에 거주하고 싶어 합니다.

오피스텔의 전용면적은 분양 면적 대비 50~60%밖에 되지 않는데요. 같은 분양 면적이라면 거주자만 이용할 수 있는 전용면적이 조금이라도 더 넓은 오피스텔이 더 가치가 높습니다. 그러므로 분양 면적 대비 전용면적이 몇 %인지 주변 공인중개사사무소에서 확인해 보세요.

관리비 연체내역을 확인하는 것도 잊지 말아야 합니다. 복도나 계단, 엘리베이터 등과 같이 여러 사람이 함께 사용하는 공용부분의 관리비는 낙찰자가 부담하므로 경매 입찰 전에 미리 관리사무소를 방문하여 확인합니다.

▼ 오피스텔 체크리스트

순번	체크 사항	YES	NO
1	지하철역까지 걸어서 5분 이내인가?	☐	☐
2	지하철 출입구 방향에 있는가?	☐	☐
3	주변에 사무실이 많은가?	☐	☐
4	분양 면적 대비 전용면적은 얼마나 되는가?		%
5	관리비 연체 금액은 얼마인가?		원
6	사무용 오피스텔 대비 주거용 오피스텔 비율은 얼마나 되는가?		%
7	건축 연도는?		년
8	주변 시세는 얼마인가?		원
9	예상 낙찰가는 얼마인가?		원
10	주변에 혐오시설(고물상, 소각장, 교도소 등)이 있는가?	☐	☐
11	전망은 좋은가?	☐	☐
12	대출 가능 금액은 얼마인가?		원

수익률 따져 보기

1. 예상 임대가는 얼마인가?　　· 보증금＿＿＿＿＿원　　· 월세＿＿＿＿＿원

2. 예상 수익률은 얼마인가?

$$\frac{연월세액 - 연이자}{낙찰가 - (보증금 + 대출금)} \times 100 = \quad \%$$

낙찰받은 오피스텔을 주거용으로 임대할 거라면, 오피스텔 모든 호수 중에서 사무용으로 임대한 호수가 얼마나 되는지 확인해야 합니다. 사무용 비율이 낮고 주거용 비율이 높아야 조용하고 깔끔해 임대도 잘 되기 때문입니다.

오피스텔은 법에서 허용하는 용적률을 최대한 이용해서 짓기 때문에 재건축이나 리모델링이 어렵습니다. 아파트나 다세대주택처럼 층수를 더 올려서 재건축하기가 어렵다는 뜻이죠. 그러므로 가능하면 지은 지 10년이 되지 않은 오피스텔을 매수하는 것이 좋습니다.

🖊 생활형 숙박시설이란?

생활형 숙박시설은 일반 숙박시설과 달리 주거시설처럼 취사가 가능한 숙박시설을 말하며 레지던스(Residence)라고도 합니다. 내부 시설은 오피스텔처럼 모든 가전과 가구가 빌트인(Built-in)으로 설치되어 취사가 가능하고요. 외부 시설로는 사우나, 피트니스센터, 수영장 등이 있어 이들을 모두 이용할 수 있습니다.

생활형 숙박시설은 아파트나 다세대주택처럼 호수마다 개별 등기가 가능합니다. 그리고 주택이 아닌 숙박시설이기에 청약 시 청약통장이 필요 없으며 주택 수에도 포함되지 않아 종합부동산세 대상도 아니고 전매제한도 없습니다.

단, 용도변경 없이 주택용으로 사용할 수 없으며, 분양계약 시 주택용으로 사용할 수 없음을 안내받고 확인서를 첨부해야 합니다. 숙박시설 형태를 유지해야 하고 숙박업 신고 의무대상입니다.

068

1인 가구를 위한
도시형 생활주택

경매나 공매에서 소액으로 실속 있게 매수할 수 있는 부동산 중의 하나가 도시형 생활주택인데요. 도시형 생활주택에 대해서 한번 살펴보도록 하겠습니다.

경매나 공매로 도시형 생활주택을 매수하는 이유는?

'도시형 생활주택'이란, 1~2인 가구 증가에 따라 2009년 5월부터 시행된 주택의 종류로, 300세대 미만의 단지형 연립주택(세대별 주거 전용면적 85㎡ 이하, 연면적 660㎡ 초과)과 단지형 다세대주택(세대별 주거 전용면적 85㎡ 이하, 연면적 660㎡ 이하), 소형주택(주거 전용면적 60㎡ 이하), 이렇게 3종류가 있습니다.

청약통장이 없어도 청약할 수 있고 주거 전용면적 20㎡ 이하는 한 채까지 주택 수에 포함되지 않습니다. 하지만 분양가 상한제를 적용받지 않아 고분양가 문제가 대두되기도 합니다.

'도시형 생활주택'은 분양 면적 대비 전용면적의 비율이 70~80%로 50~60%인 오피스텔에 비해 높은 편입니다. 또한 발코니나 욕조 설치 등에 대한 제한도 없습니다. 그만큼 실속 있는 투자 대상이라고 할 수 있습니다.

고분양가 논란에도 소형주택(주거 전용면적 60㎡ 이하)은 아파트, 다세대주택, 오피스텔보다 비교적 투자 금액이 적어 소액 투자자들에게 인기가 높습니다.

경매나 공매로 도시형 생활주택을 매수할 때 고려할 사항

'도시형 생활주택'을 주로 이용하는 사람은 직장인이나 대학생입니다. 그러므로 지하철역이나 버스정류장까지 거리가 걸어서 5~10분 정도로 가까워야 합니다. 특히, 세대수 대비 주차대수가 아파트의 3분의 1 수준이어서 주차 공간이 턱없이 부족하기에 더욱더 대중교통 이용이 편리해야 합니다. 주변에 주차시설이 있는지도 꼼꼼하게 확인해 보세요.

초기 투자 금액이 적은 소형주택만 고집하기보다는 해당 지역에서 가장 선호하는 형태의 도시형 생활주택을 선택하세요. 지역에 따라 다소 차이가 있기 때문입니다. 전용면적이 작은 소형주택보다는 전용면적이 큰 단지형 연립주택이나 단지형 다세대주택을 선호하는 지역도 있습니다.

도시형 생활주택은 아파트나 다세대주택에 비해 건축규제가 느슨해 저렴한 건축자재를 사용하여 층간소음이나 외부 소음에 취약할 수 있습니다. 또한, 옆 건물과의 거리 규정도 비교적 완화되어 일부의 경우 일조권이 확보되지 않아 햇빛이 잘 들어오지 않을 수도 있습니다.

▼ 도시형 생활주택 체크리스트

순번	체크 사항	YES	NO
1	지하철역까지 걸어서 5~10분 이내인가?	☐	☐
2	지하철 출입구 방향에 있는가?	☐	☐
3	주변에 사무실이나 대학교가 많은가?	☐	☐
4	주거 전용면적은 얼마나 되는가?		㎡
5	주변에 주차시설이 있는가?	☐	☐
6	주로 선호하는 유형은 무엇인가?(소형, 다세대형, 단지형)		
7	건축 연도는 얼마나 되는가?		년
8	주변 시세는 얼마인가?		원
9	예상 낙찰가는 얼마인가?		원
10	주변에 혐오시설(고물상, 소각장, 교도소 등)이 있는가?	☐	☐
11	햇빛은 잘 들어오는가?	☐	☐
12	대출 가능 금액은 얼마인가?		원

수익률 따져 보기

1. 예상 임대가는 얼마인가?   • 보증금_____원   • 월세_____원

2. 예상 수익률은 얼마인가?

$$\frac{연월세액 - 연이자}{낙찰가 - (보증금 + 대출금)} \times 100 = \quad \%$$

069 다세대주택이 될 수도 있는 단독주택

경매나 공매에서 목돈이 들어가는 단독주택을 낙찰받는 경우가 있는데요. 단독주택에 대해서 살펴보도록 하겠습니다.

경매나 공매로 단독주택을 매수하는 이유

일반적으로 한 가구가 생활할 수 있는 구조로 지어진 1~2층짜리 주택을 '단독주택'이라고 하는데요. 마당이 있는 2층집을 머릿속에 떠올리면 쉽게 이해할 수 있습니다.

지역에 따라 차이는 있지만 대지면적이 넓은 도심의 단독주택은 토지가격으로 인해 매매가격이 비쌉니다. 그리고 관리하기가 어렵습니다. 주방이 하나밖에 없을 수도 있고 너무 낡았다면 세를 주기가 어렵고 매매도 수월하지 않습니다.

그렇다면 왜 사람들은 단독주택을 낙찰받고 싶어 할까요?

도심 한가운데서 마당 있는 집에 살아보고 싶다는 욕망 때문이기도 하겠지만, 주로 단독주택을 다가구주택이나 상가주택 또는 다세대주택으로 재건축하여 분양하거나 임대사업을 할 수 있기 때문입니다.

경매나 공매로 단독주택을 매수할 때 고려할 사항

단독주택을 낙찰받는 이유가 자신이 거주하기 위한 것이라면 단독주택의 준공 연도와 구조를 먼저 확인해야 합니다. 너무 낡았거나 구조가 불편하다면 수리해야 하고 수리하기가 어려우면 낙찰을 포기해야 하기 때문입니다.

또한 위법건축물이 있는지도 확인해야 하는데요. 위법건출물 때문에 매년 과태료를 부담할 수도 있기 때문입니다.

단독주택을 낙찰받는 이유가 다가구주택이나 상가주택 또는 다세대주택으로 재건축하여 분양하거나 임대사업을 하고자 하는 것이라면 신축이나 리모델링이 가능한지, 4m 이상 도로에 두 면이 접하는지, 매수수요나 임대수요가 충분한지, 수익률은 높은지, 토지 모양이 직사각형이나 정사각형에 가까운지, 대지면적이 최소한 200㎡(약 60평)를 넘는지, 눈에 띄는 길모퉁이 자리인지, 일조량은 충분한지 등을 확인해야 합니다.

단독주택, 리모델링이 좋을까? 새로 짓는 것이 좋을까?

주택의 상태가 비교적 괜찮다면 비용이 적게 드는 리모델링을 하는 것이 좋지만, 지은 지 30년 이상이 넘은 주택은 리모델링 자체가 어렵거나 비용이 생각보다 많이 들 수 있습니다. 리모델링을 해야 좋을지 새로 짓는 것이 좋을지 판단이 잘 서지 않는다면 가까운 건축사사무소에 문의해 보세요.

▼ 단독주택 체크리스트

순번	체크 사항	YES	NO
1	지하철역까지 걸어서 5~10분 이내인가?	☐	☐
2	준공 연도는?		년
3	구조는 편리한가?	☐	☐
4	위법(불법)건축물은 없는가?	☐	☐
5	신축이나 리모델링이 가능한가?	☐	☐
6	4m 이상 도로에 주택의 두 면이 접해 있는가?	☐	☐
7	임대수요는 충분한가?	☐	☐
8	예상 수익률은 얼마인가?	☐	☐
9	토지 모양은 직사각형이나 정사각형에 가까운가?		%
10	대지면적은 200㎡(약 60평) 이상인가?	☐	☐
11	단독주택이 길모퉁이 자리에 있는가?	☐	☐
12	햇빛은 잘 들어오는가?	☐	☐
13	주변 시세는 얼마인가?		원
14	예상 낙찰가는 얼마인가?		원
15	주변에 혐오시설(고물상, 소각장, 교도소 등)이 있는가?	☐	☐
16	대출 가능 금액은 얼마인가?		원

수익률 따져 보기

1. 예상 임대가는 얼마인가? ・보증금_____원   ・월세_____원

2. 예상 수익률은 얼마인가?

$$\frac{\text{연월세액} - \text{연이자}}{(\text{낙찰가} + \text{신축비용 또는 리모델링비}) - (\text{보증금} + \text{대출금})} \times 100 = \quad \%$$

070 수익 높은 상가와 안정적인 주택을 한 방에! 상가주택

경매나 공매에서 목돈이 들어가더라도 인기가 있는 주택이 있는데요. 그것은 바로 상가주택입니다. 그럼, 이번에는 상가주택에 대해서 살펴볼까요?

경매나 공매로 상가주택을 매수하는 이유

일반적으로 1~2층은 상가, 2~3층은 주거용인 주택을 상가주택(겸용주택)이라고 합니다. 주택 구조는 출입문, 거실, 방, 욕실, 화장실을 가구별로 따로 가지고 있는 다가구주택과 같습니다. 상가주택도 단독주택이나 다가구주택처럼 건물 한 동에 소유권이 하나밖에 없습니다. 물론 소유자는 여러 명이 될 수 있습니다. 하나의 소유권을 여러 명이 공유할 수 있으니까요.

상가주택은 상가나 주택 일부를 임대하면서도 남는 주택에 소유자도 함께 거주할 수 있어 인기 있는 물건 중 하나입니다.

경매로 상가주택을 매수할 때 고려해야 할 사항은?

상가주택 1~2층은 장사하는 상가이므로 평소에도 사람들이 많이 다니는 시장이나 지하철역 주변, 출·퇴근 길목에 있는 상가주택이 좋습니다.

또한 상가에 짐을 오르고 내리려면 차량 2대가 동시에 통행할 수 있는 8~10m 너비의 도로에 붙어 있는 것이 좋습니다. 특히 눈에 잘 띄는 모퉁이 집이 좋지요.

경사지지 않고 평평한 도로에 접한 상가주택을 고르는 것이 바람직합니다. 도로에 접해 있는 부분이 좁거나 경사진 곳에 있는 상가주택은 나중에 건물을 수리하거나 새로 지을 때 많은 제한을 받을 수 있습니다.

상가주택은 세금 문제가 좀 복잡해요!

상가주택은 업무용 부분과 주거용 부분이 공존하는 건물입니다. 그러다 보니 세금을 낼 때 조금은 복잡한데요. 취득할 때, 매도할 때, 임대할 때 세금 내는 방법은 다음과 같습니다.

❶ **취득세**: 주택 부분에는 취득세율 1.1~3.5%를 적용하고, 상가 부분에는 취득세율 4.6%를 적용합니다.

❷ **양도소득세**: 상가주택 한 채만 가지고 있는 1세대 1주택자로서 주택 면적이 상가 면적보다 넓으면 상가주택 전체를 주택으로 보아 양도소득세 비과세 대상이 될 수도 있습니다. 주택 면적이 상가 면적과 같거나 작으면 주택 부분은 비과세 대상이고 상가 부분은 과세 대상입니다. 상가주택 외에 다른 주택도 가지고 있어 1세대 1주택자가 아니라면 주택 부분과 상가 부분 각각 과세 대상입니다.

❸ 부가가치세: 주택 부분은 제외하고 상가 부분만 과세 대상입니다.

**토막
상식**

✎ 매수한 상가주택이 불법건축물이라면?

시·군·구청에 신고하지 않고 상가 면적을 넓히거나 주택 계단에 차양 등을 설치하는 행위는 법률을 어긴 것입니다. 차후에 이 같은 불법 사실이 발각되면 원상회복할 때까지 과태료를 내야 하지요. 그런데 매도자나 공인중개사가 이러한 사실을 말해주지 않아 자신도 모르게 불법건축물이 있는 상가주택을 매수하였다면 어떻게 해야 할까요? 이런 경우엔 바로 매도자나 공인중개사에게 계약취소를 요구해야 합니다. 만약에 매도자가 매수자의 계약취소 요구를 들어주지 않는다면 그때는 변호사나 법무사와 함께 해당 계약이 무효임을 다투는 소송절차를 밟을 수밖에 없습니다.

▼ 상가주택 체크리스트

순번	체크 사항	YES	NO
1	지하철역이나 시장 근처에 있는가?	☐	☐
2	평소에도 사람들이 상가주택 앞으로 많이 다니는가?	☐	☐
3	상가주택에 접한 도로의 너비가 8~10m 정도 되는가?	☐	☐
4	상가주택에 접한 도로가 경사지지 않았는가?	☐	☐
5	길모퉁이에 있는가?	☐	☐
6	신축이나 리모델링이 가능한가?	☐	☐
7	임대수요는 충분한가?	☐	☐
8	예상 수익률은 얼마인가?		%
9	토지 모양은 직사각형이나 정사각형에 가까운가?	☐	☐
10	불법건축물은 없는가?	☐	☐
11	주변에 혐오시설(고물상, 소각장, 교도소 등)이 있는가?	☐	☐
12	주변 시세는 얼마인가?		원
13	예상 낙찰가는 얼마인가?		원
14	신축이나 리모델링 비용이 얼마인가?		원
15	대출 가능 금액은 얼마인가?		원

수익률 따져 보기

1. 예상 임대가는 얼마인가? · 보증금_____원   · 월세_____원

2. 예상 수익률은 얼마인가?

$$\frac{연월세액 - 연이자}{(낙찰가 + 리모델링비 \ 또는 \ 재건축비) - (보증금 + 대출금)} \times 100 = \qquad \%$$

071

세입자 권리관계 확인이
무엇보다 중요한 다가구주택

경매 대상 물건이나 공매재산 중에는 부동산 인도가 까다로운 부동산이 있는데요. 바로 임차인이 많이 거주하는 다가구주택입니다. 그럼 다가구주택에 대해서 한번 살펴볼까요?

경매나 공매로 다가구주택을 매수하는 이유

「건축법」에 따르면 주택으로 쓰는 1개 동의 바닥면적 합계가 660㎡ 이하이고, 주거용으로 쓰이는 층수가 3개 층 이하인 19가구 이하 주택을 '다가구주택'이라고 하는데요. 여러 가구가 각자 별도로 독립된 출입문, 거실, 주방, 방, 화장실 겸 욕실을 가지고 서로 간섭 없이 살 수 있습니다.

다가구주택은 그대로도 임대사업을 할 수 있지만 도시형 생활주택으로 재건축하여 임대업을 할 수도 있습니다.

경매나 공매로 다가구주택을 매수할 때 고려할 사항

다가구주택에는 대학생이나 직장인이 많이 거주하는 만큼 교통이 편리해야 합니다. 그러므로 지하철역에서 걸어서 10분 이내에 있는 다가구주택을 선택하는 것이 좋습니다. 해당 다가구주택이 있는 지역이 임대수요가 많은지, 임대수익률은 높은지, 주로 원룸을 원하는지 아니면 투룸을 원하는지도 확인해 봐야 합니다.

다가구주택을 낙찰받게 되면 여러 가구를 하나하나 내보내야 하는데 이 과정이 상당히 어려울 수 있습니다. 더욱이 선순위임차인이 있다면 해당 임차인의 보증금을 낙찰자가 부담할 수도 있으므로 주의가 필요합니다. 임차인이 많은 만큼 권리분석을 꼼꼼하게 해야 합니다.

또한, 수도계량기가 가구별로 각각 설치되어 있는지, 방음은 잘 되는지, 통풍은 잘 되는지, 햇볕은 잘 들어오는지, 방범은 잘 되는지 등도 확인한 후에 입찰하세요.

다가구주택은 세금 문제가 좀 복잡해요!

「건축법」에 따르면 주거용으로 쓰이는 층수가 3개 층 이하인 주택을 '다가구주택'이라 하고 주거용으로 쓰이는 층수가 4개 층 이하인 주택을 '다세대주택'이라고 하는데요. 다가구주택은 한 동의 건물 전체에 소유권이 1개 있으나 다세대주택은 한 동의 건물 전체를 이루고 있는 각각의 세대별로 소유권이 있습니다. 그러므로 다가구주택 한 동만 가지고 있으면 1세대 1주택자가 될 수 있지만, 다세대주택 한 동을 가지고 있으면 다주택자가 됩니다.

주거용으로 쓰이는 층수가 3개 층인 다가구주택 위에 한 동 전체 건축

면적의 8분의 1이 넘는 옥탑방을 지으면 해당 다가구주택은 세법상 다세대 주택으로 판단되어 다주택자 양도소득세 적용 대상이 됩니다.

건물의 전체 층수가 4층이라도 1층을 실제로 상가 등 비주거용으로 사용하면 3개 층만 주거용으로 사용한 것이므로 해당 건물은 다가구주택입니다. 하지만 1층에 전입신고하고 주거용으로 사용하면 4개 층 모두를 주거용으로 사용한 것이므로 세법상 다세대주택으로 판단되어 다주택자 양도소득세 적용 대상자가 됩니다.

다가구주택의 1개의 소유권을 여러 사람이 각자 지분을 나누어 공유할 수 있는데요. 거래는 지분별로가 아닌 1개의 소유권 단위로 해야 합니다. 공유자 중 1인이 자신의 지분만을 양도할 때는 다세대주택처럼 세대별 주택 수를 따로따로 계산하여 판단하므로 다주택자 양도소득세 적용 대상이 됩니다.

토막상식

✎ **가능하면 정부에서 인정한 임대차계약서를 사용하세요**

낙찰받은 다가구주택에 세를 줄 때 가능하면 주택임대차표준계약서를 사용하세요(주택임대차보호법 제30조). 이것을 사용하지 않았다고 처벌받지는 않으나 여러 가지 중요한 사항들을 계약 전에 확인할 수 있어 임내인과 임차인 모두에게 매우 유용합니다.

임대사업자라면 임대차계약 시 표준임대차계약서(민간임대주택에 관한 특별법 시행규칙 별지 제24호 서식)를 반드시 사용해야 합니다. 이것을 사용하지 않으면 1천만 원 이하의 과태료를 납부해야 합니다. 과태료는 1차 위반하면 500만 원, 2차 위반하면 700만 원, 3차 이상 위반하면 1천만 원입니다.

▼ 다가구주택 체크리스트

순번	체크 사항	YES	NO
1	지하철역까지 걸어서 10분 이내인가?	☐	☐
2	임대수요는 충분한가?	☐	☐
3	예상 수익률은 얼마인가?		%
4	원하는 주거 형태는 원룸인가 투룸인가?	원룸	투룸
5	선순위임차인이 있는가?	☐	☐
6	방음은 잘되는가?	☐	☐
7	통풍은 잘되는가?	☐	☐
8	햇빛은 잘 들어오는가?	☐	☐
9	방범은 잘되는가?	☐	☐
10	신축이나 리모델링이 가능한가?	☐	☐
11	토지 모양은 직사각형이나 정사각형에 가까운가?	☐	☐
12	주변에 혐오시설(고물상, 소각장, 교도소 등)이 있는가?	☐	☐
13	주변 시세는 얼마인가?		원
14	예상 낙찰가는 얼마인가?		원
15	신축이나 리모델링 비용이 얼마인가?		원
16	대출 가능 금액은 얼마인가?		원

수익률 따져 보기

1. 예상 임대가는 얼마인가? • 보증금_____원   • 월세_____원

2. 예상 수익률은 얼마인가?

$$\frac{\text{연월세액} - \text{연이자}}{(\text{낙찰가} + \text{리모델링비 또는 재건축비}) - (\text{보증금} + \text{대출금})} \times 100 = \qquad \%$$

072

헌 집 사서 새집 받는
재개발·재건축!

경매나 공매로 개발 예정지역의 부동산을 매수하는 이유는?

경매나 공매로 매수하면 높은 수익이 날 수 있으나 경매시장이나 공매시장에는 잘 나오지 않는 물건이 있으니 바로 재개발·재건축 물건입니다. 그럼 재개발·재건축에 대해서 한번 살펴보도록 하겠습니다.

재개발이나 재건축이 되는 주택을 가진 사람을 조합원이라고 하는데요. 조합원은 청약통장 없이도 새로 지은 주택을 분양받을 수 있습니다. 특히 일반분양가격보다 저렴한 가격에 조망 좋고 햇볕이 잘 드는 로열층을 분양받을 수도 있습니다.

이러한 이유로 재개발이나 재건축 물건이 경매나 공매로 나오면 인기가 매우 높습니다. 단, 경쟁이 치열한 만큼 일반매매가격보다 더 비싼 가격으로 낙찰받을 수도 있으므로 분위기에 편승해 입찰가를 정하지 마세요. 입찰 전에 꼼꼼하게 분석하고 계획한 금액 선에서 입찰하세요.

개발지역의 부동산을 매수할 때 고려해야 할 사항은?

원칙적으로는 투기과열지구 안의 '관리처분계획인가'를 받은 재개발 물건이나 '조합설립인가'를 받은 재건축 물건을 매수하면 아파트를 분양받지 못하고 현금청산을 당합니다. 그런데 이런 물건이라도 국가나 지방자치단체 또는 금융기관에 대한 채무를 변제하지 못해 경매나 공매로 나온 물건은 낙찰받아도 새 주택을 분양받을 수 있습니다. 단, 개인 간 채무에 의해 경매나 공매로 나온 물건을 낙찰받으면 새로운 주택을 분양받을 수 없습니다.

입찰하고자 하는 재개발이나 재건축 물건은 '대지 지분'이 얼마나 큰지도 확인해 봐야 하는데요. '대지 지분'이 작으면 현금청산을 당하거나 아니면 원하는 면적의 새로운 주택을 분양받지 못할 수도 있습니다. 그리고 '대지 지분'이 작으면 '추가 분담금'을 조합에 많이 내야 하는데요. 이 금액도 대략적이라도 얼마인지를 추진위원회나 조합에 확인해야 합니다.

새 아파트를 분양받아서 매도하면 얼마나 수익을 볼 수 있는지도 계산해 봐야 하는데요. 오랜 기간 힘들게 투자했는데 은행 이자보다 낮은 수익을 본다면 곤란하겠죠.

개발사업 진행 단계도 확인해야 합니다. 개발 초기 단계라면 이익은 클 수 있으나 장기적이고 불안정한 투자가 될 것이고, 개발이 거의 막바지 단계라면 안정적인 투자를 할 수 있지만 이익은 크지 않을 것입니다.

개발지역을 방문해 개발사업에 대한 주민들의 호응도나 결속력을 확인하는 것도 중요한데요. 여러 개의 비대위가 만들어지고 주민들 간의 갈등이 심하면 개발은 늦어질 것이고 자금은 오랫동안 묶일 것입니다. '시공사'가 어디인지도 확인해야 합니다. 아파트는 브랜드가 매우 중요하니까요.

▼ 재개발·재건축 체크리스트

순번	체크 사항	YES	NO
1	브랜드명은?		
2	지하철역이나 버스정류장이 5~10분 거리에 있는가?	☐	☐
3	주변에 대형병원이 있는가?	☐	☐
4	주변에 공원·체육시설이 있는가?	☐	☐
5	주변에 대형 할인매장이나 시장이 있는가?	☐	☐
6	주변에 혐오시설(고물상, 소각장, 교도소 등)이 있는가?	☐	☐
7	주변에 초·중·고교, 대형학원이 있는기?	☐	☐
8	학군은 좋은가?	☐	☐
9	국가, 지방자치단체, 금융기관에 의한 공매·경매인가?	☐	☐
10	새로운 주택을 분양받을 수 있는 '대지 지분'인가?	☐	☐
11	몇 평형을 분양받을 수 있나?		㎡
12	추가 분담금은 대략 얼마인가?		원
13	예상 수익률은 얼마인가?		%
14	개발단계는? 추진위, 조합, 시공사, 사업시행인가, 관리처분계획, 이주 등		
15	주민의 결속력은?		상, 중, 하
16	주변 시세는 얼마인가?		원
17	예상 임대가는 얼마인가?		원
18	예상 낙찰가는 얼마인가?		원
19	대출 가능 금액은 얼마인가?		원

수익률 따져 보기

1. 예상 임대가는 얼마인가? · 보증금_____원 · 월세_____원
2. 초기 투자비용(낙찰가격 – 보증금)은 얼마인가? _____원
3. 추가분담금(분양가격 – 평가금액)은 얼마인가? _____원
4. 총 투자비용{초기 투자비용+(분양가격 – 평가금액)}은 얼마인가? _____원

재개발·재건축 이해하기

재개발·재건축 단계별 투자 포인트

- **추진위원회 구성 및 승인**: 개발 초기 단계로 사업 지속 여부나 사업 기간 등을 정확하게 알수가 없습니다. 그런데도 유망한 지역은 이때부터 프리미엄이 과도하게 형성되기도 합니다.
- **조합설립인가 단계**: 투기과열지구 내 조합설립인가를 받은 재건축 물건을 매수하면 새 주택을 분양받을 수 없습니다. 그러므로 이 단계가 되기 전까지 투자수요가 급증하기도 합니다. 조합설립인가 동의를 수월하게 받기 위해 사업비용을 줄이고 일반분양가격을 높게 계산하기도 하므로 반드시 주변 개발단지와 비교해 봐야 합니다.
- **시공사 선정**: 브랜드가 매우 중요합니다. 유명 브랜드가 시공사로 선정되면 프리미엄이 상승하고 거래가 활발해지기도 합니다.
- **사업시행인가**: 개발사업 내용을 최종적으로 확정하는 단계로 어느 정도 수익성을 예측할 수 있어 투자자가 몰리기 시작합니다. 투자 여부를 결정할 단계입니다.
- **관리처분계획인가**: 조합원 수익, 대지 지분에 따른 신규 주택의 배정 평형, 추가 분담금, 환급금 등 좀 더 명확하게 알 수 있습니다. 관리처분계획인가가 나면 일반분양 시 분양권에 당첨된 것과 같은 효력이 발생합니다. 조합원은 입주권을 갖게 됩니다. 투자 여부를 결정할 막바지 단계입니다. 투기과열지구 내 관리처분계획인가를 받은 재개발 물건을 매수하면 새 주택을 분양받을 수 없습니다. 그러므로 이 단계가 되기 전까지 투자수요가 급증하기도 합니다.
- **이주, 철거, 착공, 일반분양**: 이주가 완료되면 일반분양 전에 조합원의 동·호수 추첨이 이루어집니다.
- **준공, 이전고시, 정비구역 해제, 조합해산, 청산**: 새로운 주택이 준공되고 소유권이전 고시 후 조합해산 및 청산이 이뤄집니다.

우리동네 다양한 재개발·재건축

- **재개발**: 노후불량 다세대·다가구 등이 밀집한 지역, 도로 기반 시설 불량, 10,000㎡ 이상 지역
- **소규모 재개발**: 역세권·준공업지역, 5,000㎡ 미만, 노후·불량 건축물 수가 전체 건축물의 2/3 이상인 지역
- **공공재개발**: 공공(LH, SH)이 사업시행자로 직접 참여, 용적률 상향, 분양가상한제 미적용, 신속한 인허가, 사업비 지원 등 혜택 제공
- **재건축**: 낡고 오래된 아파트, 연립주택 등 공동주택, 10,000㎡ 이상 지역 또는 200세대 이상 지역
- **소규모 재건축**: 노후 된 연립주택 등 공동주택을 철거하고 아파트로 건축, 10,000㎡ 미만, 기존 세대수 200세대 미만, 노후·불량 건축물 수가 전체 건축물의 2/3 이상인 지역
- **공공재건축**: 공공(LH, SH)이 사업시행자로 직접 참여, 용도지역 상향, 용적률 완화 등 도시규제 완화, 준주거지역으로 용도지역 상향 시 주거 비율 완화와 최대 50층까지 허용, 공원 설치 의무 완화, 사업계획 수립 시 통합심의를 통해 신속한 인허가 추진 지원
- **자율주택정비사업**: 단독, 다세대, 연립주택을 주민이 연접한 주택과 두 명 이상의 토지소유자 주민합의체를 구성하여 함께 정비하는 사업, 노후·불량 건축물 수가 전체 건축물의 2/3 이상, 단독주택 18호 미만, 연립·다세대 36세대 미만, 혼합 36채 미만
- **가로주택정비사업**: 노후 된 주택지에서 종전의 도로를 유지하며 가로구역 단위로 주민들이 조합을 설립하여 정비하는 사업, 10,000㎡ 미만, 노후·불량 건축물 수가 전체 건축물의 2/3 이상, 단독주택 10호 이상, 연립·다세대 20세대 이상, 혼합 20채 이상

헌 집 고쳐 새집 만드는 리모델링!

경매물건이나 공매물건 중에는 리모델링을 추진 중인 아파트도 있습니다. 그럼, 리모델링에 대해서 한번 살펴볼까요?

경매나 공매로 리모델링 아파트를 매수하는 이유는?

노후된 건물을 새로 짓지 않고 건물 일부만 수선하거나 확장 또는 증축하는 방식을 '리모델링'이라고 하는데요. 리모델링은 개발 가능 연한이 15년으로 30년인 재건축보다 짧고, 안전진단이 B급 이상이면 사업이 가능하며, 사업 기간도 재건축보다는 빠릅니다. 주거전용면적의 30~40%(전용면적 85㎡ 이하)까지 증축할 수 있고, 층수 증가 폭은 14층 이하는 2개 층까지, 15층 이상은 3개 층까지 할 수 있습니다. 또한 기존 세대수의 15% 이내에서 세대수를 증가할 수 있어 사업비용도 재건축보다 15~20% 정도 절약할 수 있습니다. 게다가 재건축처럼 임대주택 건설이나 기반 시설 설치 의무가 없습니다. 단, 수평 증축의 경우 동 간의 거리가 가까워져 프라이버시 침해 여지가 있고, 통풍, 일조량 등의 제한을 받을 수 있습니다.

경매나 공매로 리모델링 아파트를 매수할 때 고려해야 할 사항은?

경매나 공매로 리모델링 아파트를 낙찰받고자 할 때는 가장 먼저 리모델링 공사를 하는 시공사의 브랜드를 확인해야 합니다. 아파트 가격은 시공사의 브랜드에 큰 영향을 받기 때문입니다.

리모델링 방식이 대수선형인지, 증축형인지, 증축형이라면 수평 증축인지 수직 증축인지, 몇 평형을 분양받는지, 사업 기간은 얼마나 걸리는지, 사업비용과 분담금은 얼마인지 등도 확인해야 합니다. 또한, 리모델링 후 사생활 침해를 받지 않도록 동 간의 거리가 충분한지, 일조량은 충분한지, 통풍은 잘 되는지 확인해 봐야 합니다.

리모델링 아파트 주변에 지하철역이나 버스정류장이 가까이 있으면 교통이 편리하여 좋습니다. 그러나 고급 브랜드의 리모델링 아파트의 경우에는 주거의 쾌적성 때문에 오히려 지하철역이나 버스정류장에서 떨어져 있는 것이 좋을 수도 있습니다.

주변의 편의시설도 살펴봐야 합니다. 리모델링 아파트 단지 가까운 곳에 대형병원, 공원, 대형할인점 등이 있어서 생활하기 안전하고 편리해야 합니다.

무엇보다 리모델링 아파트에 입찰할 때 가장 중요하게 봐야 할 점은 입주민들의 리모델링 의사가 확고한지, 갈등 없이 단결은 잘 되는지입니다.

▼ 리모델링 체크리스트

순번	체크 사항	YES	NO
1	리모델링 시공사 브랜드명은?		
2	지하철역이나 버스정류장이 5~10분 거리에 있는가?	☐	☐

3	주변에 대형병원이 있는가?	☐	☐
4	주변에 공원·체육시설이 있는가?	☐	☐
5	주변에 대형 할인매장이나 시장이 있는가?	☐	☐
6	주변에 혐오시설(고물상, 소각장, 교도소 등)이 있는가?	☐	☐
7	주변에 초·중·고교, 대형학원이 있는가?	☐	☐
8	학군은 좋은가?	☐	☐
9	국가, 지방자치단체, 금융기관에 의한 공매·경매인가?	☐	☐
10	리모델링 방식이 대수선형인가? 증축형인가?		
11	수평 증축인가? 수직 증축인가?		
12	동 간의 거리가 사생활을 보호받을 만큼 충분하게 떨어져 있는가?	☐	☐
13	통풍은 잘 되는가?	☐	☐
14	일조량은 충분한가?	☐	☐
15	몇 평형을 분양받을 수 있나?		m^2
16	분담금은 얼마인가?		원
17	개발단계는?(추진위, 조합, 시공사, 사업시행인가, 관리처분계획, 이주 등)		
18	주민의 결속력은?	상, 중, 하	
19	주변 시세는 얼마인가?		원
20	예상 임대가는 얼마인가?		원
21	예상 낙찰가는 얼마인가?		원
22	대출 가능 금액은 얼마인가?		원

수익률 따져 보기

1. 예상 임대가는 얼마인가? ·보증금_____원 ·월세_____원
2. 초기 투자비용(낙찰가격 – 보증금)은 얼마인가? _____원
3. 분담금은 얼마인가? _____원
4. 총 투자비용(초기 투자비용+분담금)은 얼마인가? _____원

074

아파트 주민을 고정고객으로! 단지 내 상가

경매물건이나 공매물건 중에 안정된 상권에서 장사할 수 있거나 임대료를 받을 수 있는 것이 있는데 바로 단지 내 상가입니다. 그럼, 단지 내 상가에 대해서 살펴볼까요?

경매나 공매로 단지 내 상가를 매수하는 이유는?

아파트 단지 안에 있는 '단지 내 상가'는 아파트 주민을 상대로 장사하는 곳인 만큼 고정고객을 많이 확보할수록 좋습니다. 그리고 유치원생이나 초등학생 자녀를 둔 가구가 많은 중·소형 아파트의 단지 내 상가가 대형 아파트의 단지 내 상가보다 비교적 장사가 더 잘됩니다.

재건축을 목표로 단지 내 상가를 매수하는 거라면 낡은 상가에 입찰하는 게 좋으나 임대수익이 투자 목적이라면 깨끗하고 눈에 잘 띄는 단지 내 상가를 낙찰받는 것이 좋습니다.

경매나 공매로 기존 단지 내 상가를 매수할 때는, 이미 형성된 상권을 분석할 수 있어 새 상가를 분양받을 때보다 투자위험이 적습니다.

경매나 공매로 단지 내 상가를 매수할 때 고려해야 할 사항은?

경매나 공매로 단지 내 상가를 매수하고자 한다면 상가의 위치와 주변 상황을 꼼꼼히 확인해 봐야 합니다.

아파트 단지 세대수가 1천 세대 이상이면서 전체 단지 내 상가의 수가 15개를 넘지 않아야 합니다. 세대수 대비 단지 내 상가의 수가 너무나 많으면 서로 중복되는 업종들이 입점하게 되고 이렇게 되면 과도한 경쟁으로 임차인의 수익이 줄어들 것입니다. 임차인의 수익이 줄어들면 결국에는 임대인의 월세 수익도 줄어들겠죠.

아파트 단지 밖 상권의 발달로 단지 내 상권이 형성되지 못할 수도 있습니다. 그러므로 입찰 전에 반드시 현장 조사를 하여 단지 외 상권 활성도를 확인해 봐야 합니다.

사람들의 눈에 잘 띄는 모퉁이 자리의 단지 내 상가가 좋은데요. 모퉁이 자리가 아니면 바로 그 옆자리라도 괜찮습니다. 이 자리도 눈에 잘 띄거든요.

그러면 아파트 정문 쪽에 있는 단지 내 상가는 어떨까요? 정문 중에는 자동차만 주로 다니고 사람은 걸어서 잘 다니지 않는 곳도 있습니다. 그러므로 단순히 정문 쪽보다는 사람들이 자주 다니는 주 출입구 쪽의 단지 내 상가에 입찰해 보는 게 더 나을 수 있습니다.

아파트 단지 안에 푹 감싸여 오직 단지 내 주민에게만 의존하는 상가보다는 도로변에 접해 있어 아파트 주민뿐만 아니라 도로변 인도를 지나가는 사람들까지 상대할 수 있는 단지 내 상가가 좋습니다.

관리사무소에 '상가자치규약' 여부를 확인하여 단지 내 상가를 운영하는 데 제약사항은 없는지를 확인해야 합니다. 벽을 쌓아 분리된 공간에서 장사해야 하는 업종인데 '상가자치규약'에 다른 점포 사이에 벽을 쌓는 것이 금지되어 있다면 원하는 장사를 할 수가 없습니다.

밀린 관리비는 없는지도 꼭 확인해야 합니다. 상가의 체납 관리비는 많으면 수천만 원에 이르기도 합니다. 공용관리비는 낙찰자가 부담해야 하므로 입찰 전에 반드시 관리사무소나 상가번영회 등에 문의해서 확인해야 합니다.

토막
상식

✎ **상가자치규약은 꼭 지켜야 하나요?**

단지 내 상가를 낙찰받으려는 입찰자는 현장조사 시 상가자치규약을 미리 확인해야 하는데요. 상가자치규약은 상가 내 일부 업종을 제한하거나 같은 업종을 중복해서 입점할 수 없게 하는 등 입주한 모든 상가가 함께 번영할 수 있도록 하는 규약입니다. 상가자치규약을 미처 확인하지 못해 원하던 업종의 영업을 하지 못하는 일이 없도록 하세요.

▼ 단지 내 상가 체크리스트

순번	체크 사항	YES	NO
1	건축 연도는?		년
2	세대수 대비 상가의 비율이 1.5%를 넘는가?	☐	☐
3	단지 밖 상권이 활발한가?	☐	☐
4	모퉁이 자리나 그 옆자리인가?	☐	☐
5	주 출입구 쪽에 자리했나?	☐	☐
6	도로변에 접해 있나?	☐	☐
7	임대수요는 충분한가?	☐	☐
8	중·소형 아파트 단지인가?	☐	☐
9	상가자치규약이 있는가?	☐	☐
10	관리비를 체납한 상태인가? 체납되었다면 얼마인가?	☐	☐
11	개발 호재가 있는가?	☐	☐
12	주변 시세는 얼마인가?		원
13	예상 낙찰가는 얼마인가?		원
14	예상 수익률은 얼마인가?		%
15	대출 가능 금액은 얼마인가?		원

수익률 따져 보기

1. 예상 임대가는 얼마인가?　· 보증금_____원　　· 월세_____원

2. 예상 수익률은 얼마인가?

$$\frac{\text{연월세액} - \text{연이자}}{\text{낙찰가} - (\text{보증금} + \text{대출금})} \times 100 = \qquad \%$$

꾸준한 임대수익 올리는 근린상가, 스트리트 상가

경매물건이나 공매물건 중에는 단지 내 상가보다 비교적 분양가격이 저렴한 상가가 있는데요. 이는 바로 근린상가입니다. 그럼, 근린상가에 대해서 살펴볼까요?

경매나 공매로 근린상가를 매수하는 이유는?

동네에서 걸어서 5~10분 거리의 도로변이나 수변을 따라 나란히 있는 상가를 '근린상가' 또는 '스트리트(Street) 상가'라고 합니다. 아파트 단지 내 상가도 넓은 의미에서는 근린상가의 한 종류인데요. 근린상가에는 병원, 약국, 학원, 편의점, 빵집, 커피숍, 미용실 등과 같이 주로 우리 생활과 아주 밀접한 업종들이 있습니다.

지하철역이나 주택 밀집 지역 부근의 근린상가는 지나다니는 사람들이 많아 장사가 잘되는 편인데요. 지하철역 부근의 근린상가는 매매가격이 비싸지만, 주거지역 부근의 근린상가는 단지 내 상가보다 매매가격이 저렴하기도 합니다.

경매로 근린상가를 매수할 때 고려할 사항

지하철역에 가깝고 지하철역 출입구 방향 쪽에 있는 근린상가가 좋습니다. 지하철역 출입구를 등지고 있는 근린상가는 동선이 끊기므로 사람들이 잘 방문하지 않습니다.

주택 밀집 지역을 배경으로 하는 근린상가도 좋은데요. 주택 밀집 지역의 주민들이 바로 근린상가를 이용하는 주요 고객들입니다.

일단 장사가 잘되려면 사람들이 많이 지나다니는 곳에 위치해야 합니다. 낮과 밤 모두 사람들이 북적이면 이보다 더 좋을 수 없겠지만, 그렇지 않다면 출근 시간대보단 퇴근 시간대에 사람들이 붐비는 길목의 근린상가가 좋습니다. 직장인들은 출근할 때보다는 퇴근할 때 상가를 방문할 여유가 있기 때문입니다.

마주 보고 있는 근린상가 사이로 왕복 4차선 이상의 도로가 지나가면 두 상권이 분리되어 서로에게 상승효과를 줄 수가 없습니다.

외부에서 보았을 때 전면이 좁은 근린상가보다는 전면이 넓은 근린상가가 좋습니다. 그래야 사람들 눈에 잘 띌 테니까요.

가까운 곳에 강력한 경쟁업체인 대형할인점이나 백화점이 없는 근린상가가 좋습니다. 업종에 따라 차이가 있을 수 있지만 상품의 가격 면에서 근린상가가 대형할인점에 밀릴 수 있습니다.

오랫동안 비어 있는 근린상가라면 그 이유를 찾아봐야 합니다. 예를 들어 상가가 너무나 낡았다든지, 관리비가 비싸든지, 사람들이 접근하기 어렵다든지, 주차가 어렵다든지, 상권이 형성되지 않았다든지 하는 다양한 문제가 있을 수 있습니다. 특히 신도시의 근린상가가 상권을 형성하려면 적어도 3년 이상은 걸리니 유의해야 합니다.

▼ 근린상가 체크리스트

순번	체크 사항	YES	NO
1	건축 연도는?		년
2	지하철역이나 주거 밀집 지역 부근인가?	☐	☐
3	지하철역 출구 쪽에 자리했나?	☐	☐
4	모퉁이 자리나 그 옆자리인가?	☐	☐
5	주변에 노점상이 있는가?	☐	☐
6	퇴근 시에 사람들이 북적이는가?	☐	☐
7	임대수요는 충분한가?	☐	☐
8	전면이 넓어 노출이 잘 되는 상가인가?	☐	☐
9	주차가 가능한가?	☐	☐
10	주변에 대형할인점이나 백화점이 있는가?	☐	☐
11	관리비는 주변 근린상가에 비해 적당한가?	☐	☐
12	관리비를 체납한 상태인가? 체납되었다면 얼마인가?		원
13	개발 호재가 있는가?	☐	☐
14	주변 시세는 얼마인가?		원
15	예상 낙찰가는 얼마인가?		원
16	예상 수익률은 얼마인가?		%
17	대출 가능 금액은 얼마인가?		원

수익률 따져 보기

1. 예상 임대가는 얼마인가? ・보증금_____원   ・월세_____원

2. 예상 수익률은 얼마인가?

$$\frac{\text{연월세액} - \text{연이자}}{\text{낙찰가} - (\text{보증금} + \text{대출금})} \times 100 = \quad \%$$

076

비슷한 상가끼리 몰려
거대 상권 형성하는 테마상가

경매물건이나 공매물건 중에는 같은 업종만 모여서 장사를 하는 상가가 있는데요. 이를 테마상가라 합니다. 그럼, 테마상가에 대해서 한번 자세하게 살펴볼까요?

경매나 공매로 테마상가를 매수하는 이유는?

한약재 하면 경동시장, 옷 하면 동대문의 밀리오레나 두타, 전자제품 하면 용산 전자상가를 떠올리는 것처럼 같은 업종만 모여서 장사를 하는 상가를 '테마상가'라고 합니다.

테마상가에 가면 자신이 원하는 물건을 비교적 저렴한 가격에 바로 살수 있어 사람들이 많이 이용합니다.

테마상가는 저마다 특징이 있으므로 해당 테마상가만의 특징을 훤히 꿰고 있는 사람이 주로 투자합니다. 만약에 테마상가만의 특징을 잘 모르는데 입찰하고자 한다면 그곳에서 오래 장사를 해온 사람의 조언을 들어봐야 합니다. 그렇지 않으면 많은 위험에 노출될 수도 있습니다.

경매나 공매로 테마상가를 매수할 때 고려해야 할 사항은?

먼저 입찰하기 전에 현장 조사를 통해 해당 상가가 실제로 테마상가 안에 있는지를 확인해야 합니다.

테마상가 안에서도 상품을 사려는 고객들이 유독 많이 지나다니는 '길목'이 있는데요. 직접 현장 조사를 통해 입찰하고자 하는 상가가 그러한 목 좋은 길목에 있는지를 확인해야 합니다. 길목과 1~2m 차이인데도 상가마다 고객을 모으는 능력이 크게 다르며 이에 따른 매상도 하늘과 땅만큼 차이가 납니다.

주변에 대형할인점이나 백화점 같은 경쟁업체가 없는 테마상가가 좋습니다. 테마상가에서 파는 상품의 가격이 대형할인 점에서 파는 똑같은 상품의 가격보다 저렴하다고 해도 상품의 다양성, 교통의 편리성, 고급화 등의 이유로 고객을 대형할인점에 빼앗길 수 있습니다.

또한 다른 테마상가에 비해 좀 더 비싸더라도 이미 상권이 형성된 테마상가 안의 상가에 입찰하는 게 안전합니다.

테마상가는 여러 상가 중 어느 한 상가가 장사를 잘한다고 해서 테마상가 전체의 상권이 살아나는 게 아니기에 주로 테마상가 전체의 관리를 전문업체에 맡깁니다. 그리고 관리업체의 운영 능력에 따라 해당 테마상가의 상권이 죽기도 하고 살기도 합니다. 그러므로 상담을 통해 관리업체의 운영 능력도 꼼꼼히 확인하는 것이 좋습니다.

코로나19 영향으로 인터넷 쇼핑 이용자가 많이 증가하였는데요. 테마상가에 입찰하고자 한다면 이러한 점도 고려해 보세요.

▼ 테마상가 체크리스트

순번	체크 사항	YES	NO
1	건축 연도는?		년
2	입찰하려는 테마상가에 대해 많이 아는가?	☐	☐
3	입찰하려는 상가가 동종업종을 다루는 테마상가 안에 있는가?	☐	☐
4	상가가 고객이 많이 다니는 길목에 있는가?	☐	☐
5	상권이 잘 발달된 테마상가인가?	☐	☐
6	임대수요는 충분한가?	☐	☐
7	주차가 가능한가?	☐	☐
8	주변에 대형할인점이나 백화점이 있는가?	☐	☐
9	전문 운영업체의 능력이 뛰어난가?	☐	☐
10	관리비를 체납한 상태인가? 체납되었다면 얼마인가?		원
11	주변 시세는 얼마인가?		원
12	예상 낙찰가는 얼마인가?		원
13	예상 수익률은 얼마인가?		%
14	대출 가능 금액은 얼마인가?		원

수익률 따져 보기

1. 예상 임대가는 얼마인가? · 보증금_____원   · 월세_____원

2. 예상 수익률은 얼마인가?

$$\frac{연월세액 - 연이자}{낙찰가 - (보증금 + 대출금)} \times 100 = \qquad \%$$

077

토지 운영을 가르는
도시·군기본계획과 관리계획

경매나 공매로 토지를 매수하고자 한다면 가장 먼저 해당 토지의 가치를 평가해 봐야 하는데요. 가치평가를 할 수 있는 방법의 하나가 도시계획입니다. 그럼, 도시계획을 '도시·군기본계획'과 '도시·군관리계획'으로 구분하여 살펴보도록 하겠습니다.

도시 · 군기본계획

공간구조, 토지이용, 기반 시설, 환경, 안전, 사회·문화, 경제 등 전반적인 측면에서 시·군의 장기 발전 방향을 제시하는 종합계획을 '도시·군기본계획'이라 합니다. '도시·군기본계획'은 '도시·군관리계획'을 만들 때 지침이 되기도 하는데요. 토지에 투자하고자 한다면 해당 토지가 있는 도시의 미래상을 보여주는 '도시·군기본계획'을 살펴볼 필요가 있습니다. 해당 토지의 미래가치를 가늠해 볼 수도 있을 테니까요.

도시·군기본계획은 토지이음 사이트의 '정보마당' → '자료실'에서 찾아볼 수 있습니다.

토지이음에서 도시·군기본계획 찾아보기

도시 · 군관리계획

　도시·군기본계획에서 제시한 시·군의 장기 발전 방향을 도시공간에 구체화하는 법정계획을 도시·군관리계획이라 하는데요. 도시·군기본계획이 어느 한 도시의 로드맵이라면 도시·군관리계획은 이러한 로드맵의 실천이라고 볼 수 있습니다. 그러므로 토지에 투자하고자 한다면 해당 토지가 있는 도시에서 진행 중인 개발·정비·보전 등의 현재 사항을 한눈에 파악할 수 있는 '도시·군관리계획'을 반드시 살펴봐야 합니다. 해당 토지의 현재가치를 가늠해 볼 수도 있을 테니까요.

　도시·군관리계획은 토지이음 사이트의 '고시정보' → '결정고시', '실시계획인가'에서 찾아볼 수 있습니다.

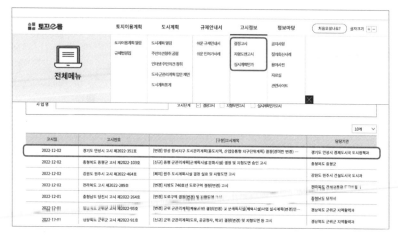

토지이음에서 도시·군관리계획 찾아보기

▼ 도시·군 계획 체크리스트

순번	도시명	구분	도시계획 내용
1		기본	
		관리	
2		기본	
		관리	
3		기본	
		관리	
4		기본	
		관리	

078 토지 살 때 '토지이음'에서 확인해야 할 사항

경매나 공매로 토지를 매수하고자 한다면 토지이음 사이트를 통해 반드시 확인해 봐야 할 것들이 있는데요. 한번 살펴보도록 하겠습니다.

용도지역

토지를 경제적이고 효율적으로 이용하기 위하여 도시·군관리계획으로 토지의 이용, 토지에 지을 수 있는 건축물의 용도, 건폐율, 용적률, 높이 등을 결정하는 지역을 말합니다. 한마디로 해당 토지가 어떤 용도지역으로 지정되는가에 따라 토지의 가치가 달라지는데요. 건폐율과 용적률이 높은 토지의 가치가 높습니다.

용도지구

토지의 이용, 토지에 지을 수 있는 건축물의 용도, 건폐율, 용적률, 높이 등 용도지역의 제한사항을 강화하거나 완화함으로써 용도지역의 기능과 경관, 안전 등을 나아지게 하려고 도시·군관리계획으로 결정하는 지역을 말합니다. 대표적인 용도지구로는 경관을 보전하고 관리하기 위한 '경관지구', 건물의 최고 높이를 제한하는 '고도지구', 화재 예방을 위한 '방화지구', 문화재나 중요시설을 등을 보호 및 보존하는 '보호지구' 등이 있습니다.

용도구역

용도지역 및 용도지구의 제한사항을 강화하거나 완화함으로써 시가지의 무질서한 확산을 방지하고, 토지를 계획적, 단계적, 종합적으로 이용 및 관리하기 위해 도시·군관리계획으로 결정하는 지역을 말합니다. 대표적인 용도구역으로는 도시의 무질서한 확산을 방지하고 도시 주변의 환경을 보전하기 위한 '개발제한구역', 도시민에게 건전한 여가·휴식 공간을 제공하기 위한 '도시자연공원구역', 수산자원을 보호·육성하기 위한 '수산자원보호구역' 등이 있습니다.

지목

토지의 주된 용도에 따라 토지의 종류를 구분하여 지적공부에 등록한 것을 '지목'이라 하는데요. 지적공부에 등록된 지목을 다른 지목으로 변경하는 것을 '지목변경'이라 합니다. 토지가 일시적 또는 임시로 사용될 때는 지목을 변경하지 않습니다.

지목은 한 필지에 하나의 지목을 설정하는 것이 원칙인데요. 한 필지가 둘 이상의 용도로 활용되고 있다면 주된 용도에 따라 지목을 설정합니다.

28가지 지목 중 대표적인 지목으로는 주택, 사무실, 점포, 극장, 미술관 등을 지을 수 있는 '대', 물을 수시로 이용하지 않고 곡물이나 식물을 재배할 수 있는 '전', 물을 수시로 이용하여 벼, 연, 미나리 등을 재배할 수 있는 '답', 사과, 배, 감, 포도 등 과일나무를 재배할 수 있는 '과수원', 산, 대나무밭, 암석지, 자갈땅, 모래땅, 습지, 황무지인 '임야', 27개 지목에 속하지 않는 '잡종지' 등이 있습니다. 토지 투자에서 용도지역과 함께 매우 중요한 것이 '지목'과 '지목변경'입니다. 지목을 가치 순으로 굳이 정리하자면 '대 〉 잡종지 〉 전 〉 답 〉 임야' 순인데요. 예를 들어 지목을 '전'에서 '대'로 변경할 수 있다면 해당 토지의 가치는 상당히 높아집니다.

군사기지 및 군사시설 보호구역

군사기지 및 군사시설을 보호하고 군사작전을 원활히 수행하기 위하여 국방부장관이 지정하는 구역을 '군사기지 및 군사시설 보호구역'이라 하는데요. 이 보호구역 중 고도의 군사 활동 보장이 요구되는 군사분계선의 인접 지역과 중요한 군사기지 및 군사시설의 기능 보전이 요구되는 구역을 '통제보호구역'이라 하고, 보호구역 중 군사작전의 원활한 수행을 위하여 필요한 지역과 군사기지 및 군사시설의 보호 또는 지역주민의 안전이 요구되는 구역을 '제한보호구역'이라 합니다.

'군사기지 및 군사시설 보호구역'에서 해제되면 개발하거나 건축할 때 사전에 군과 협의할 필요가 없어져 토지 활용 가치가 높아지고 땅값이 상승합니다. 또한 '통제보호구역'에서 '제한보호구역'으로 완화되는 지역은 군과 협의하면 건축물 신축이 가능합니다.

수질보전특별대책지역 Ⅰ권역

환경부는 팔당호와 대청호 상수원의 수질을 '매우 좋음(Ⅰa)' 등급 수질로 개선·유지하기 위하여 경기도 5개 시, 2개 군, 61개 읍·면·동(팔당호), 대전광역시 1개 구와 충청북도 1개 시, 2개 군, 11개 읍·면(대청호)을 '수질보전특별대책지역'으로 지정하였는데요. 이 특별대책지역은 팔당호와 대청호의 수질에 미치는 영향을 고려하여 Ⅰ권역과 Ⅱ권역으로 구분합니다.

수질보전특별대책지역 Ⅰ권역 중 특별대책지역 지정(1990년 7월 19일) 이전부터 원필지(지적공부상 분할된 적이 없는 토지)였거나 또는 별개의 필지로 되어 있는 토지에는 건축연면적이 400㎡ 미만인 숙박업·식품접객업이나 건축연면적이 800㎡ 미만인 일반 건축물을 건축할 수 있습니다. 그러나 특별대책지역 지정(1990년 7월 19일) 이후부터 1997년 9월 30일 이전까지 필지가 분할된 토지에 건축허가 또는 건축허가를 위한 농지전용 등의 사전 인허가를 신청하려면 그 신청일 6개월 이전부터 세대주를 포함한 세대원이 특별대책지역 Ⅰ권역에 주민등록이 되어 있고 실제로 거주하고 있어야 합니다. 단, 상속된 토지가 각 상속인에게 분할등기가 된 경우에는 주민등록상 거주지의 제한을 적용받지 않습니다.

1997년 10월 1일 이후 필지를 분할한 생산·보전관리지역의 토지에는 주거목적의 경우 1세대당 1개 동의 단독주택만 지을 수 있는데요. 이 경우 1997년 9월 30일 이전부터 주민등록상 그 지역에 거주하고 있는 자는 건폐율 50% 이하, 용적률 100% 이하, 1997년 10월 1일 이후 타 지역에서 온 자는 건폐율 30% 이하, 용적률 60% 이하의 건축물만 지을 수 있습니다.

쾌적한 환경에 건축물을 지을 수 토지라면 가치가 매우 높을 것입니다. 하지만 먼저 그것이 가능한지 꼼꼼히 확인해야 합니다.

완충녹지

소음·진동과 같은 공해나 각종 사
고, 자연재해 등을 방지하기 위한 녹
지를 '완충녹지'라 합니다. 완충녹지
는 간선도로, 철도, 산업단지 주변이
나 택지개발지역에서 쉽게 찾아볼 수
있습니다.

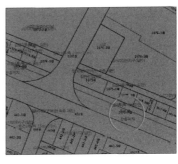

완충녹지

완충녹지에는 새로운 건물을 지을
수 없을 뿐만 아니라 길조차 낼 수 없으므로, 신규로 개설되는 도로에 접한
토지를 매입할 때는 해당 토지가 완충녹지인지 아니면 완충녹지 옆에 있는
토지인지를 반드시 확인해 봐야 합니다. 그런데 완충녹지 옆에 있는 토지라
도 이면도로가 없다면 맹지입니다.

단, 완충녹지로 지정되기 전 설치된 기존 도로는 건축허가 요건인 진입
로로 사용할 수 있다는 대법원 판례(대법원 2010년 11월 18일 선고, 2008두167 전원
합의체 판결)도 있고, 완충녹지로 지정되기 전에 받은 건축인허가권이 있다면
이것의 명의를 변경하는 방식으로 개발할 수도 있으므로, 해당 토지를 낙찰
받기 전에 이러한 점도 확인해야 할 필요가 있습니다.

완충녹지는 건폐율과 용적률 산정 시 면적에 포함되지 않습니다.

접도구역

도로가 파손되는 것을 방지하고, 교통사고 위험을 방지하기 위해 도로
관리청이 지정(고속국도는 도로의 경계선에서 30m, 일반국도는 도로의 경계선에서 5m)

한 구역을 '접도구역'이라고 합니다.

접도구역으로 지정되면 건축 제한
을 받을 수 있으나 길은 낼 수 있어 해
당 토지 옆에 접도구역으로 지정받은
토지가 있다면 맹지가 될 염려는 없습
니다. 원칙적으로 접도구역 안에서는
토지의 형질을 변경하는 행위, 건축

접도구역

물, 그 밖의 공작물을 신축·개축·증축하는 행위가 금지되나, 연면적 10㎡
이하의 화장실, 연면적 30㎡ 이하의 축사, 농·어업용 창고의 건축과 증축되
는 바닥면적의 합계가 30㎡ 이하인 건축물의 증축, 주차장의 설치 등은 허
용됩니다. 접도구역은 건폐율과 용적률 산정 시 면적에 포함됩니다.

개발제한구역

도시의 무질서한 확산을 방지하고 도시민의 건전한 생활환경을 확보하
기 위하여 도시의 개발을 제한하고 도시 주변의 자연환경을 보전할 필요가
있거나, 국방부장관의 요청으로 보안상 도시의 개발을 제한할 필요가 있다
고 인정되면 국토교통부장관은 도시·군관리계획으로 개발제한구역의 지
정 또는 변경을 결정할 수 있습니다.

개발제한구역으로 지정된 토지에서는 원칙적으로 건축물의 건축, 용도
변경, 토지의 형질변경, 죽목(竹木)의 벌채, 토지의 분할, 물건을 쌓아놓는 행
위를 할 수 없는데요. 그것과는 상관없이 다음 ❶~❽의 경우에는 주택과 근
린생활시설을 신축하거나 증축할 수 있습니다.

❶ 개발제한구역 지정 당시부터 지목이 '대'인 토지와 개발제한구역 지정 당시부터 있던 주택의 토지에는 주택을 신축할 수 있습니다.

❷ 개발제한구역에 기존 주택을 소유하고 거주하는 농업인(1,000㎡ 이상의 농지를 경영하거나 경작, 농산물의 연간 판매액이 120만 원 이상, 1년 중 90일 이상 농업에 종사)은 영농의 편의를 위하여 자기 소유의 기존 주택을 철거하고 자기 소유의 농장 또는 과수원에 주택을 신축할 수 있습니다. 단, 생산에 직접 이용되는 토지가 10,000㎡ 이상이며 진입로를 설치하기 위한 토지의 형질변경이 수반되지 않는 지역에만 주택을 신축할 수 있으며, 건축 후 농림수산업을 위한 시설 외로는 용도변경을 할 수 없습니다.

❸ 기존 주택이 공익사업의 시행으로 인하여 철거되거나 기존 주택이 재해로 인하여 더 이상 거주할 수 없게 된 경우에는 그 기존 주택의 소유자가 자기 소유의 토지에 주택을 신축할 수 있습니다.

❹ 개발제한구역 지정 이전부터 건축된 주택이거나 개발제한구역 지정 이전부터 다른 사람 소유의 토지에 건축된 주택으로서 토지소유자의 동의를 받지 못하여 증축 또는 개축할 수 없는 경우에는 취락지구에 주택을 신축할 수 있습니다.

❺ 주택을 용도 변경한 근린생활시설 또는 1999년 6월 24일 이후에 신축된 근린생활시설은 증축할 수 있습니다.

❻ 개발제한구역 지정 당시부터 지목이 '대'인 토지와 개발제한구역 지정 당시부터 있던 기존의 주택이 있는 토지에는 근린생활시설을 신축할 수 있습니다. 다만, 상수원의 상류 하천의 양쪽 기슭 중 그 하천의 경계로부터 직선거리 1km 이내의 지역에서 설치할 수 없는 시설은 신축할 수 없습니다.

❼ 기존 근린생활시설이 공익사업의 시행으로 인하여 철거되는 경우에는 그 기존 근린생활시설의 소유자는 국토교통부령으로 정하는 입지 기준에 적합한 자기 소유의 토지에 근린생활시설을 신축할 수 있습니다.

❽ 5년 이상 거주자 또는 지정 당시 거주자는 휴게음식점·제과점 또는 일반음식점을 건축할 수 있는데요. 부대시설로서 인접한 토지를 이용하여 300㎡ 이하의 주차장을 설치할 수 있습니다. 휴게음식점 또는 일반음식점을 다른 용도로 변경하게 되면 주차장 부지를 원래의 지목으로 돌려놓아야 합니다.

▼ 제한사항 체크리스트

순번	지번	용도지역	용도지구	용도구역	지목	건폐율	용적률
1							
	기타 제한사항						
2							
	기타 제한사항						
3							
	기타 제한사항						
4							
	기타 제한사항						

토막 상식

✎ **건폐율과 용적률에 따라 투자 수익률이 달라져요!**

건폐율이란, 대지면적에 대한 건축면적의 비율을 말하고, 용적률이란, 대지면적에 대한 건축물 연면적(각층 바닥면적의 합계)의 비율을 말하는데요. 대지 안에 건축할 수 있는 면적이 넓고, 대지 안에 건축할 수 있는 연면적이 넓다는 것은 그만큼 많은 세대수를 건축할 수 있는 것을 의미하므로 수익률과 아주 밀접한 관계가 있습니다. 수요량에 비해 공급량이 적은 지역에서 건폐율과 용적률이 높아지면 수익률이 좋아질 수 있기 때문입니다. 그러나 수요량에 비해 공급량이 많은 지역에서는 건폐율과 용적률이 높아지더라도 수익률에 영향이 없을 수 있습니다.

079

직접 토지를 살펴보는
현장답사 비법

경매나 공매로 나온 토지를 현장답사 할 때의 요령과 반드시 방문해야 할 세 곳에 대해서 살펴보도록 하겠습니다.

현장답사 요령

경매나 공매로 나온 토지를 직접 보러 갈 때는 가장 먼저 해당 토지와 관련된 토지 등기사항전부증명서, 건물 등기사항전부증명서, 토지대장, 건축물대장, 지적도, 토지이용계획확인서 등과 같은 공부를 살펴보고 해당 토지의 투자가치를 평가해 봐야 합니다. 투자가치가 낮은 토지를 보러 시간과 비용을 허비할 필요는 없으니까요.

현장답사는 전문가와 함께 가는 게 좋습니다. 그래야 해당 토지에 숨어 있는 수많은 가능성과 함정을 확인할 수 있습니다.

현장답사를 갈 때는 편안한 옷을 입고 등산화 같은 신발을 신는 게 좋은데요. 안전을 위해 장갑도 끼고 물통도 챙겨야 합니다. 그리고 반드시 해당 토지의 여러 사항을 확인하기 위한 '체크리스트'를 가지고 가야 합니다.

경매로 나온 토지가 있는 지역에 방문해서는 동네 어르신이나 이장님에게 해당 토지와 관련해 전해 내려오는 소문이나 개발 계획 등을 물어봅니다. 그리고 해당 토지에 가서는 도로, 토질, 지적공부상 지목과 현황의 일치 여부, 토지의 모양, 경사도, 방향, 거리, 경계, 경작물, 주변 환경 등을 확인하고 '체크리스트'에 기록해야 합니다.

현장답사 시 반드시 방문해야 할 세 곳

가능하면 해당 토지가 있는 지역의 공인중개사사무소를 방문하여 해당 토지의 정확한 위치와 개발 계획, 규제사항, 시세 등을 확인해 봐야 합니다. 현명한 공인중개사라면 나중을 생각해 자신의 물건이 아닐지라도 친절하게 설명을 해줄 것입니다.

해당 토지에 건물을 지을 계획이 있다면 해당 지역의 건축사사무소를 방문하여 원하는 용도, 층수, 방향, 면적의 건물을 지을 수 있는지, 건축비용은 얼마인지 등을 확인해 봐야 하는데요. 해당 토지를 관할하는 시·군·구청도 방문하여 동네 어르신이나 이장님에게 들은 개발 계획이 사실인지, 토지를 원하는 용도로 이용할 수 있는지 제한사항은 없는지 등을 확인해야 합니다. 참고로 매매로 토지거래허가구역 내에 있는 토지를 거래할 때는 현지 법무사의 도움을 받아 시·군·구청장의 허가를 받아야 합니다. 그러나 경매나 공매로 토지거래허가구역 내 토지를 매수할 때는 토지거래허가를 받은 것으로 봅니다. 단, 수탁재산은 3회 이상 유찰된 경우만 해당됩니다(부동산 거래신고 등에 관한 법률 제14조 ②항 2호, 3호, 부동산 거래신고 등에 관한 법률 시행령 제11조 ③항 2호, 3호, 12호, 16호).

▼ 토지 임장 체크리스트

순번	지번	상담 대상	상담 내용
1		현지인	
		공인중개사	
		건축사	
		담당 공무원	
		현지 법무사	
2		현지인	
		공인중개사	
		건축사	
		담당 공무원	
		현지 법무사	
3		현지인	
		공인중개사	
		건축사	
		담당 공무원	
		현지 법무사	

토지 현장답사 시 반드시 확인해야 할 것들

경매나 공매로 부동산을 매수하고자 할 때는 반드시 직접 현장답사를 해야 하는데요. 현장답사 시 반드시 확인해 봐야 할 것들에 대해 자세하게 살펴보도록 하겠습니다.

도로

건축법상 도로

「국토의 계획 및 이용에 관한 법률」, 「도로법」, 「사도법」 그 밖의 관계 법령에 따라 신설 또는 변경 고시된 도로, 또는 건축허가 또는 건축신고 시 특별시장·광역시장·특별자치시장·도지사·특별자치도지사 또는 시장·군수·구청장이 위치를 지정하여 공고한 도로를 '건축법상 도로'라 합니다. 도로 너비는 보행과 자동차 통행이 가능한 4m 이상이어야 합니다.

현황도로

「건축법」상 신설 또는 변경 고시되지 않은 도로를 '현황도로'라 합니다.

허가권자는 건축허가 또는 신고 시에 이해관계인의 동의를 받아 오면 현황 도로도 도로로 인정을 하는데요. 복개된 하천·구거부지, 제방도로, 공원 내 도로, 도로 기능을 목적으로 분할된 사실상 도로, 사실상 주민이 이용하고 있는 통행로는 허가권자가 이해관계인의 동의 없이도 건축위원회 심의만을 거쳐 도로로 지정할 수 있습니다.

허가권자가 현황도로를 도로로 지정하게 되면 별도의 도로관리대장에 이 내용을 작성하고 관리를 합니다.

참고로 건축허가를 받기 위해서는 도로 못지않게 하수처리를 할 수 있는 하수도도 설치할 수 있어야 합니다. 하수도 설치가 어려운 토지에는 건축허가를 받을 수 없습니다.

토질

물 빠짐이 좋지 않은 진흙은 배수가 잘되지 않아 작물의 뿌리가 썩으므로 농사짓기가 어렵고 건축물을 건축해도 건물 벽이 물을 머금고 있으므로 곰팡이가 발생하거나 벽에 균열이 가거나 건축물이 기울 수 있습니다. 이에 반해 좋은 토질은 윤기가 나고 기름지고 축축하지도 차지지도 거칠지도 너무 건조하지도 않아야 합니다.

경매나 공매로 낙찰받고자 하는 토지의 오염 정도나 유기질 함유량을 알고 싶다면 해당 지역의 농업기술센터에 의뢰해 보세요. 무료이며 15일 정도 후에 그 결과를 알 수 있습니다.

지목변경

지적공부에 등록된 지목을 다른 지목으로 바꾸어 등록하는 것을 '지목변경'이라고 하는데요. 토지의 지목을 사실상 변경함으로써 해당 토지의 가액이 증가하게 되면 증가한 만큼 취득세를 납부해야 합니다. 지목변경은 변경 사유가 발생한 날부터 60일 이내에 특별자치시장, 시장, 군수, 구청장에게 신청해야 하는데요. 번거롭게 굳이 시·군·구청을 직접 방문하지 않고도 정부24 사이트를 통해 신청할 수 있습니다.

정부24 검색창에 '지목변경' 입력 → '토지(임야)지목변경신청' → '발급' → 토지(임야)이동신청

지적공부상 지목과 현황 일치 여부

지적공부상 지목은 농지인데 현황이 주차장이라면 해당 토지를 매수하기 위해서는 농지취득자격증명이 있어야 합니다. 또한, 원상복구명령을 받을 수도 있고 이에 원상복구비용이 추가로 들어갈 수도 있습니다. 그러므로 입찰 전 반드시 현장을 답사해 보고 지적공부상 지목과 현황이 다르다면

시·군·구청 농지과에 방문하여 농지취득자격증명, 원상복구 등에 관해 확인해 봐야 합니다.

공사 중인 토지는 공사 중단 시 토사가 유출되거나 안전사고 등으로 민원이 발생할 수 있습니다. 또한 해당 토지 위에 건축물을 건축하고 있다면 공사대금 미지급에 따른 미준공 건물과 유치권이 있을 수 있으므로 주의해야 합니다. 만약에 민원이나 유치권과 같은 문제를 해결할 수 없다면 공사 중인 토지에는 입찰하지 않는 게 좋습니다.

토지 모양

토지 모양에 따라 토지의 쓰임새와 가치가 달라지는데요. 가로와 세로의 길이가 비슷한 '정방형'이 가장 쓰임새가 좋으며, 윗변과 아랫변이 비슷한 '사다리형'도 괜찮습니다. 가로로 긴 '가장형'이나 세로로 긴 '세장형'도 폭이 너무 좁지만 않다면 쓸 만합니다. 그러나 삼각형이나 부정형이나 자루형은 쓰임새가 아주 좋지 않고 가치도 매우 낮습니다.

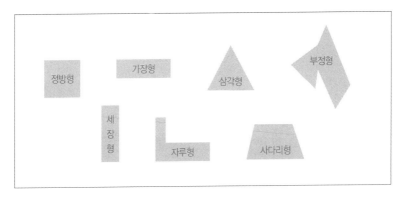

토지의 다양한 모양

경사도, 방향, 거리

개발행위가 가능한 토지의 경사도는 자치단체마다 다릅니다. 그러므로 해당 토지가 개발 가능한지를 알고 싶다면 '자치법규정보시스템(www.elis.go.kr)' → '자치법규 지도검색'에서 '관심 지역' 클릭 → '도시정책(도시계획, 도시개발, 안전도시 등)' → '도시계획조례' → '개발행위허가의 기준' 경로로 들어가 살펴보세요.

거실 창이 남향이고, 출입문은 동쪽으로 낼 수 있는 토지가 좋습니다. 또한 주로 기주하는 곳에서 해당 토지까지의 거리는 왕복 1시간에서 1시간 30분 이내가 좋습니다. 너무 멀면 자주, 그리고 오랫동안 토지를 이용하기 어렵습니다.

경계

장기간 관리하지 않은 토지는 주변 토지와의 경계가 모호할 때가 있는데요. 이러한 경우엔 낙찰 후라도 반드시 경계측량을 해야 합니다. 경계측량은 한국국토정보공사(www.lx.or.kr)에 전화로 '경계복원측량'을 신청하고 수수료 납부 후 계약하면 측량 날짜를 안내받는데요. 안내받은 날에 측량이 이루어지고 이후 '지적측량결과부'를 발송해 줍니다.

토지에 건축물을 건축할 때는 특별한 조건이 없으면 인접 토지 경계로부터 50㎝ 이상의 거리를 두어야 하는데요. 만약에 이를 위반하면 인접 토지의 소유자는 건축물의 변경이나 철거를 청구할 수 있습니다. 그러나 건축을 시작한 후 1년이 지났거나 건축물이 완성되었다면 손해배상만 청구할 수 있습니다(민법 제242조).

혐오시설

현장답사를 가기 전에 해당 토지로부터 반경 2㎞ 이내에 고물상, 쓰레기 매립장, 하수종말처리장, 공동묘지, 화장장 등 혐오시설이 있는지를 '네이버 지도'나 '구글 지도'를 활용하여 확인해 봅니다. 확인 결과 해당 토지와 매우 가까운 장소에 혐오시설이 있다면 현장답사를 고민해 봐야 합니다.

지하수

토지에 농사를 짓든 건축물을 건축하든 물이 필요합니다. 물을 얻기 위해서는 m당 10만 원 정도를 부담하고 상수도를 설치하거나, 아니면 지하수를 활용해도 되는데요. 지하수를 끌어 올리기 위해 지름이 50~70㎜인 소공을 30~50m 파려면 100~200만 원 정도, 지름이 100㎜인 중공을 70~80m 파려면 300~400만 원 정도, 지름이 150㎜인 대공을 100m 이상 파려면 700만 원 이상의 비용이 듭니다.

농작물

경매나 공매로 토지를 매수하려다 보면 토지에 농작물이 자라고 있을 때가 있는데요. 기본적으로 농작물의 소유권은 경작자에게 있습니다. 그러므로 낙찰자는 농작물이 모두 수확된 이후에 토지를 사용·수익할 수 있습니다(대구고법 1973년 9월 26일 선고, 73나234 판결, 민법 256조). 단, 감정평가 시 농작물이 매각 대상에 포함되었다면 그러한 농작물은 낙찰자의 것입니다.

▼ 토지 체크리스트

	토지 임장 시 확인해야 할 사항		
지번			
주택과 거리	분/ km	분/ km	분/ km
교통	종류: / 분	종류: / 분	종류: / 분
도로	종류:	종류:	종류:
	폭 m/ 접도 m	폭 m/ 접도 m	폭 m/ 접도 m
하수도 설치	가능 □ 불가능 □	가능 □ 불가능 □	가능 □ 불가능 □
용도	일지 □ 불일치 □	일치 □ 불일치 □	일치 □ 불일치 □
	실제용도:	실제용도:	실제용도:
	변경: 가능 □ 불가능 □	변경: 가능 □ 불가능 □	변경: 가능 □ 불가능 □
지목	종류:	종류:	종류:
	변경: 가능 □ 불가능 □	변경: 가능 □ 불가능 □	변경: 가능 □ 불가능 □
경사도	도	도	도
분묘	위치:	위치:	위치:
	기수:	기수:	기수:
	이장: 가능 □ 불가능 □	이장: 가능 □ 불가능 □	이장: 가능 □ 불가능 □
	기타: 가묘, 평장	기타: 가묘, 평장	기타: 가묘, 평장
토질	토지용도:	토지용도:	토지용도:
	적합 □ 부적합 □	적합 □ 부적합 □	적합 □ 부적합 □
모양	종류:	종류:	종류:
	활용도:	활용도:	활용도:

경계	일치 ☐ 불일치 ☐	일치 ☐ 불일치 ☐	일치 ☐ 불일치 ☐
	측량비용:	측량비용:	측량비용:
혐오시설	종류: / 거리: m	종류: / 거리: m	종류: / 거리: m
개발계획	확인 ☐ 미확인 ☐	확인 ☐ 미확인 ☐	확인 ☐ 미확인 ☐
	종류:	종류:	종류:
전기	가능 ☐ 불가능 ☐	가능 ☐ 불가능 ☐	가능 ☐ 불가능 ☐
	kW	kW	kW
물	상수도: 원	상수도: 원	상수도: 원
	지하수: 원	지하수: 원	지하수: 원
농지취득자격증명	필요 ☐ 불필요 ☐	필요 ☐ 불필요 ☐	필요 ☐ 불필요 ☐
법정지상권	있음 ☐ 없음 ☐	있음 ☐ 없음 ☐	있음 ☐ 없음 ☐
	토지사용료: 원	토지사용료: 원	토지사용료: 원
건축	가능 ☐ 불가능 ☐	가능 ☐ 불가능 ☐	가능 ☐ 불가능 ☐
	용도: 층수:	용도: 층수:	용도: 층수:
	방향: 면적:	방향: 면적:	방향: 면적:
	비용: 원	비용: 원	비용: 원
인·허가권	필요 ☐ 불필요 ☐	필요 ☐ 불필요 ☐	필요 ☐ 불필요 ☐
	승계: 가능 ☐ 불가능 ☐	승계: 가능 ☐ 불가능 ☐	승계: 가능 ☐ 불가능 ☐
농작물	있음 ☐ 없음 ☐	있음 ☐ 없음 ☐	있음 ☐ 없음 ☐
	소유: 가능 ☐ 불가능 ☐	소유: 가능 ☐ 불가능 ☐	소유: 가능 ☐ 불가능 ☐
시세	원	원	원
기타	지역권, 소송 중	지역권, 소송 중	지역권, 소송 중
등급	상 ☐ 중 ☐ 하 ☐	상 ☐ 중 ☐ 하 ☐	상 ☐ 중 ☐ 하 ☐